集人文社科之思 刊专业学术之声

集 刊 名：形象史学

主办单位：中国社会科学院古代史研究所文化史研究室

主　　编：刘中玉

2019上半年

委员会（以姓氏笔画为序）

主　任　孙，晓（中国社会科学院古代史研究所）

编　委

卜宪群（中国社会科学院古代史研究所）　　沈卫荣（清华大学）

马　怡（中国社会科学院古代史研究所）　　张先堂（敦煌研究院）

王子今（中国人民大学）　　陈支平（厦门大学）

王月清（南京大学）　　陈星灿（中国社会科学院考古研究所）

王亚蓉（中国社会科学院考古研究所）　　尚永琪（宁波大学）

王彦辉（东北师范大学）　　罗世平（中央美术学院）

王震中（中国社会科学院古代史研究所）　　金秉骏（韩国首尔大学）

尹吉男（中央美术学院、广州美术学院）　　郑　岩（中央美术学院）

扬之水（中国社会科学院文学研究所）　　耿慧玲（台湾朝阳科技大学）

池田知久（日本东方学会）　　柴剑虹（中华书局）

李　旻（美国洛杉矶加州大学）　　黄厚明（浙江大学）

李　零（北京大学）　　韩丛耀（南京大学）

杨爱国（山东省石刻艺术博物馆）　　臧知非（苏州大学）

沙武田（陕西师范大学）　　渡边义浩（日本早稻田大学）

编辑部成员

王 艺　刘中玉　刘明杉　刘永霞　纪雪娟　安子毓　杜艳茹　张沛林　杨宝玉　徐林平

常文相　翟金明

本辑执行编辑

安子毓　常文相

总第十三辑

集刊序列号：PIJ-2017-202

中国集刊网：www.jikan.com.cn

集刊投约稿平台：www.iedol.cn

中国社会科学院古代史研究所文化史研究室 主办

形象史学

2019 上半年 （总第十三辑）

刘中玉 主编

社会科学文献出版社
SOCIAL SCIENCES ACADEMIC PRESS (CHINA)

目 录

一

金维诺先生学术纪念

编者按：金维诺（1924~2018）先生是 20 世纪以来在敦煌佛教美术、藏传佛教美术，绘画史与鉴定书画史籍以及美术考古等领域做出重要贡献的美术史家之一，值先生逝世一周年之际，本刊邀请罗世平、熊文彬、谢继胜、廖旸等先生高足撰文，以专栏的形式表达对先生的怀念与崇敬之情！

图像与样式
——佛教美术的两个常识概念

■ **罗世平**（中央美术学院人文学院）

在中国史籍中，佛教被称为"像教"。佛、法、僧三宝中，佛像为其首，这至少是佛教传入中国时的面貌。东汉明帝永平求法，佛像由此在中国得以绘制传播。汉末桓、灵帝时，宫中设华盖以祠佛陀、老子，佛像为上流社会所供奉。三国时康僧会从交趾北上建业传播佛法，"营立茅茨，设像行道"，佛教流布于民间。其时中国社会已知供设佛像是印度佛教的表征，汉籍中所谓"像教"，就是起因。寺院、石窟乃至于瘗埋的明器上塑绘铸刻的佛教图像，是佛教为像教的明证。佛教从印度进入中国，离开了印度文化的语境，落足于汉文化的土壤上，依草附木是佛教生存和传播的策略，像法和佛法就成了相互维护、彼此照应的内容。从汉代佛教图像的初传到唐宋中国化佛像样式的确立，中国佛教美术经历了几轮的改梵为夏，图像与样式都是其中的关键词。从佛像传播的角度来看待这一过程，图像与样式在其中扮演的角色远不止是塑绘本身，也远不止于石窟、塔庙及其像设形貌。在这背后，显示的是一个民族的文化心路，类似于丹纳所说的"精神气候"，它的变化决定了这种或那种艺术的出现。[1]中国道释画的兴起即由精神气候所生，而图像与样式则是它的"表候"。[2]

本文拟题"图像与样式"，用意有两

---

1. 法国艺术史家丹纳《艺术哲学》借用自然气候类比艺术时说："自然界有它的气候，气候的变化决定这种那种植物的出现，精神方面也有它的气候，它的变化决定这种那种艺术的出现。"

2. 此处借用古代的相术用语。"表候"，系指人的骨相特征。汉代王充《论衡·骨相篇》云："人命秉于天，则有表候于体，察表候以知命，犹察斗斛以知容矣。表候者，骨法之谓也。"

个方面。其一，讨论佛教美术中国化过程中这两个常识概念的生成过程与文脉源流关系；其二，从美术品的遗存中寻绎图像与样式在传播过程中的作用，借此重温美术史的常识系统和回到常识的方法。

一 关于图像

图像，是从西方转译过来的概念。西方图像学"Iconology"的词根"Icon"，原意系指希腊正教的圣像图谱，经过瓦尔堡学派（Warburg school）的运用，转换拓展，引申到对社会、人文图像的研究，从而对图像的生成、指意、象征及其传播等功能得到多层面的诠释。在这个过程中，有关图像的生成常识体系仍是展开诠释的逻辑基础，如清人皮锡瑞言："屡迁而返其初。"这个方法论的原则通用于各类图像的研究过程，研究图像及其传播自然也要尊重这一常识。

佛教东渐中国，以其地缘和交通而论，有陆路和海路之分。陆路以玉门关外的古代西域丝绸之路为主要通道，海路多从广州附舶至南海抵印度，正史和僧史都有线索可寻。西僧东来传教和汉僧西行求法，皆循陆、海两道，佛法和佛像的传播也仰仗这两条道路的畅通。如果依据交通和地缘推证佛教的传播，佛教从印度传入中国，自然是沿着交通道路逐渐转进的方式，事实也证明这种沿路推进的传播属于一种常态。佛教在中国的传播总体上是如此。例如，《法苑珠林》引南朝梁沈约的话："佛

教兴于洛阳，而盛于江左"，是指佛教传入中国之后的情形。洛阳因帝王信佛，朝廷为信佛的西域人建"官浮图精舍"，以奉其神。这些信佛的西域人，既有从陆路而来的，也有从海路而来的，而他们带来的佛教图像，其产地可能相同，也可能不同。受洛阳奉佛风气的带动，在道教神仙方士原本活跃的山东徐海地区、吴楚江南地区、秦陇巴蜀地区，佛像初被视为西方的神仙，落地之后也被纳入西王母、东王公的神仙谱系之中加以绘刻，上述地区自然也就成为佛像进入中国后的最早流布区。这一由首传地向再传地逐渐转进的特点，已经得到早期佛像考古出土品的证实。图像的这种传播方式，属于"渐进式"的，更多时候是由民间力量所推动的，图像的寓意和功能也在传播过程中发生了偏离。

不过，图像渐进式的传播是一种常态，但并不是常识的全部。另有一种非常态的情形，那就是从发生地到目的地的直传，而不是逐站逐站地转进。如东汉明帝永平求法，起因是汉明帝感梦佛像飞来殿前，于是派使者去印度取得《四十二章经》和佛像图样，又将取到的佛像图样雕刻在洛阳的开阳门和显节陵上，从而佛像在内地雕绘风行一时。就考古发现的早期佛教图像而言，洛阳、徐州及四川、湖北、江浙等地的出土品，年代普遍要早于新疆及河西地区。类似的从甲地直传到乙地的情形，在北魏，在萧梁，在唐朝都曾有过。梁朝派使者将印度笈多式佛像通过海路传入建康，唐朝王玄策出使印度摩揭陀国将菩提瑞像带到长安，都有实物和文献相互印证。

这种向目的地的直传，属于"跨越式"的。这种传播方式，多数时候是由于帝王和国家意志的介入和推动。

图像的"渐进式"和"跨越式"传播，都曾在历史上演绎过，是常识的组成部分，不可执一而论。如果忽视这样的事实，就有违常识。实际上，在讨论中国佛像的过程中，执一而论的情形时有发生。例如，近年对流传于中国南北各地的秣菟罗佛教图像进行的比较研究，就得出了印度佛教是由南方向北方传播的结论。这一意见不仅没有充分考虑陆、海两道交通的复杂因素，也忽略了图像传播的不同方式和人群。

图像的流布推广与人群的关系极大，除了前述的僧人和使者，另有移民所起的作用。历史上佛教图像的流布推广，移民的作用巨大。移民中一部分为商胡贩客，另一部分为战争移民。1907年斯坦因在敦煌西北的一座烽燧（T.vii.a）下发现的粟特文信札，考证的年代为公元4世纪初，信件的主人是往来于河西走廊上的粟特商人。这些信仰佛教或祆教的商胡，以凉州为大本营，足迹已深入到了长安、洛阳等内地都邑，甚至还抵达江南地区。[1]在晋唐之际，信佛胡人的聚落在长安、洛阳、邺城乃至江南都有，东汉三国之际支谦一系的大月氏族，从西域先至洛阳而后移居到江南，是众多佛教移民中的一支。

战争移民对佛教推广显明的例子发生在北魏太武帝拓跋焘时期，最大规模的一次是太延五年（439）灭凉州，徙凉州僧徒三千人及宗族三万户于平城，形成"沙门佛事皆俱东，象教弥增"的局面。接着又有太平真君七年（446）灭姚秦，徙长安工巧两千家于平城的举动。因为沙门和工巧匠人的东迁，北魏都城平城（今山西大同）遂有五级大寺和云冈石窟的营建。

商业移民和战争移民对于佛教图像的传播仍属于渐进式和跨越式的，除此之外，另有一种更为有效的推行方式，即"辐射式"的传播。所谓辐射式，是由政治文化中心向周边的扩散推广，借助的是皇权的力量，体现的是国家意志。印度阿育王向周边推广佛像是其中的一个例子。在中国，以唐朝的弥勒大佛为例，日本学者宫治昭曾撰文提供了倚坐弥勒大佛沿丝绸之路分布的资料，留给人的印象是，中国境内的弥勒大佛是由西向东渐次造就的，属于渐进式的传播。[2]2008年，洛阳天堂遗址被清理出来，天堂大佛建造的年代为垂拱四年（688），在现存唐代的大佛中年代最早，结合新旧唐书的记载，武则天以弥勒自居，建造了洛阳天堂大佛，又诏令各州郡建大云寺等。围绕弥勒所进行的一系列的举动可以证明，唐朝造弥勒大佛的风气首先发起于洛阳，借助皇权和国家的推行力，造弥勒大佛像便由都城辐射到各州郡。以敦煌北大像为代表的丝路沿线弥勒大佛、内

1 荣新江：《丝绸之路与东西文化交流》，北京大学出版社，2015，第232页。

2 〔日〕宫治昭：《涅槃和弥勒的图像学》，李萍、张清涛译，文物出版社，2009，第321~345页。

地太原天龙山弥勒大佛的雕造，就都是仿效洛阳天堂大佛的存例。[1]

佛像入中国，为中国原有的图像绘塑输入了新的因子。这一以人为尺度的审美形态提供了不同的"观象取物"方式，在与中国先秦以来的道器观的融合中，演绎积淀，形成常识，加速了中国美术形神合一、道器合一的审美进程。

二 关于样式

样式，是中国古代美术的重要概念，用以指称具有影响一时，一地，或为后代奉为经典的范本图样。按画史文献的记载，有样式之名的画家和雕塑家，如"二戴相制""张家样""曹家样""吴家样""周家样"，等等，都属于道释人物画的领域。又如"郭家样""米家样""燕家景""铺殿花"，等等，则是宋以后流行的山水画、花鸟画样式。上述以家立样的时间，道释人物在前，山水、花鸟在后。如果详加考察，唐人所称的名家样式，皆因佛像而立，也就是说，因为佛教制像活动的兴起，造像步入了图形仪范的艺术进程。

佛像传自印度，有佛教仪轨作为图像的依据，但异域色彩浓厚，进入中国，落地之后要经中国的画家、雕塑家的改造创绘，将时代和民族的审美加以结合，方能与信众亲近，为百工所范。图像的这个"转译"过程，情形与翻译佛经的"格义"一致，发生的变化属于图像传播的源与流的问题。佛经翻译有语义文体之别，同样，图像转译也有图形样式之分。例如东晋戴逵父子"改梵为夏"，造无量寿佛及二胁侍菩萨像，"潜坐帷中，密听众论……积思三年，刻像乃成"。因认真听取参详了时人对佛像的意见，加以改造，获得"二戴相制"的称誉。[2]戴氏父子的造像，代表了佛像第一轮中国化进程中领新立标的经典样式。继之而起，各朝各代建寺开窟，佛教造像皆打下了时代的烙印，而造像制样的匠师，或有口诀，或有图本，故在佛像的绘塑过程中，图样是造像的必需品。敦煌藏经洞封藏的不少的白画图样，一些便是工匠绘制壁画的画稿粉本。经验丰富的画师像匠，绘图塑像，目识心记，信手而成，则都有图样成竹在胸。唐朝"画圣"吴道子作画制样的种种事迹佳话，即是显例，传世的画稿《道子墨宝》，可能并不是吴画的亲笔，但托名于吴道子，就在于其样式的经典意义。古人论画，特于样式上抒发见解，正是因为样式是图画造像的津梁，是在作绘塑理法常识的建构。

样式之于造像另有与仪轨的这层关系需要说明。佛像因承载表法的功能，坐姿立形，手印持物，衣冠法服皆有轨范仪则的讲究。佛教造像看重仪轨，所以佛教

---

1 罗世平：《天堂法像——洛阳天堂大佛与唐代弥勒大佛样新识》，《世界宗教研究》2016 年第 2 期。

2 戴逵父子造像事，见（唐）张彦远《历代名画记》卷五"戴逵、逵子勃、勃弟颙"条。

经典中有一部分内容专说造像的法则。譬如，佛有三十二相八十种好，佛和菩萨又有多种说法的手印，藏传佛教中还有《佛说造像量度经》供造像者遵循。对于佛教艺术而言，仪轨是规范化的常识，准确地说，属于图像常识的范畴，与基督教的圣像（icon）功用相同，还不能等同于样式。

样式更多属于艺术表现的范畴，除了佛像仪轨的部分，更多的是艺术创造的部分。例如佛像的清秀与丰满，线条的疏与密，色调的清雅与浓丽，等等，都在造像仪轨的规定之外，因时代、民族、个人的审美表现而有所不同。佛教美术史上"秀骨清像"的陆家样，"面短而艳"的张家样，"曹衣出水"的曹家样，"吴带当风"的吴家样，"水月之体"的周家样，虽图像仪轨相同，艺术面貌却迥异。这些名家样式，既是时代的审美的表征，又是个人艺术表现的特色。再如唐朝宏图巨制的经变画，除说法的佛和菩萨眷属外，画面的其他部分多是画家依据佛经内容，参照社会生活创绘而成，原本就没有仪轨可以遵循，却是寺院石窟大型经变画的经典样式。这些经变画构图宏丽，情节生动，特色鲜明，是中国古代画家的创造，艺术原创的成分要远大于佛经仪轨的规范。这些逸出图像仪轨的部分，不拘泥，无滞碍，有亲和力，贴近民族审美，正是佛教艺术的魅力所在。艺术样式经过社会生活的创造性提炼，反映的是特定的民族审美，所以样式又是民族审美的象征。归纳起来，时代、民族、画家是构成艺术样式的三要素。那些曾被匠师百工反复传移摹写的佛像样式，因为

这三大要素注入其中，内涵丰富的程度要大大超出图像仪轨，且同时还兼有西方艺术史所常用的"风格"意味，属于艺术本体的观照范围。因此，样式在中国美术史常识体系中的应有位置和分量就不容轻看了。

中国的佛教造像，绘塑铸刻，种类较多，技艺方法虽各有不同，但造像却表现出极大的相似性，具有样式化的特征。同一时代的佛像，画像与塑像面貌特征几乎相同，甚至可以跨越国土疆界。典型如南北朝流行的"褒衣博带"式佛像，由南朝陆探微创立，而流风北上，成为北魏寺院石窟佛像的时代特色。类似的例子还有南梁与北齐佛像的"简易标美"，唐朝流行的"丰肥体"等。造成样式"同质化"的原因之一，虽可以视为时代审美的统领，但同时还系于独特的表现方式。简言之，即绘画性表现。中国的道释人物样式，绘画与雕塑同样注重线条的圆转、方折、疏密、顿挫等线性语素；表现人物以形写神，骨法用笔；图形状物远取其势，近取其质；空间形态取正面观，如人面对，正视若平。这些都是绘画的语言特色，所以传自古代的著述，以画论、画史居多。古人论画，绘塑的要诀都连带在一起。撰述的画史，所载人物，画家和雕塑家同在。著录的作品，画迹与雕塑同见一门。而所有这些，都可用"画学"一词以蔽之，故而晋唐时期佛像样式的创立者皆为称名一时的画家，这是值得注意的现象。

由画师名手创绘的样式，为百工绘壁造像的范本图样，唐代张彦远《历代名画

记》和北宋郭若虚《图画见闻志》都曾提及绘塑佛像时诸家样式的作用。《图画见闻志》"论曹吴体法"称："曹吴二体，学者所宗……雕塑佛像，亦本曹吴。"郭氏所言，理在常识。北齐曹仲达、唐朝吴道子都因画名世，但雕塑佛像，仍需遵循曹、吴二家的图本样式。以画样为准的来雕造佛像，有现存于佛寺石窟中的大量佛像为证。唐代雕塑家宋法智随王玄策出使印度，在摩揭陀国摹绘菩提瑞像图样，带回长安后，依样在长安大兴善寺嘉寿殿和洛阳大敬爱寺塑菩提瑞像，并为道俗竞相模仿。流失于日本，原属长安光宅寺七宝台的白石造像，其中就有菩提瑞像。洛阳龙门石窟，四川广元、巴中、蒲江等地石窟中也有菩提瑞像的遗存，这就是样式的作用。古代的雕塑家按绘画的理念和方法立形塑像，有如在泥胎上作画，这是与印度和西方雕塑在方法上的不同，造像的绘画性也因而成了约定俗成的常识。画与塑在造型观上的同一性因为样式而得以体现，二者并无截然的分野，可以放在一起加以比较观察。所以古人在讨论佛教样式时，往往画塑互见，也正是基于这一常识。

历史留给今人的并不都是完整的记忆，更多为断简残编，图像与样式在古代匠师眼里本为常识，甚至不必用文字去存录。正是因为这样，过去再熟悉不过的常识，而今已"半入江风半入云"，成了需要特别加以留意的遗产。也因为缺失，所以常识需要重建，经典需要重温，文脉需要通连。美术史的任务之一，就是要找出美术发展演进的规律，重现本体价值和意义的逻辑链，而常识是规律和逻辑链的基石。若常识的缺失未得到弥合，诠释的逻辑链便难以展开，如果勉强去硬做，我们将承担过度诠释的后果，逻辑之网布得越大，也许背离常识就越远。这样的研究看起来有学术之形貌，而实无学术之真义，这正是需要力避的。对于美术史研究而言，建构常识系统是最根本的方法。本文讨论图像与样式的概念，初衷也就在做回到常识的努力。

中国藏传美术研究的拓荒者
——金维诺先生对藏传美术研究的贡献

■ **熊文彬**（四川大学中国藏学研究所 历史文化学院考古系） **谢继胜**（浙江大学汉藏佛教艺术研究中心）

今天，无论是中国的美术界、考古学界，还是历史学界都深刻意识到，西藏、甘肃、青海、四川、云南等地的藏区，新疆、内蒙古，西北、东北各地以及内地丰富的古代藏传美术遗存，是中国美术的重要组成部分之一，它对于构建中国美术史和研究统一的、多民族的中华民族文化都具有十分重要的学术价值和积极的现实意义。但是，在新中国成立以来的相当长一段时间里，中国的学术界却鲜有学者能认识到这一重要性，并为此主动、积极地开展相关学术研究，以至于到 20 世纪 80 年代以前，中国的相关研究仍一直落后于西方。令人欣慰的是，这一局面从 20 世纪 90 年代开始发生了较大的改变，不仅越来越多的学者意识到其重要价值，并且率先开展资料的调查、整理和研究，而且培养了一大批年轻的学者，从而"改变了藏传美术研究中不见中国学者状况"的历史。[1] 经过 30 年不懈的努力，中国藏传美术的研究不仅初具规模，而且部分领域还走在了世界的前沿。这一变化的实现得益于新中国成立以来诸如宿白、金维诺、王毅、刘艺斯先生等几位学识渊博、爱国情深、独具慧眼的老一辈拓荒者在藏传考古和美术研究上的贡献，其中金维诺先生在藏传美术领域的开拓，功不可没。毋庸讳言，藏传美术的研究没有他们的披荆斩棘，就不可能迎来生机盎然的今天。

金维诺先生对藏传美术研究的开拓之功，主要体现在学术研究、人才培养和学术报国等几个方面。

一　重构完整的中国美术史

金维诺先生是中国最早关注和研究藏传美术的学者之一。早在 1955 年他第一次到敦煌对莫高窟进行田野考察时，便开始关注到吐蕃占领敦煌时期在莫高窟留下的

1　罗世平：《鉴古开今　永远进取——金维诺教授的学术生涯》，《美术研究》2005 年第 2 期，第 19 页。

石窟和艺术。1955~1959年，他在集中研究敦煌汉传美术并连续发表以《敦煌壁画〈祇园记图〉考》（《文物参考资料》1958年第10期）和《敦煌窟龛名数考》（《文物》1959年第5期）等数篇重要论文的同时，就开始留意并收集莫高窟的藏传美术资料，笔录465窟等壁画藏文题记，思考、探讨藏传美术在敦煌出现的历史背景、年代、题材、风格及其在中国美术史中的作用和影响等美术史上的系列重要问题，关注西藏的美术遗存、文献记载和考古发现，尤其是藏传美术的形成与发展、体系与成就，并在1992年不顾67岁的高龄，专门到西藏对历史上重要的美术遗存进行实地调查、研究，藏传美术成为他一生重要的研究方向之一，他一生发表了系列重要的研究成果。

金维诺先生在这一领域的学术成果主要分为编著和论文两类：其中编著主要以他主编的《中国美术分类全集》为代表，主要包括天津人民美术出版社1989年出版的《中国美术分类全集·中国壁画全集：藏传寺院壁画》、1991~1993年出版的《中国美术分类全集·中国壁画全集：藏传寺院》（2卷本）、人民出版社2001年出版的《中国美术分类全集·中国藏传佛教雕塑全集》（6卷本）和《中国宗教美术史》（与罗世平合著，江西美术出版社，1995）等著作；其代表性论文则主要有《西藏早期佛教艺术》（《中国与日本文化研究》第1集，中国大百科全书出版社，1991）、《古格王国的寺院艺术》（《传统文化与现代化》1993年创刊号）、《古格王国及其寺院艺术》（台北《狮雄美术》1994年5月号刊）和《吐蕃佛教图像与敦煌的藏传绘画遗存——纪念敦煌藏经洞发现一百周年》（《艺术史研究》第2辑，2000）等。

这些成果体现出两个鲜明的特点：一是首次通过对藏传美术重要遗存的大规模、系统整理和研究刻画出藏传美术形成与发展的基本历史及其特点，勾勒出藏传美术史的基本轮廓。这些美术遗存囊括了大昭寺、桑耶寺、文成公主庙、扎塘寺、卓玛拉康、夏鲁寺、萨迦寺、飞来峰、白居寺、艾旺寺、古格故城、托林寺、瞿昙寺、塔尔寺等各个时代的壁画和雕塑，以及故宫和布达拉宫等珍藏的元、明、清三朝宫廷藏传佛教造像等重要作品。在充分利用藏、汉文献的基础上，运用艺术学、藏学、史学、考古学、图像学等多学科交叉的方法和理论，不仅对每一处重要遗存的年代、题材、风格及其演变进行了分析，同时对西藏本土与内地的艺术交流和互动也进行了深入的探讨。从个案研究入手，由点成线，再由线成面，从而逐渐清晰地勾勒藏传美术形成、演变的特点和规律。二是在不少重要的个案研究中，不仅提出了许多重要的观点，而且其研究方法也成为藏传美术研究的经典范例。例如，关于扎塘寺壁画的断代研究，就是金维诺先生十分注重文献价值，图像与文本互证的范例之一。他利用藏文文献《青史》的相关记载，结合壁画的风格类比，首次考证了扎塘寺的创建者和壁画的准确年代[1]；不仅如此，他在研究中十分重视美术作品中题记的重要性。在1955年首次考察敦煌莫高窟时，他就临摹了465窟的藏文题记，并且根据著名藏学家王尧教授的释读与翻译，结合相关历史记载，考证出该窟壁画绘制于839年。与此同时，他还结合唐末工匠留存的《金统二年（881）壁画表录》记述的相关内容，通过与465窟壁画进行比较研究，得出其题材与465窟"壁画相近"的结论。[2]他的这些研究方法和成果为藏传美术研究的持续开展和深入，奠定了重要的基础。

金维诺先生对藏传美术的研究，一方面，在于藏传美术极为丰富的遗存及其独特的成就，但更为重要的是，在研究过程中他深刻认识到藏传美术是中国美术史不可或缺的重要组成部分，因此其终极目标是通过对藏传美术的研究来重构完整的中国美术史。由于各种原因，新中国成立以来，学术界对于中国美术史的研究只局限于以汉族美术为主的传统范围；另一方面，在以西藏为首的整个中国大地上保存有极为丰富的藏传美术遗存，而中国又是一个统一的多民族国家，历史上各民族对于包括美术在内的中华民族文化的形成与发展都做出了卓越的贡献，而这些丰富的遗存在当时几乎无人问津。有鉴于此，金维诺先生一直强调藏传美术研究的重要性。例如1996年他就强调，"我国是一个多民族的国家，各民族在发展融合的过程中，在文化上都曾做出伟大的贡献，这些文化积累熔铸成中华民族丰富多样的文化传统……西藏文化在发展过程中始终与内地有着密切的联系，同时又有其独特的历史与成就。藏传佛教艺术史我国佛教文化的重要组成部分，不了解这一部分，实际上也无法全面了解中国艺术的发展"。[3]2001年他又强调："中国是多民族的国家，中国美术不仅是汉民族的美术。研究中国美术史就是要研究各民族的美术，特别是藏族美术。"[4]2011年，他又再次强调："中国美术史不仅仅是汉民族的美术史。中国是一个多民族大家庭，因此中国的美术史也应该包括藏、蒙等民族的美术史。"[5]

正是出于对多元一体中国历史的深刻认识和强烈的责任感，金维诺先生极大地拓展了传统中国美术史研究的范畴。除藏传美术外，他还将西域、西夏、辽金和蒙古族等少数民族美术也纳入了中国美术史

1　金维诺：《扎塘寺与陀林寺壁画》，载金维诺主编《中国美术分类全集·中国壁画全集：藏传寺院3》，天津人民美术出版社，1992，第1~2页。

2　金维诺：《吐蕃佛教图像与敦煌的藏传绘画遗存——纪念敦煌藏经洞发现一百周年》，《艺术史研究》第2辑，中山大学出版社，2000，第8~15、10~21页。

3　金维诺：《前言》，载熊文彬《中世纪藏传佛教艺术——白居寺壁画艺术研究》，中国藏学出版社，1996，第3页。

4　郑岩、李清泉：《金维诺先生访谈录》，《艺术史研究》第3辑，中山大学出版社，2001，第228页。

5　邱忠鸣：《金维诺教授访谈录》，《艺术设计研究》2011年第3期，第23页。

的研究视野，因为它们都是中国美术史不可或缺的重要组成部分，并且从 20 世纪 60 年代以来他为此付出了坚持不懈的努力，其远见卓识和成就改写了中国美术史的固有框架和内容，具有十分重要的学术意义。

二 率先培养藏传美术研究人才

鉴于藏传美术丰富的蕴藏及其在中国美术史上的重要地位，从 20 世纪 60 年代开始，他除了个人从事藏传美术研究外，在中央美术学院率先开始了藏传美术研究人才的培养。对于缘由和过程，1996 年他曾解释说，"在编写和讲述中国美术史的工作中，我们逐步在丰富多民族美术的内容。同时也注意民族美术史人才的培养……藏传佛教美术有着极为丰富的蕴藏，六十年代就曾有意识地招收藏族学生参加这一研究领域；八十年代又与中央民族大学王尧教授商议共同培养有藏文基础的学生来从事这一工作"。[1] 与此同时，他还招收维吾尔族、蒙古族学生和懂少数民族文字的学生参与西域美术、西夏美术、辽金美术和蒙古族美术的研究。在藏传美术方向，金维诺先生从 60 年代开始虽然培养过两位藏族本科学生，但遗憾的是，由于众所周知的原因，招生计划随后被迫中断，直到 1991 年开始，才重新开始招生，主要培养硕士和博士，并且一直持续到 2018 年逝世。

与藏传美术的研究一样，金维诺先生在人才的培养上也倾注了大量的心血，并且开创了中国少数民族美术人才培养的模式。在培养过程中，他除强调自己首创的"四结合"，亦即"文献与作品的结合，出土品与传世品的结合，古代与现代的结合，理论与创作的结合"的方法论外[2]，针对藏传等少数民族美术研究的一些特点，还特别强调民族语文和外语的重要性。他认为，要做好藏传等少数民族美术的研究，必须掌握藏文等少数民族语言文字，同时必须掌握一门外语。其次，在强调藏传美术研究深度的同时，要对整个中国美术史和世界美术史都有较深的了解，要从整个中国美术史和世界美术史的宏大视野和背景来研究藏传美术发展的规律和特点。此外，他还要求从美术学、考古学、历史学、语文学、宗教学、图像学、藏学等多学科的理论和方法来研究。

金维诺先生一生培养出大批藏传美术研究人才，他们大多在高校、科研院所和文博单位从事专业研究。其中，早期毕业的学生，诸如熊文彬、谢继胜、廖旸、李翎等人，也接过了他的接力棒，陆续带硕士和博士，并且他们的一些学生也已毕业，走入了科研和教学的行列，与他们的老师一道形成了中国藏传美术研究的主力之一。

1　金维诺：《前言》，载熊文彬《中世纪藏传佛教艺术——白居寺壁画艺术研究》，第 3 页。

2　罗世平：《鉴古开今 永远进取——金维诺教授的学术生涯》，《美术研究》2005 年第 2 期，第 20 页。

今天，在中国从事藏传美术研究的科研人员中，至少有一半研究人员出自金维诺教授或其弟子的门下。如果没有金维诺教授的高瞻远瞩，在人才培养上倾注的大量心血，就不可能迎来今天中国方兴未艾的藏传佛教美术研究局面。

三　学术报国

金维诺先生对于藏传美术的研究和人才的培养，不仅仅在于学术上重构完整的中国美术史，更重要的是在于通过研究正本清源，从美术史方面客观展示中华民族形成的历史过程，批驳西方一些学者的谬论，维护国家的统一，有深刻的内涵和积极的现实意义，体现了强烈的报国之情。

由于西方的藏传美术研究早于中国，一些别有用心的学者利用历史上西藏与南亚各国之间藏传美术的交流散布了不少试图分裂中国的谬论，如将藏传美术定性为"Indo-Tibetan art"，"Nepalese-Tibetan art"，或"Himalayan art"，其中前两种将藏传美术划入印度或尼泊尔文化圈，后一种则模糊国界，都试图为将西藏从中国分裂出去而制造学术根据，在国际学术界产生了极坏的影响。对此，金维诺先生不仅有深刻的认识，而且立场鲜明地予以坚决反对，其中1996年他对中国美术的形成和交流关系时的论述最有代表性，

他说："佛教艺术在中国两千年的发展，不但具有各地区的特色，并成为民族文化的重要组成部分。而相邻各国在佛教艺术上虽曾接受中国的影响，但也有各自的民族特色。然而，对于别有用心的人来说，在交流过程中本土的创造，也被认为是外来文化的翻版。新疆或甘肃的佛教艺术就曾被认为是犍陀罗的或茉吐罗（秣菟罗）的简单移植，而西藏形成的艺术样式也被说成是外来的，在无法回避藏传艺术的特色时，也千方百计地要在西藏的前面加上附加辞，藏文化圈和藏族的分布一样，不限于西藏本地，有相邻国家和地区的交错关系，也有国内不同省份的交错关系，但这并不意味着要重新划分已经历史形成的政治区划。但也不能歪曲藏文化的传统，把藏文化说成只不过是一种外国的附属文化。西藏地区以及地区民族文化的形成，和全国多民族国家的形成一样，是纷繁复杂的，但是不能以历史上的错综关系作为割裂中国或西藏的籍口。"[1]

正本清源因此就成为金维诺先生研究藏传美术的主要目的。2001年他在接受采访时不仅再次强调西方部分学者的上述用心，而且旗帜鲜明地表明了自己的观点，并且以正本清源为己任。他说"国外对西藏的关心有各种目的，对西藏艺术的考察是掠夺性的，重要的艺术品如早期的唐卡和金铜佛大部分被运走了。我们要建立自己的藏学体系，包括西藏艺术史的研究。

1　金维诺：《前言》，载熊文彬《中世纪藏传佛教艺术——白居寺壁画艺术研究》，第2页。

佛教和佛教艺术都是直接或间接地来自印度的影响，不论是中国、朝鲜半岛、日本或是东南亚都是如此。谈到中国佛教艺术、日本佛教艺术前面都不会特别加"印度"两个字。可是一谈到我国藏区的艺术，为什么总是写上印度—西藏呢！我认为这是别有用心的。我研究藏传美术，目的是要搞清楚这一地区佛教美术的发展问题，他们到底是外来的还是具有本土的发展体系，我们要探讨藏族艺术的高度成就、世代藏族艺术家的贡献"。[1]

尽管他深知"不受（西方）歪曲的结论干扰，而又能返本归真，是多么的不容易，这需要严肃不懈地进行艰苦的努力，要用奉献的精神来进行追寻"，但他一生仍毅然决然地挑起了这一重任，并且为此付出了毕生的心血。不仅如此，鉴于这项复杂艰巨的课题，个人能力有限，因此他强调"我们需要有更多的学者，特别是民族的学者来共同投入这一工作"。[2] 为此，他身体力行培养了一批藏传美术的研究人才来参与这项工作。

金维诺先生出于赤诚的报国之心，从中华民族多元一体国家的高度率先开展藏传美术研究，不仅基本勾勒出藏传美术的基本轮廓，填补了中国美术史的不足，在学术上具有十分重要的贡献；更为重要的是，他以学术报国，从美术史研究方面客观、公正、科学地展示各民族在中华民族国家形成中的贡献和相互之间水乳交融、密不可分的历史，融政治于学术之中，以维护国家的统一，具有极强的现实意义。这一精神永远值得我们学习。

1　郑岩、李清泉：《金维诺先生访谈录》，《艺术史研究》第3辑，中山大学出版社，2001，第228页。

2　金维诺：《前言》，载熊文彬《中世纪藏传佛教艺术——白居寺壁画艺术研究》，第2页。

陕西蓝田水陆庵诸圣水陆殿两铺塑像的图像考察[*]
——兼论印藏体系星神形象的传播

■ 廖 旸（中国社会科学院民族学与人类学研究所）

一 水陆庵概述

水陆庵位于今陕西省西安市蓝田县普化镇王顺山下，1996 年被公布为全国重点文物保护单位，主要历史文化遗存为位于建筑群最后的诸圣水陆殿。诸圣水陆殿坐西面东，五开间，其中当心间减柱造。当心间梁下"大明国陕西西安府蓝田县青侯里古刹悟真峪北普陀蓝渚庵重修诸圣水陆殿"以及南次间梁下"大明嘉靖四十二年

（1563）仲夏肇启 隆庆元年（1567）姑洗月重建立"题记[1]，是目前关于该殿、该庵最早的直接文字记载，字面看来记重修起止年月。而其营建历史在古代史志典籍以及金石碑刻等文字材料中缺乏载记[2]，庵、殿创建年代仍有待考证。重修题记若位于当心间主梁下，说明这次重修很可能涉及梁架结构，工程浩大，故历时四年。而重修的原因，可能与大地震带来的严重破坏有关：嘉靖三十四年十二月十三日（1556

---

[*] 笔者在田野考察中得到陕西师范大学博士后石岩刚帮助，写作过程中首都师范大学博士研究生孟丽惠赐相关图像材料，并致谢忱。

[1] 仲夏为农历五月，姑洗月为农历三月。题记图见陕西省文物保护研究院、蓝田水陆庵文物管理所编著《蓝田水陆庵》，文物出版社，2018，图二六、二七。今殿内另有北梢间梁下记民国九年（1920）重修功德名录，北次间梁下记 1982 年蓝田县人民政府重修，南梢间梁下记 1959 年西安市人民委员会拨款蓝田县人民委员会重修。

    新中国成立初开展文物调查时，嘉靖、隆庆年款的题记分别以横木的形式分别贴在南北两梁上，录文分别为"时在嘉靖四十二年岁次癸亥四月吉旦肇启""隆庆元年岁在丁卯姑□□□□吉日建立"。见贺梓城《蓝田水陆庵调查报告》，载陕西省人民政府文物管理委员会《文物管理文件辑要》第 2 辑，1954，第 80 页。字数、位置均与今看到的题记有出入。当时尚未提及蓝渚庵诸圣水陆殿这处题记。

    樊维岳记 1960 年、1982 年翻修时见梁板上均书"大明国陕西省西安府蓝田县青侯里悟真寺北普陀重修诸圣水陆殿"，嘉靖、隆庆题记则分别位于左、右梁，录文亦有所出入。见《水陆庵的历史与佛教艺术》，载中国人民政治协商会议陕西省蓝田县委员会文史资料研究委员会编《蓝田文史资料》第 6 辑"蓝田名胜古迹汇编"（内部资料），1986，第 29 页。

    笔者未能核对原物，诸说暂记于此，待考。

[2] 蓝田地方旧志修志 12 次，成书 10 部存 8。最早见于明，有弘治十八年（1505，已佚）、嘉靖八年（1529，已佚）、隆庆五年（1571）、万历四十一年（1613，已佚）四种。相关基本情况可参见刘少民《〈蓝田县志〉史略》，载中国人民政治协商会议陕西省蓝田县委员会学习文史资料委员会编《蓝田文史资料》第 12 辑（内部资料），1995，第 25~36 页。

年1月24日）子时，蓝田县"地震，房廨倾倒，压毙男妇无数，至次年正月始止"。[1] 按现代科学家的分析判断，该次地震强度为里氏8¼级，震中在山西蒲州—陕西朝邑—潼关—华阴之间，按地震烈度划分蓝田在Ⅸ度区。这是中国历史上最强烈的地震之一，《明史·五行志》记载可知姓名的死亡人数逾83万，也是迄今为止全世界死亡人数最多的一次地震。[2] 鉴于墙体、泥塑尤其壁塑的稳定性相对较低，因此，推测诸圣水陆殿创建于1556年前，在这次地震中严重受损，八年后得到大规模重修。紧接着隆庆元年十二月再次地震[3]，这时距离隆庆元年三月重修完工仅仅九个月而已，不过对这次地震的记载非常简单，看来与1556年的强震不能相提并论。总的来看，梁下题记年代与殿内彩装泥塑风格以及加速器质谱¹⁴C测年技术测定的年代范围[4]大体吻合，应属可信。

梁下题记涉及几个地名。蓝田县治"正东曰青侯里，统二十村"。[5] 蓝渚则指蓝谷水与霸水合流形成的地域[6]：

> 蓝谷水南自秦岭西流，经蓝关、蓝桥，过王顺山下，水出蓝谷西北流入霸水。

至于王顺山[7]：

> 王顺山即南山。去县二十里，雄据东南一隅，若翠障然，兴云即雨。旧图经云：昔道人王顺[8]隐于此山，后登仙，因以为名。唐有谒仙祠。

而悟真峪这个地名则令人联想到相距不远、创建于隋的净土宗祖庭之一悟真寺。今人常将悟真寺（崇法寺）与蓝渚庵联系在一起，以后者为下悟真寺的一部分，上悟真寺则是竹林寺。目前存世最早的县志即隆庆五年（1571）《蓝田县志》仅简单提及"悟真

1　（清）光绪吕懋勋等续修《蓝田县志》卷三"纪事沿革表"引自旧志，第四十一叶。

2　参见环文林、时振梁、李世勋《对1556年8¼级大地震震中位置和发震构造的新认识》，《中国地震》2003年第1期，第20~32页。

3　光绪续修《蓝田县志》卷三"纪事沿革表"，第四十一叶。

4　数据表明彩塑创作于明，未见具体实验数据报告。https://www.ar.tum.de/en/rkk/projects-and-research/china-project-bmbf/subprojects-2007-2013/shuiluan-temple/，最后访问日期：2018年4月25日。

5　光绪续修《蓝田县志》卷一"图·二十里图"，第二十三叶。

6　北宋熙宁九年（1076）宋敏求撰《长安志》卷十六"县六·蓝田"，见辛德勇、郎洁点校《长安志·长安志图——中国现存最早的古都志》，三秦出版社，2013，第487页。

7　（明）隆庆李东纂修《蓝田县志》卷上"志上·治局篇第一·山川"，第三叶。

8　（明）隆庆李东纂修《蓝田县志》卷下"志下·治人篇第三·隐逸"，第五至六叶记载：

> 王顺，不知何许人。《神仙通鉴》云采药于终南山得道。今终南山有王顺峰，灵应昭彰，至今不绝。王顺峰即县之东南山。偶岁旱，进思（按：纂修人李东长子，亦整理者之一）率乡老祷雨。尝登其绝顶……

寺、崇法寺、清凉寺、宝兴寺、玉山寺、空寂寺、宝泉寺、天池庵、圆觉庵、蓝渚庵俱在县东"。[1] 叙述的顺序可以推敲：大体来看，体量较大、规格较高的寺列前，规模较小的庵列后；有时间先后的考虑但非严格排序。当时距诸圣水陆殿重修完工仅四年而已，但是悟真寺和崇法寺与蓝渚庵相提并论，且字里行间毫无隶属关系的痕迹，则蓝渚庵当时是独立单元的可能性尚不能排除。

清雍正八年（1730）增修《蓝田县志》中非常简单地提到一些相关信息[2]：

> 崇法寺在县东二十里。
>
> ……
>
> 悟真寺在县东十五里。
>
> 竹林寺在悟真寺禅林之上，唐尉迟恭（585~658）监修。今禅僧重修焉。
>
> …………
>
> 蓝渚庵在县东二十里。

清嘉庆元年（1796）《蓝田县志》稍详，言明所引文献[3]：

> 竹林寺：〔《府志》〕在蓝田县东南三十里，唐尉迟恭建造。明

万历十年（1582）修。

> ……
>
> 悟真寺：〔《通志》〕在县东南二十里。〔《长安志》〕白居易（772~846）有诗述其灵异 蓝田山又有石门寺，即《王右丞集》中所称石门精舍也。旧志亦失载。
>
> …………
>
> 崇法寺：〔《长安志》〕即唐悟真寺也。在王顺山。〔《资政录》〕明正统十四年（1449）修。本朝康熙三十八年重修。
>
> …………
>
> 蓝渚庵：在县东二十里。

嘉庆县志系竹林寺和悟真寺于唐，系崇法寺于宋；至于蓝渚庵，则系于"无建修年月可稽，悉本旧志编列"。此后清光绪元年（1875）续修《蓝田县志》基本沿袭其记载与排年。[4] 民国三十年（1941）续修《蓝田县志》记载如下[5]：

> 悟真寺 有上下二寺。上寺一名竹林寺，隋建，有高僧净业（564~616），唐有高僧法诚、归真等。元和九年（814）白居易游，有诗百三十韵。钱起（722~780）、卢

---

1 （明）隆庆李东纂修《蓝田县志》卷上"志上·治局篇第一·祠墓"，第十叶。按嘉庆等志，天池庵、圆觉庵俱在县南。

2 （清）雍正李元升等增修《蓝田县志》卷一"寺观"，第三十五至三十六叶。

3 （清）嘉庆高昱等《蓝田县志》卷十四"古迹·寺观"，第十一至十三叶。

4 （清）光绪续修《蓝田县志》卷八"志·祠祀志·附寺观"，第六、七、九叶。

5 民国郝兆先等续修《蓝田县志》卷十二"祠祀·寺观"，西京克兴印书馆代印，第三、四叶。

纶、王缙、宋苏舜钦（1008~1048）等均有题咏。旧志谓唐尉迟恭监修。宋改为崇法寺。[1]《长安志》：崇法寺即古悟真寺。在县东南二十五里，宋太平兴国六年（981）重修，明万历十年（1582）重修。

…………

水陆庵　一名蓝渚庵。在县东南二十里。明秦藩奉为家佛祀。嘉靖四十二年肇启，隆庆元年重建。万历三十年（1602）、清道光二年（1822）均重修。

这里出现了"水陆庵"一名。从措辞来看，民国县志记载的年代极可能引自诸圣水陆殿梁下题记，未提供更多信息来源，但以嘉靖四十二年为初创年代而非重修的启动年代。另万历三十年重修一说的依据待考；道光二年重修一说应依据重修碑，碑文记载[2]：

创建之初历年殆不可考，至大明秦王恒游于此，爱山水之雄秀，奉以为家佛堂。由明以迄我朝，重修数次，如建石柱乐楼……

据原住持释隆升法师回忆，道光二年重修时蓝渚庵水陆殿改称水陆庵。[3]另庵内原有民国九年（1920）重修碑。[4]此外，一些文献记载了庵内有明嘉靖年间所铸铭文铁钟[5]等，未闻其详。

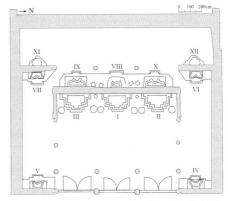

图1　诸圣水陆殿平面示意图（附主要泥塑编号）

1　民国郝兆先等续修《蓝田县志》另载（第三叶）：

崇法寺　在县东二十里，穆家坡与马家湾之间。〔《资政录》〕明正统十四年（1449）修。

按前引隆庆《蓝田县志》、雍正增修《蓝田县志》和嘉庆《蓝田县志》亦并列崇法寺与悟真寺，看起来似有二崇法寺，留待辨析。

2　此据贺梓城《蓝田水陆庵调查报告》，第79页。原文仅节录这段碑文，小尺全貌。另，当时该碑尚存寺内，笔者不知其保存现状。樊维岳转述该碑文内容如下（未注资料来源，见《水陆庵的历史与佛教艺术》，第29~30页）：

据重修水陆殿碑石记载，这次（按：指嘉靖四十二年至隆庆元年的重修）整修了屋面墙壁，屋架，并增添石柱，增修乐楼，为三世佛增添背光，佛背后增塑三大菩萨及善才童子五十三参等壁塑，清代道光二年（公元1822年）整修一次。

3　课题组：《蓝田水陆庵泥质彩绘壁塑风化机理及加固技术研究》，载西安文物保护修复中心编著《文物保护科学论文集》，文物出版社，2004，第149页。

4　贺梓城：《蓝田水陆庵调查报告》，第79页。樊维岳比较详细地做了转述，应可溯源到碑文。这次整修涉及大雄殿（即诸圣水陆殿）、中殿、配殿、前殿与乐楼，包括拆除诸圣水陆殿石柱外的走廊部分。见《水陆庵的历史与佛教艺术》，第30页。

5　该记载见西安市地方志编纂委员会编《西安市志》第七卷"社会志·宗教·水陆庵"条，西安出版社，2006，第63页。水陆庵存有明弘治七年（1494）十二月造悟真禅寺上殿铭钟，钟文见周仲民编著《悟真寺》，陕西旅游出版社，2005，第201页。今庵内"大唐故大福和尚碑"原立于空寂寺，1989年迁来。

诸圣水陆殿平面接近方形，中设像台、立背光墙，南北梢间接山墙砌出隔墙，空间上形成前殿与后殿（见图1）。周壁彩塑琳琅，安排严密，保存相对良好，蔚为大观，是不可多得的明代雕塑珍品。可想而知，这么丰富而相对完整的塑像实物极大地推动了对明代佛教信仰、神系与仪式以及彩塑技术、艺术成就的研究。有赖于科技考古工作

的进展，国内外机构合作对水陆庵壁塑进行了精心的保护修复与数字扫描工作[1]，这为美术史研究提供了良好的条件。

目前，诸圣水陆殿壁塑的图像志研究已有颇多成果，通过对壁塑分组探讨细节，逐渐揭示出其完整结构，并对其中一些疑难问题展开了重点讨论。[2] 在众多塑像之中，体量相对较大的包括周壁的十二尊塑

表1　诸圣水陆殿十二尊主要塑像				
编号	基本特征		尊格*	其他观点
前殿	I	佛装，结最上菩提印，胁侍二弟子	横三世佛	释迦牟尼 / 毗卢遮那**	释迦牟尼佛（《影像水陆庵》《蓝田水陆庵》等）
	II	佛装，结定印，胁侍天子装人物与老年居士		阿弥陀佛	
	III	佛装，左手置腹前、掌心向上，曲拇指与中指，右手当胸、拇指拈中指，胁侍青年贵族装人物与老年居士		药师佛	
	IV	佛装，左手类III，右手当胸伸食指、其余曲	三身佛	报身卢舍那	
	V	佛装，左手类III，右手当胸、曲拇指与中指		应身释迦牟尼	
	VI	菩萨装，左手置腹前、掌心向上（残），举右手当胸（残）		地藏菩萨	
	VII	菩萨装，左手置腹前托葫芦，右手当胸、曲拇指、中指与无名指		药王菩萨	
后殿	VIII	菩萨装，头顶有化佛，左手置腹前、掌心向上，右手当胸、拇指与中指相拈	三大菩萨	观音	
	IX	菩萨装，头顶有化佛，坐骑为狮子		文殊	
	X	菩萨装，头顶有化佛，坐骑为白象		普贤	
	XI	佛装，左手置腹前、掌心斜向上，举右手当胸（部分手指残），坐骑为孔雀		孔雀灵***王	文殊 / 阿弥陀佛（《影像水陆庵》等）
	XII	菩萨装，一面十六臂，主二手合掌，上二手分持日月，余手掌心有一目		十六臂观音	千手千眼观音（《蓝田水陆庵》）、如意轮王菩萨（《影像水陆庵》）

* 主要依据樊维岳《水陆庵的历史与佛教艺术》，第27~50页。

** 前说见樊维岳《水陆庵的历史与佛教艺术》，第33页；后说见第38、40页。作者未就同尊的两重神格做出解释。

*** 一作"翎"，见 Technische Universität München, Lehrstuhl für Restaurierung, Kunsttechnologie und Konservierungswissenschaft and Research Institute for Conservation of Cultural Heritage of Shaanxi Province: "Shuilu'an Final Report. Southern Insertion wall" 文中多处，2014，https://www.ar.tum.de/ rkk/projekte–und–forschung/china–projekt–bmbf–abgeschlossen/arbeitshefte–forschungsberichte/，最后访问日期：2019年4月25日。

1　2001年水陆庵被列入中德合作开展的文物保护科技合作项目（Research Project 01 UG 1001），由陕西省文物保护研究院与德国慕尼黑工业大学（Technische Universität München）实施。实地维护工作始于2007年。

　　2003~2007年，美国西北大学（Northwestern University）、西安文物保护修复中心共同开展了"三维扫描及数字化图像制作技术蓝田水陆庵应用研究"项目，《影像水陆庵》（文物出版社，2009）即成果之一。

2　相关综述可参见崔苗苗《陕西蓝田水陆庵彩塑图像志中的疑点考量》，《文艺生活》2015年第11期，第145~146页。

像（见表1），以及前殿两侧山墙下矗立的二十四将。正确判断他们的尊格无疑将影响对整座殿堂所反映的神系结构、信仰体系与仪式功能的宏观把握。本文拟着眼于前殿前壁殿门两侧（即东前檐墙北梢间西壁与南梢间西壁）的彩塑Ⅳ和Ⅴ展开讨论，期冀对整体神系的复原与认识有所贡献。

二 前殿前壁左端彩塑Ⅳ 主眷像辨识

审视前殿内前檐墙殿门两侧的这两铺塑像（见图2-1、图2-2），它们除了位置对应而外，整体构成、人物布局、艺术风貌亦如出一辙，相互呼应。概言之，砖砌像台之上为束腰须弥座（彩塑Ⅳ台座应非原貌），主尊佛均跏坐于重瓣仰莲之上，具头光、伞盖，右手手印略有不同；座两侧各立一身菩萨装胁侍人物，持物不存。主尊左、右壁面两行祥云翻卷，云头整齐安排立姿天神或神将小像，两铺各十二尊。

相对而言，图2-1容易得出大概的判断。[1] 彩塑Ⅳ的十二身小像均为武将装束，踏靴着甲，持兵刃，内侧的四尊合十礼佛，靠外的八尊两两相对，姿态容貌虽有别，但不易捕捉到明确的标志性或区别性特征。这种情形令人联想到药师佛的眷属十二药叉大将。有时他们与十二地支、十二辰相

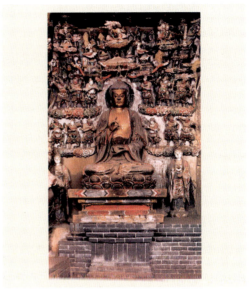

图 2-1　彩塑Ⅳ
（4.3米×3.2米，《影像水陆庵》，图版2）

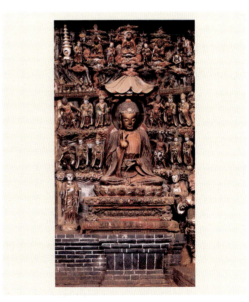

图 2-2　彩塑Ⅴ
（4.3米×3.2米，《影像水陆庵》，图版72）

1　2011~2012年针对该铺塑像的中德合作保护修复工作记录与成果参见"Shuilu'an Final Report. East wall, Northern Part: *baoshen fo*," 2014，https://www.ar.tum.de/rkk/projekte-und-forschung/ china-projekt-bmbf-abgeschlossen/arbeitshefte-forschungsberichte/，最后访问日期：2019年4月25日。

关联，头顶或手中可能表现子鼠、丑牛等动物形象；更多情况下他们只是名号有别，但难以逐一辨认。不过，有一些图像细节仍予人启发。如佛两臂外侧、亦即下层云端内侧的甲胄人物（见图 3-1），左尊合掌、朝向主尊而立，面容虔敬，身姿坚牢，头顶一兽头皮，看起来是狮头；右尊刚烈叱咤，双手合抱胸前，亦冠兽头，从其长鼻大耳可判断为象头。在明代图像材料中，常见这样大致成对出现的戴狮头皮与象头皮的武士跣身十二药叉大将（见图 3-2），也有单独出现象头皮者。[1] 图 3-3 描绘的第八名大将波夷罗（Pāyila）顶戴象头皮，不过并非定规。

佛上方设伞盖，伞盖之下祥云卷舒，织物翻飞（局部残，尚存作为支撑结构的铁丝），烘染出净土气象（见图 4）。以帛带或小幡装点伞盖是常见的做法，单就诸圣水陆殿而言，中央像台背光墙后亦即西侧塑三大士，三尊菩萨大像均有类似的伞盖以为庄严。不过，与此尊严密对应的彩塑 V 佛头顶伞盖独以连绵的卷草取代织物；除此而外，殿中其他逾身佛或菩萨大像均

无伞盖。在皈依药师佛的仪式活动中，燃灯悬幡和持诵、供养等同样重要[2]：

> 若族姓男女其有尪羸着床、痛恼无救护者，我今当劝请众僧七日七夜斋戒，一心受持八禁，六时行道，四十九遍读是经典。劝然七层之灯，亦劝悬五色续命神幡……神幡五色、四十九尺。灯亦复尔，七层之灯、一层七灯，灯如车轮。若遭厄难闭在牢狱，枷锁着身，亦应造立五色神幡、然四十九灯。应放杂类众生至四十九，可得过度危厄之难，不为诸横恶鬼所持。

将五色续命长幡系于药师佛头顶伞盖的做法，早在敦煌莫高窟隋 302 窟南壁东侧与 305 窟西壁北侧壁画上已可见到（见图 5）。[3] 对照常见的幡形制，此处幡头在伞盖内底位置，匠师无意做细致刻画，以祥云遮盖而已[4]；亦无幡手、幡脚，可能顾及这些纤长的细节用泥塑来表现太易折损。

---

1 仍举宣德九年刻《药师琉璃光如来本愿功德经》为例，其插图亦可见到顶戴象头的药叉大将，而且同样出现在药师佛身右，见北京文博交流馆编《智化寺藏元明清佛经版画赏析》，北京燕山出版社，2007，第 85 页图。类似图像又如翁连溪、李洪波主编《中国佛教版画全集》卷 35，中国书店，2014，第 50 页图；此例中象头已经简化变形，从而不易理解。

2 （东晋）帛尸梨蜜多罗译《佛说灌顶拔除过罪生死得度经》卷第十二，《大正藏》卷 21，第 535 页。类似文字亦见于（唐）释玄奘译《药师琉璃光如来本愿功德经》，《大正藏》卷 14，第 407 页。续命神幡的观念还可追溯到汉末严佛调《迦叶诘阿难经》，转引自（唐）释道世撰《法苑珠林》卷第三十六 "悬幡篇·引证部第二"，《大正藏》卷 53，第 568 页。相关讨论详见小林信彦「中国の『續命神旛』——インド風呪術に用いられる小道具」，『桃山学院大学総合研究所紀要』第 31 卷第 2 号，2005，第 143~147 页。

3 罗华庆主编《敦煌石窟全集 2·尊像画卷》，香港商务印书馆，2002，图 50~51。

4 维修前伞盖部分的细节图片与描述见 "Shuilu'an Final Report. East wall, Northern Part: baoshen fo," pp. 35-37。该报告认为这个细节是飘带（flying bands），p. 14。

图 3-1　彩塑Ⅳ（图 2-1 局部：下层内侧二身药叉大将）

图 3-2　《药师琉璃光如来本愿功德经》扉画（局部：底部二身药叉大将）。[明宣德九年（1434），北京智化寺藏，《智化寺藏元明清佛经版画赏析》，第 70~71 页图局部]

图 3-3　波夷罗大将。《御书药师琉璃光如来本愿功德经》插图。[清乾隆二十三年（1758），《中国佛教版画全集》卷 45，第 132 页图]

图 4　彩塑IV（局部：伞盖）线描图（笔者绘）

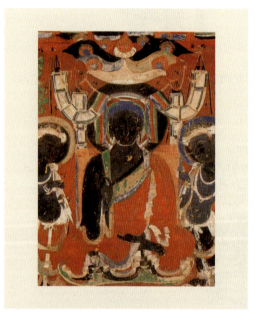

图 5　药师佛像（局部）（莫高窟 305 窟西壁北侧，隋）

图 6　《药师琉璃光如来本愿功德经》扉画（局部：燃灯立幡）［康熙四十四年（1705）刻本，《中国佛教版画全集》卷 41，第 167 页图］

幡尾的处理与幡身贴饰的宝珠图案在其他续命神幡图像（例见图 6）上亦可见到。因此，虽然同殿塑像上方的伞盖装饰织物并非药师佛独有，但是匠师明显刻意将对应位置上佛 V 的伞盖装饰细节做了替换，疑

此处用心与药师佛信仰中的续命神幡有关，值得留意。

通常来说，药师佛左手在身前托药钵，举右手拈诃子或药丸以济世救人；左右胁侍日月光菩萨则分捧日月轮，或在宝冠中

图 7-1

图 7-2

图 7-3

图 7-1　陕西黄陵万安禅院 1 号窟甬道北、南壁菩萨立像线描图（北宋晚期。《陕西石窟内容总录·延安卷》上，陕西人民出版社，2017，图 1-1-5、8）

图 7-2　月光菩萨线描图［彩装泥塑。山西灵石资寿寺药师殿。明弘治十二年（1499）。笔者绘］

图 7-3　彩塑Ⅳ胁侍菩萨线描图（笔者绘）

现出日月。[1] 今彩塑Ⅳ并不符合这些条件。不过从田野调查经验可知，泥塑像的手指纤细易损，持物亦往往因外置而致佚失。仔细观察Ⅳ佛像的手印，左手平置腹前、掌心向上，原可托物（复原设想见下文图 10 左）；右手当胸、屈中指靠近拇指但并未接触，原先完全可能拈有小型物品，为设想复原为药师佛像留下充分的空间。[2] 至于二胁侍菩萨，手或持物均不完整，但左胁侍菩萨左手握长物（下端作为支撑结构的铁丝尚存），右胁侍菩萨则右手握长物。

参考日月光菩萨的图例，存在此二尊双手持莲茎或云气、莲台或云端现日月轮的可能性（见图 7）。综合以上决定性与辅助性证据，可知彩塑Ⅳ主体表现药师佛、二胁侍菩萨及十二药叉大将。

既然尝试将彩塑Ⅳ判定为药师佛，那需要面临一个挑战：此前学界主流观点认为前殿中央佛台上塑三世佛（见表 1），居右侧的彩塑Ⅲ为东方净琉璃世界药师佛（见图 8）。对比佛像本身，两尊塑像本身的确非常接近。细节上讲，彩塑Ⅲ佛像右手中指

1　药师佛二胁侍菩萨亦存在其他组合情况，如敦煌莫高窟藏经洞所出绢画（大英博物馆藏，Ch.xxi.0015）上二胁侍榜题"南无延寿命金刚藏菩萨"与"南无延寿命如意轮菩萨"，同窟所出后唐天成四年（929）樊宜信造药师佛像绢画的胁侍菩萨则为"虚空藏菩萨"与"金刚藏菩萨"（日本白鹤美术馆藏）。兹不赘举。

2　从药师佛像实物遗存来看，不乏手势与彩塑Ⅳ佛像接近、亦无持物的视觉证据，例见图 5。

图 8　彩塑 Ⅲ
（前殿中铺右尊。《影像水陆庵》，图版 78 局部）

拈合拇指，没有为药丸留下空间——当然这不足以成为决定性的证据。对这两尊身份的认定，需要从两方面同时着手，即眷属等微观层面，以及整体神系布局的宏观层面。两铺塑像均未刻画与药师佛直接相关的净土景象、八菩萨[1]、九横死、十二大愿等场面，或者燃灯等最重要的供养仪式。彩塑 Ⅲ 的二胁侍明显非菩萨装；他身边亦无药叉大将。有一种意见认为前殿右侧壁十二尊神将即其药叉眷属[2]，不过如何合理解释对应位置上的其余十二尊神将就成了另一个问题。再者，药叉神将其少刻画为多面多臂形象。因此，对这种观点的合理性应予以反思和辨正。至于诸圣水陆殿整体神系布局，还有斟酌的空间；而彩塑 Ⅳ 与彩塑 Ⅴ 明显对应布局、构成一组造像[3]，因此对彩塑 Ⅴ 的判断也对认识彩塑 Ⅳ 具有重要的参考价值。

三　前殿前壁右端彩塑 Ⅴ 主眷像辨识

　　前壁右铺系 2013 年度中德合作文化遗产保护项目的重点。[4] 比较起来，此铺佛

1　（唐）释玄奘译《药师琉璃光如来本愿功德经》称，发愿西方极乐世界无量寿佛所的善信"临命终时有八菩萨，乘神通来示其道路"（《大正藏》卷 14，第 406 页）。敦煌本则详记"其名曰文殊师利菩萨、观世音菩萨、得大势菩萨、无尽意菩萨、宝檀华菩萨、药王菩萨、药上菩萨、弥勒菩萨"（《大正藏》卷 14 第 406 页脚注 11）。

2　《蓝田水陆庵》，第 61 页。此外，还有意见认为是十二神王、戎装天神、重复出现的十大明王和民间俗神，参见《大正藏》卷 14，第 65 页脚注 19。

3　如表 1 所示，此前学术成果一致认为他们与中央像台中尊亦即彩塑 Ⅰ 构成三身佛。换言之，虽然不同于本文对彩塑 Ⅳ、Ⅴ 尊格的判断，但在二者存在紧密关系这一点上，并无分歧。

4　相关工作内容与成果参见 "Shuilu'an Final Report. East Wall, Southern Part: *yingshen fo*," 2014, https://www.ar.tum.de/ rkk/projekte-und-forschung/china-projekt-bmbf-abgeschlossen/arbeitshefte- forschungsberichte/，最后访问日期：2019 年 4 月 25 日。

图9 彩塑V（图2-2局部：佛左右眷属1-12）

身侧的十二尊小塑像（见图9）情况复杂得多：有男有女，或文或武，年龄不等，持物各异，寂忿有别。其尊格的判定将直接影响到对主尊身份的认识。根据目前掌握的图像志知识，可做初步判断（关于图像志依据的讨论详后）：

9-1 发如火焰直竖，蹙额瞠目，张口露齿，裸上身，围下裙，天衣如劲风鼓舞出饱满有力的弧线，跣足而立，身相发红，左手攥人头之发，右手残，俯瞰外侧，为火曜。[1] 若然，则其右手原应持有刀剑类兵刃。

9-2 女性贵族，穿广袖衣裙、云肩，披帔帛，腰束带系宫绦，头簪宝钿，佩戴耳珰、项圈等，左手握数珠，身前右手拇指拈中指，为金曜。

9-3 戴冠有须老者形象，左手拄龙头拐杖，系土曜。右手所握之绳应用于牵牛。

9-4 戴幞头，着皂靴，天衣经头后绕肩，左手握长条状物，右手当胸未见持物。装束为文吏形象，但面相愤怒，尊格未明。

9-5 贵族女性装扮，垂目下看，右手握长剑，左手轻抚剑锋，为月孛。

9-6 贵族装扮，头戴通天冠，双手捧笏（上部残），衣饰同于其他女神，因

---

1 此外，月孛与计都图像亦有持人头的例子。不过，月孛通常披发，而持人头的计都多臂，均与此处人物形象特征有一定差别。

戴冠故发型被遮挡。参考其他视觉艺术遗存对月曜、月宫天子的表现手法，此当为月曜。

9-7 焰发愤怒武士形象，红色身相，左手托云头、上现圆轮，可见红色痕迹，当为日轮；但右手所托之物形状不规则、未能辨识。总的来看仍当作罗睺。

9-8 贵族女性装束，左手持弓（上部残）、右手持羽箭，为水曜。

9-9 贵族装，戴通天冠，有须髯，容貌装束与9-11、9-12两身神祇相似。双手合持笏状物（中部残损）。或为木曜（辨析见下）。

9-10 焰发力士形象，左手攥蛇头、前臂缠蛇身，高举的右手与前臂已残，为计都。

9-11 贵族装，戴通天冠，有须髯。双手置胸前，右手在上、握有一物（残），左手手腕过于纤细、手指僵硬而无章法，应属后世草率修补而成。推测原手印可能与9-6、9-9两像类似，亦持笏。笏本身并非某位神祇独有的特征持物，但在此处语境中可理解为渊源于内地传统的一个标志，此尊或即日曜。

9-12 装束与前者类似，右手握数珠，左手手势与垂下的数珠相应，推测为十一大曜中的紫炁，也是汉地星学传统中独特的星神之一。

眷属9-4尚未能比定，9-9、9-11、9-12三身形象比较接近，这里再稍加讨论。明代炽盛光佛图像中的一个突出现象是常伴十四尊眷属，多数情况下是在十一大曜（九曜、紫炁、月孛）的基础上结合二菩萨或二天人（帝释天与大梵天）。而炽盛光佛与药师佛并置构成组合是炽盛光信仰的特质之一[1]，多出来的这一尊明显旨在令炽盛光佛的整体构图与药师佛相匹配——如前所述，胁侍日、月光菩萨与十二药叉大将共计十四尊是药师佛的基本眷属众。因此，尽管未见明确佛教典籍提到炽盛光佛以二菩萨为胁侍，仍可见到这样的图像实例；同时，他身侧的眷属从五星神、九曜发展为十一大曜，而在晚期也常见再补一尊的做法，以足十四之数。但最后这一位眷属似不固定，有时以天人面貌出现[2]；在这里则为形容愤怒的吏曹形象，可能手中持簿记载人间功过，目前尚不能明确其身份与神职。

至于9-9、9-11、9-12，三尊均为中年男性帝王形象，衣着容貌类似，尤其是9-9与9-11均似持笏、难以区分；而9-12持数珠，木曜、紫炁二者均有持数珠之例（见表2、表3、图14）。因此，目前没有图像特征方面的决定性证据。本文的推测主要着眼于星神的位置。佛身左侧上下栏靠内为9-7罗睺、9-10计都，二者关系密切，常常比肩出现或安排在对

1　相关讨论详见廖旸《炽盛光佛再考》，载中山大学艺术史研究中心编《艺术史研究》第5辑，中山大学出版社，2003，第345~352页。

2　简单的讨论见廖旸《明智化寺本〈佛说金轮佛顶大威德炽盛光如来陀罗尼经〉图像研究》，载四川大学中国藏学研究所编《藏学学刊》第10辑，中国藏学出版社，2014，第120~123页。

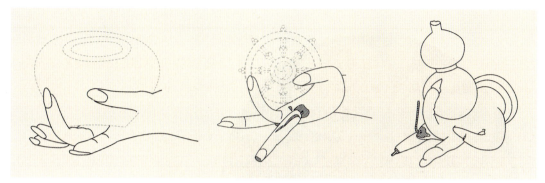

图 10　左手手形线描图。笔者绘
（左：彩塑 Ⅳ 药师佛持钵复原设想中：彩塑 Ⅴ 炽盛光佛持轮复原设想 右：彩塑 Ⅶ 药王菩萨持葫芦）

应位置上。将这一位暂时搁置，则上栏五身已经确定有五星中的火金土水四位，那么剩下不明的 9－9 定为木曜，具有合理性。下排 9－11 与 9－6 月曜相对，9－12 与 9－5 月孛相对，日月、炁孛常常并举，亦众所周知。因此暂定如上，冀得指正。

既然能够比定彩塑 Ⅴ 的眷属主体为十一大曜，则主尊尊格自当首先考虑炽盛光佛，这位星天至尊总是与大曜、黄道十二宫、二十八宿乃至北斗等星神表现在一起。他的左手小指残，今掌上不见持物。当然，根据石刻、绘画等门类的艺术品来判断，炽盛光佛亦存在不持物的图例，但就诸圣水陆殿的雕塑手法来看，这个手印极可能掌心原托有物（比较图10）。若然，则此处炽盛光佛与明代其他图例（见图16）非常接近。

四　诸圣水陆殿星神图像系统溯源

将前壁右铺彩塑 Ⅴ 主尊判定为炽盛光佛，辅助证据是该铺与 Ⅳ 药师佛的对应关系，而核心证据则无疑是环绕在他左右的眷属星神。众所周知，唐以来汉传佛教星神图像主要遵循《七曜攘灾决》（T. 1308）与《梵天火罗九曜》（T. 1311），最早的例证之一就是莫高窟藏经洞所出唐乾宁四年（897）张淮兴施绘的绢画《炽盛光佛并五星神图》（大英博物馆藏，1919，0101，0.31）。这一体系影响之大也超出佛教文化的范围，为道教、民间信仰所接纳，进而传播到周边地区和国家。[1] 既然前者盛行于佛教，典籍也收入佛教经藏，很容易被认为根源于印度佛教文化。实际上《七曜攘灾决》系西〔天竺〕国婆罗门僧金俱吒（Koṅkaṭa）撰集，而《梵天火罗九曜》则

1　以道教为例，道教美术经典作品山西芮城永乐宫三清殿元泰定二年（1325）壁画朝元图中，作为紫微大帝眷属的九曜就沿用了这一体系。见王逊《永乐宫三清殿壁画题材试探》，《文物》1963 年第 8 期，第 26~27 页；陈万成《唐元五星图像的来历——从永乐宫壁画说起》，载陈万成《中外文化交流探绎：星学·医学·其他》，中华书局，2010，第 73~109 页。

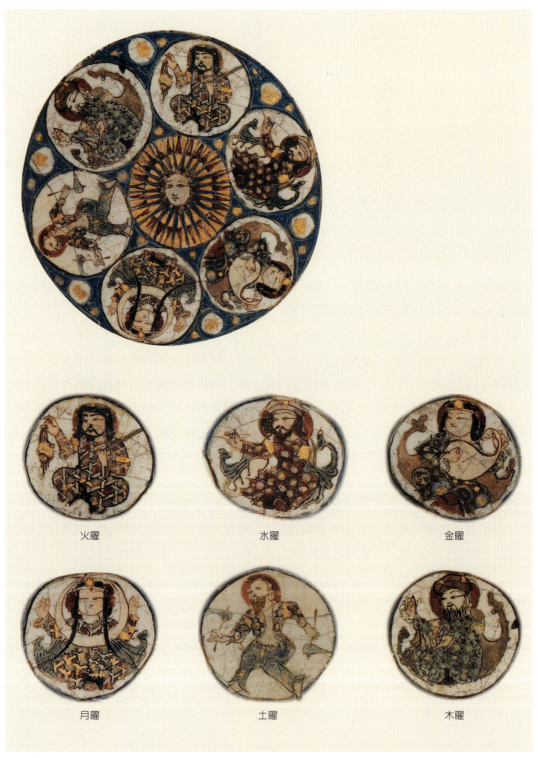

图 11　宫廷与占星图案碗（局部：中心日曜与周边六曜）

（釉上描金彩绘。伊朗中部或北部，12 世纪晚期至 13 世纪早期。直径 18.7 厘米、高 9.5 厘米。
美国大都会艺术博物馆藏，ACC.NO.57.36.4）

（伽内什）　日曜　月曜　火曜　水曜　木曜　金曜　土曜　　罗睺　计都

图 12　九曜石板。[发现于孟加拉国 Khetlal, Joypurhat, Rajshahi. Paharpur Museum 藏。约 11 世纪。Enamul Hauqe & Adalbert J. Gail (eds.): *Sculptures in Bangladesh*, Dhaka. The International Centre for Study of Bengal Art, 2008, fig. 14]

是汉地僧一行（683~727）修述[1]，均非佛经原典。陈万成周详地讨论过这种星神形象体系并称之为"梵天火罗新型"，今从其说。它在经历了长期的多元文化交流、融汇之后形成并渐趋定型（在伊朗传承的图像见图 11），"是希腊、波斯、印度互为影响之下，在中亚这个文化大熔炉中产生了一种具有三个文化因子的混合新型，然后再传来中国"[2]，与中国星学某些原有元素相调适、融通，渐为各种信仰与民俗所采纳并承续下来。

而在唐代流传开来的梵天火罗新型之外，伴随着后宏期藏传佛教的兴起、佛教典籍的翻译工作，另一种印度系[3]的星神（见图 12）进入我国西藏（见图 13）。大约在 12 世纪晚期到 13 世纪，西夏吸收了这个体系的经典与星神图像，并与汉地发展起来的梵天火罗系图像进行融会贯通。从目前已经公布的现存西夏星神图像[4]来看，仍以基于梵天火罗系传统的图

1　此据该文题下署名。现代学术意义上的考证见钮卫星《〈梵天火罗九曜〉考释及其撰写年代和作者问题探讨》，《自然科学史研究》2005 年第 4 期，第 319~329 页。此文判断《梵天火罗九曜》主要内容极可能确实出自一行的手笔或传授，也有部分内容出于后人补述；写作年代下限为 751 年。

2　陈万成：《唐元五星图像的来历——从永乐宫壁画说起》，第 77 页。

3　印度同样为文明古国，历史悠久，文化多元，因此其星神体系呈现丰富的面貌。本文仅讨论与诸圣水陆殿星神图像关系较为密切的这一系统。

4　参见〔俄〕萨莫秀克《西夏王国的星宿崇拜——圣彼得堡艾尔米塔什博物馆黑水城藏品分析》及附文《黑水城 12 世纪的星相魔环》，谢继胜译，《敦煌研究》2004 年第 4 期，第 63~70 页。

图 13　大轮金刚手（局部：九曜像）（壁画，1464 年，西藏贡嘎曲德寺二层密宗殿，笔者摄）

像占优。而当时对印藏系星神形象的描述主要见于西夏文仪轨文本《圣星母中道法事供养根》（𗼋𘗽𗈁𗙴𗐆𗵘𗈁𗽺）。西夏学先驱聂历山（H. A. Невский，1892–1937）利用对该仪轨的解读，成功地识别了一件曼荼罗（发现于内蒙古额济纳旗黑水城遗址，俄罗斯圣彼得堡艾尔米塔什博物馆藏）的内容。[1] 确言之，我们可以称之为星曜佛母曼荼罗，其中的星神形象大多与《圣星母中道法事供养根》的描述吻合，而且已经出现糅合汉、藏、西夏等多种文化元素的做法。[2] 迄今为止所知的内地印藏系图像范例尚少，难以展开充分的讨论，但足以用作判断诸圣水陆殿彩塑Ⅴ眷属尊格的参考。比较两种星神体系的主要特征（见表 2，加粗文字标示诸圣水陆殿图像的选择），可以把握到诸圣水陆殿的星神是汉地既有传统与 12~13 世纪以来印藏系新元素的结合。

在诸圣水陆殿彩塑Ⅴ炽盛光佛眷属星神之前，明代找到的印藏系例子如北京智化寺藏明天顺六年（1462）《炽盛光如来消灾陀罗尼经》。[3] 其扉画五折页，为传统的炽盛光佛坐牛车，在大曜星神、二十八宿的簇拥下巡行天界的浩大场景，云气蒸腾、霞光万道。而经后附圣五星六曜吉祥陀罗尼，记星

1　〔苏联〕聂历山：《12 世纪西夏国的星曜崇拜》，崔红芬、文志勇译，载李范文主编《西夏研究》第 6 辑，中国社会科学出版社，2007，第 33~46 页。

2　廖旸：《从黑水城星曜曼荼罗看汉藏夏之间的文化勾连》，《敦煌研究》2018 年第 4 期，第 31~44 页。

3　相关讨论详见廖旸《明智化寺本〈佛说金轮佛顶大威德炽盛光如来陀罗尼经〉图像研究》，第 111~140 页。

表 2　梵天火罗新型与印藏传统两种星神图像体系主要特征对照

星神	梵天火罗新型*	印藏传统**
日曜	（按：《梵天火罗九曜》插图形象乘五马车，男像，捧日轮）	乘七马拉的车，红色身相，左右持红莲花、上有日轮
月曜	（按：插图形象乘五雁车，**女像**，捧月轮）	乘雁，白色身相，左右手持黄莲花、上有月轮
火曜	形如外道，[作铜牙赤色貌，带嗔色，着豹皮裙]首戴驴冠，四手兵器刀刃（弓、箭、刀）	骑山羊，红色身相，右手持短剑，**左手持人头**作吞噬状
水曜	其神状**妇人**，[着青衣]头首戴猿冠，手持纸笔	莲花上，黄色身相，**双手持弓箭**
木曜	形如**卿相**（老人），着青衣，戴亥冠，手执华果	青蛙或颅骨上，白色身相，双手**持数珠**与水罐
金曜	形如**女人**，头戴酉冠，白练（黄）衣，弹弦（琵琶）	白色身相，坐莲花上，双手**持数珠**与水罐
土曜	形如婆罗门，[色黑]牛冠首，手持锡杖，[一手指前，微曲腰]	骑龟，青色身相，握杖
罗睺	[戴珠宝二执并日月]	红黑色身相，两手持日月
计都	[着锦绣衣]	青色身相，握剑与**蛇索**

资料来源：* 据《梵天火罗九曜》（《大正藏》卷 21，第 460~461 页），个别地方根据《七曜禳灾法》（《大正藏》卷 21，第 449 页）注或补。

** 译自无畏藏护（Abhayākaragupta. 11 世纪下半叶 –12 世纪上半叶）《究竟瑜伽鬘》（Niṣpannayogāvalī）。梵文原本见 Yong–hyun Lee: *The Niṣpannayogāvalī by Abhayākaragupta, A New Critical Edition of the Sanskrit Text*, Seoul: Baegun Press, 2004 (rev. ed.), p. 76。

曜每月下降日期、真言并镌印图像。审经后附星神图像，与扉画星神分属印藏系与梵天火罗系，这一点饶富意味。不仅如此，天顺印本附图以单幅表现星神，构图完整、细节周详，对图像志研究而言优于在炽盛光佛会图、朝元图、星曜佛母曼荼罗或水陆画等情境中作为眷属出现的群像。此后还可寻得成化十三年（1477）炽盛光经藏外本刻本[1]与年代不详的明刻本[2]，它们几乎照搬了智化寺藏天顺六年（1462）刻本，从格局到文字图像高度近似，一方面提醒我们需留意天顺刻本之前是否还有底本，另一方面也有力地证明该体系图像在一定范围内的传播。比较起来（见表 3），诸圣水陆殿星神形象相对简约，星神均以立姿呈现，月曜、金曜和水曜表现为女性形象，认可唐以来的传统；然而它们同属一个体系，有可能为探讨印藏体系星神图像的传播范围与途径提供重要材料。

1　发表于《中国佛教版画全集》卷 12，第 194~214 页。

2　发表于《中国佛教版画全集》卷 20，第 216~231 页。

表3 印藏系星神图例对照*

星神	印度（图12局部）	西夏·炽盛光经印本**	明·智化寺藏炽盛光经印本***	明·诸圣水陆殿
火曜				
水曜				
木曜				

星神	印度（图 12 局部）	西夏·炽盛光经印本 **	明·智化寺藏炽盛光经印本 ***	明·诸圣水陆殿
金曜				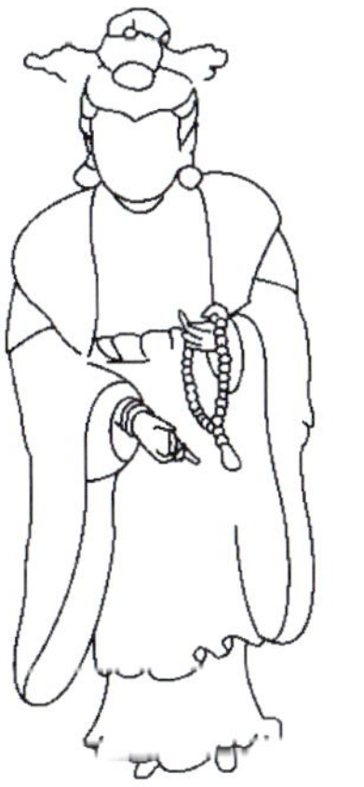
计都				

* 表中略去诸圣水陆殿星神图像中不涉印藏体系的尊神（日曜、月曜、紫炁、月字），或比藏、梵天火罗两系相对接近的尊神（土曜、罗睺）。

** 该刻本为失译本炽盛光经的西夏文译本（инв. № 7038），图见俄罗斯科学院东方研究所圣彼得堡分所、中国社会科学院民族研究所、上海古籍出版社编《俄藏黑水城文献》①，上海古籍出版社，1996，彩版五七。

*** 为方便观察，智化寺藏印本插图中的木曜、金曜以及紫炁像（见图 14 左）所持数珠做了涂色处理。

如表3所示，印藏系星神形象进入西夏之后做了一些改动，在性别等方面很可能参照了既有的梵天火罗系形象。印度的例子中木曜和金曜均为持数珠（梵 akṣasūtra。图中数珠较短，缠绕右手掌）和水罐（梵 kamaṇḍalu）的男子，需以年龄、体态和身份特征来做区分；在西夏版画上，木曜则从数珠和水罐两种持物中选择了水罐，以区别于持数珠的女神金曜。而在诸圣水陆殿，木曜为男性、持笏，金曜为女性、持数珠。

十一大曜中紫炁和月孛为中国特有的星神，不能用印藏系统来做解释，这里另予简单讨论。[1]西夏文《圣星母中道法事供养根》描述[2]：

> 青娄（紫炁）为男性神，紫色，一面，两臂，手持念珠（𗼒𗤁）。……力每（月孛）为女性神，作愤怒相，红色，一面，两臂，手持长剑（𗵒）。

比较这类图像（见图14、图15），智化寺本等炽盛光经版画和诸圣水陆殿雕塑中的炁、孛形象均可溯源到西夏文仪轨，而明代几件作品图像志特征更趋相似，同样指引我们思考这一系星神图像的传播途径。

图14　智化寺本版画与诸圣水陆殿紫炁对照

图15　智化寺本版画与诸圣水陆殿月孛对照

1　对炁、孛尤其是月孛图像志的初步考察见廖旸《炽盛光佛构图中星曜的演变》，《敦煌研究》2004年第4期，第75~77页。

2　〔苏联〕聂历山：《12世纪西夏国的星曜崇拜》，第40页。

五　从皇室到藩府——明代印藏系星神图像的传播途径

诸圣水陆殿像台中尊须弥座中发现有"佛像士山西匠人作像人乔仲节"[1]题记，由此可对雕塑匠师及其作坊团队有最基本的认知。遗憾的是，这一堂艺术杰作的功德主未见历史文献明确提及，仅见道光二年重修碑记"大明秦王恒游于此，爱山水之雄秀，奉以为家佛堂"；民国续修《蓝田县志》提及"明秦藩奉为家佛祀"。秦藩家佛堂的地位令它可以获得更好的宗教、文化资源与经济资助，这一点对于今之学术考察很有价值，因此素为研究者所重。[2]

秦藩为大明屏障。洪武三年（1370），明太祖朱元璋封次子朱樉（1356~1395）为秦王，镇守西北边疆，因此该藩国被视为首藩，地位仅次于皇太子。为笼络北元势力，翌年朱元璋还将原元末重要军事统帅扩廓帖木儿（Köke-temür，?–1375。原名王保保，汉、畏兀儿混血）之妹嫁给秦王为妃，其次妃则是大将军邓愈之女。洪武二十八年，朱樉出征甘肃洮州，降服那里降而复叛的西番藏族，是其重要功绩之一。但道光、光绪两种材料并未具体指出是哪位藩王，而且从民国县志的简单记载字面看来或即以前碑为依据，并未提供

新的线索。今人以诸圣水陆殿梁下题记的重修时间段（1563~1567）与秦藩诸王的在位时间段进行比对，判断这位大明秦王即宣王朱怀埢。朱怀埢（1524~1566）是上任秦定王朱惟焯（1509~1544）的再从侄，定王无子，去世四年后朱怀埢超封五等、嗣位秦王[3]：

> 宣王怀埢以嘉靖二十七年（1548）自镇国中尉嗣……在位十九年，以嘉靖四十五年薨，寿四十三。子□王敬镕，隆庆三年自隆德王嗣，在位八年，以万历四年薨，寿三十六。

由此来看，诸圣水陆殿的重修时间在朱怀埢在位晚期，他去世后翌年重修完工，再两年后下一任秦藩靖王朱敬镕（1541~1576）方嗣位。目前来看，将重修功德主比定为秦宣王有合理性。诸圣水陆殿星神采取印藏系图像，一方面需要考虑地理临近——陕西邻接西夏故地，而且当时秦藩也直接接触甘肃等地的藏族；另一方面更要考虑政治亲缘，即从皇室、内廷传播到藩府。

明代宫廷藩府对炽盛光信仰的重视，从写印炽盛光经的活动中可见一斑。如内府所用明永乐年间磁青纸金书《大乘经

1　参见《影像水陆庵》，图版 80。

2　参见张建宇《从祖师道场到明藩佛堂：水陆庵的历史与寺院美术》，《世界宗教文化》2015 年第 4 期，第 78~84 页。

3　明万历十八年（1590）王世贞撰《弇山堂别集》卷三十二"同姓诸王表·秦愍王樉"，魏连科点校，中华书局，1985，第 566 页。朱怀埢为奉国将军惟熣之庶二子，其祖父为辅国将军秉樻，曾祖为镇国将军诚润。同上书在讨论"王国超封"现象时指出"秦镇国中尉怀埢袭王，是为宣王。……秦王超五等，尤为奇绝"，见卷十"皇明异典述五·王国超封"，第 181 页。

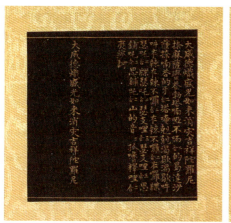

图 16 炽盛光佛像与大威德炽盛光如来消灾吉祥陀罗尼
（《大乘经咒》第四册第 15 开，明永乐间内府写本，台北"故宫博物院"藏）

咒》第四册写有炽盛光陀罗尼，并绘炽盛光佛像供念诵时观想顶礼（图 16），6 厘米见方，这个尺寸方便携带与使用，宫廷信徒持用于日诵功课。而智化寺藏天顺六年炽盛光经开本则非常大，经折装，面 43 厘米 ×15 厘米，扉画 34.5 厘米 ×90 厘米，应属以镌刻供养为功德。智化寺为司礼监太监王振（？~1449）建于正统九年（1444），英宗赐名"报恩智化禅寺"，同年所铸铜钟（今仍置钟楼内）汉藏交融，钟肩莲瓣内有药师佛与炽盛光佛种字。[1] 王振跋扈一时，智化寺作为其家庙穷极土木；土木之变后皇帝对该寺的宠眷不废，寺仍兴盛，天顺元年（1457）英宗复辟后在寺中为王振立祠塑像，六年还颁赐一藏永充

供养。寺内藏经卷帙浩繁，而此刻本是其中开本最大的一册[2]，重视程度一目了然，推测该炽盛光经印本与内府有关。此外，现存还有明神宗"万历三十八年（1610）闰三月吉日 当今皇帝谨发诚心印造"的内府插图刻本炽盛光经（东北师范大学图书馆藏，212.1/037）[3] 以及同年洛阳福恭王朱常洵（1586~1641）刻本，后者为明代藩府本之代表作，疑在京刻。[4] 由此推测，印藏系星神伴随明代皇室的炽盛光信仰而传播至诸藩，印本可能是载体形式之一，从而带来图像样式的流传。

至于明代宫廷炽盛光信仰中出现印藏系星神图像，则应归结于明王朝对藏传佛教的尊崇。明代炽盛光信仰结合了藏传佛

1 张昕、杨志国、李江：《北京智化寺彩画与佛教器物梵字考》，《古建园林技术》2015 年第 3 期，第 21~22 页。

2 北京文博交流馆编《智化寺藏元明清佛经版画赏析》，第 143 页。该经图像见第 142~153 页。

3 东北师范大学图书馆藏《古籍善本书目解题》（内部资料），1984，第 228 页。

4 张秀民著，韩琦增订《中国印刷史》（插图珍藏增订版）上册，浙江古籍出版社，2006，第 308 页。

教的元素，集中体现在经后与圣五星六曜吉祥陀罗尼之间插入藏文或梵文"大圣炽盛光如来拥护轮"，在轮中台与轮下分别用藏、汉文写出日常持诵陀罗尼、佩戴护轮的功德。[1] 此外，成化十三年炽盛光经印本末尾赞偈中有"日夜降吉祥，无诸危害事"一句，有可能化用吉祥偈。元以来吉祥偈"愿昼吉祥夜吉祥，昼夜六时恒吉祥，一切时中吉祥者"[2] 广为流行，明定制的官窑瓷器常见有字面接近的藏文瓷器[3]，亦可窥见炽盛光信仰对藏地文化元素的积极吸纳。

小 结

蓝田蓝渚庵（晚清以来称水陆庵）诸圣水陆殿塑造的人物形象多达 1372 尊[4]，众彩纷呈而构思严密，对于认识明代的艺术成就，对于勾勒当时的佛教神系，从而理解时人的精神世界，都具有重要的意义。通过对诸圣水陆殿前殿前壁右铺彩塑 V 的辨识，确认为炽盛光佛与其星神眷属的珍贵视觉艺术遗存。炽盛光佛的兴起与唐长安、唐宫廷有莫大的关系，而诸圣水陆殿充分证实关中地区直到明代仍奉持炽盛光佛信仰。

而判定殿中对应位置、前壁左铺彩塑 Ⅳ 为药师佛，再次印证了炽盛光佛—药师佛组合的稳固与流行。明代炽盛光佛身边出现十四身眷属的做法几成定式，在十一大曜而外，或选择释梵再加另一位天人；或如诸圣水陆殿显示的，选择二胁侍菩萨与一位吏曹类人物形象，表现出一定的灵活性。不管怎样，塑造十四眷属这一点则得到顽强坚持。究其根源，在于刻意模仿药师佛二胁侍菩萨十二药叉大将、共计

1　相关讨论参见廖旸《明代〈金轮佛顶大威德炽盛光如来陀罗尼经〉探索——汉藏文化交流的一侧面》，《中国藏学》2014 年第 3 期，第 180~189 页。炽盛光经主要有三种，即唐不空（Amoghavajra，705-774）所翻《炽盛光大威德消灾吉祥陀罗尼经》（T. 963）、失译《大威德金轮佛顶炽盛光如来消除一切灾难陀罗尼经》（T. 964）以及失译、未入藏的《〔金轮佛顶〕大威德炽盛光如来〔吉祥〕陀罗尼经》。三者同本异译，但目前来看，明代炽盛光信仰结合藏传佛教元素的现象主要体现在藏外本。对藏外本的初步研究见廖旸《〈大威德炽盛光如来吉祥陀罗尼经〉文本研究》，《敦煌研究》2015 年第 4 期，第 64~72 页。

2　《瑜伽集要焰口施食仪》，《大正藏》卷 21，第 483 页。

3　这种瓷器集中出现在宣德朝的官窑瓷器中，除宫廷使用外，也赠予藏地大寺，如西藏萨迦寺藏有明宣德青花五彩鸳鸯莲花龙纹碗（朱裕平：《明代青花瓷》，上海科学技术出版社，2010，第 271、281 页图），碗内口沿写青花藏文一周：

　　　nyin mo bde legs mtshan bde legs// nyi ma'i gung yang bde legs shing//
　　　nyin mtshan rtag tu bde legs pa// dkon mchog gsum gyi bkra shis shog

该吉祥偈（藏 bkra shis brjod）较早可见于萨迦五祖文集，元、明两朝均器重萨迦派的政教力量，吉祥偈在汉地的流行可能与此背景有关。

4　此据 2001~2002 年中德合作调查纪录所得的统计数字，参见 Catharina Blaensdorf and Ma Tao, "A Chinese-German Cooperative Project for the Preservation of the Cultural Heritage of Shaanxi Province: Conservation of the Polychrome Clay Sculpture and Investigation of Painting Materials in the Great Hall of the Shuilu'an Buddhist Temple," in Neville Agnew (ed.): Conservation of Ancient Sites on the Silk Road, Los Angeles: Getty Publications, 2010, p. 206. 在保护修复工作中还发现有个别散落的人物形象。一说塑像 3700 余尊，看来是将坐骑等统计在内得到的数字。

十四眷属的格局，以直观地展示二者的对应、匹配关系，取代根深蒂固、影响深远乃至被视为理所当然的阿弥陀佛—药师佛组合；正如有时炽盛光佛的名号被修正为"炽盛光王佛"，以匹配于药师的名号"琉璃光王佛"一样。炽盛光佛—药师佛组合秉承息灾—延寿法门，集中体现了中国佛教信徒对现世生活的热切诉求。

　　此例不但是炽盛光佛—药师佛组合的又一力证，而且也为探讨诸圣水陆殿的整体神系结构提供了新的视角。既然彩塑Ⅳ、Ⅴ并不从属于法报应三身佛，而殿中像台中尊结最上菩提印，确应首先考虑为毗卢遮那，兼之药师佛已经出现在Ⅳ的位置上，则此前研究成果判断像台上左尊Ⅱ、右尊Ⅲ分别为西方净土世界主阿弥陀佛与东方药师佛，接下来不妨再做考量。

　　诸圣水陆殿炽盛光佛眷属星神形象同样刷新了图像志研究的既有认识。大约12~13世纪进入内地的印藏星神体系标志着中国古代星学融入了新元素，意义重大。仅从视觉文化角度来看，此前掌握的材料仅寥寥数例，且局限于一件绢画以及几件炽盛光经印本的版画插图。诸圣水陆殿增加了宝贵的一例，期待将来可以在传世视觉材料中觅得更多的遗存。该殿与明秦藩的关系是美术史研究的基础问题，尽管历史文献非常少，传世文物所能提供的确切历史线索亦非常有限，但讨论印藏系星神图像的传播途径或可提供积极的证据：看来借助皇室与藩王的政治亲缘关系，以炽盛光信仰为载体，印藏系星神得以出现在明代的关中。

器物与图像

东汉镇墓文所见道巫关系的再思考

■ 陈　亮（维也纳大学艺术史系）

东汉镇墓文是一类葬仪文书，文字、材质和形式各异，但都放置在墓中，用于沟通阴、阳两界的同时又隔离死者和生人，以达到保护死者和生人的目的。这类文书的作者也是镇墓仪式的施行者，对于他们的身份问题，长久以来存在两类意见，迄今尚无定论。一种意见认为他们是早期道教教团的道士。铭文中的核心概念如"重复""钩校"可与道教经典如《太平经》《赤松子章历》相对应，而与道符相近的符箓的使用和铭文中"道中人"的自称也表明，已发现的镇墓文是早期教团如天师道或太平道活跃于东汉葬礼的明证。另一种意见则将这些文书的作者等同于巫或者术士，认为他们就是王充批评过的施行"解除"或"解土"仪式的巫者，而道教在东汉尚未介入葬礼的领域。鉴于这类文书在理解东汉来世观念和宗教信仰尤其是道教起源问题的重要性，本文尝试在系统整理东汉镇墓文及相关镇墓器物的基础上，对处于争论中心的道巫关系问题做出新的回应。阐释的基础首先在于铭文的释读和关键词的辨析，而关键词意义的界定则基于文本内部的互证。其次是对镇墓符箓和印章的重新解析，最后是通过对镇墓五石的重新审视以确定这些仪式施行者的身份。

一　问题的提出和研究现状

镇墓文，有时也被称为解除文、解注文或削除文[1]，是一类专为葬礼创作的文书，可归入索安所定义的葬仪文书（funerary texts）的范畴。[2] 其得名源自铭文中经常出现的"镇"和"墓"字。"镇"和"压"是同义词，表明这类文字的功能主要在于镇墓或压墓。在此"镇"或者"压"有双重意义：一方面是使墓葬安定，保护死者，

1　连劭名:《汉晋解除文与道家方术》,《华夏考古》1998 年第 4 期, 第 75 页。

2　Anna Seidel,"Traces of Han Religion in Funeral Texts Found in Tombs,"载秋月观暎编《道教と宗教文化》, 平河出版社, 1987, 第 24 页。

使其免受地下其他生灵的侵扰；另一方面则是镇守住墓葬，切断死、生两界的联系，从而保护生者，使其免受死者的纠缠。[1]

自发现首例镇墓文以来，有一个问题就成为研究者关注的焦点：这类文书的作者是谁？最早对镇墓文进行学术性探讨并对这一问题做出回应的研究者是罗振玉。他于1914年在《蒿里遗珍》中先是将镇墓文和买地券统称为"地券"[2]，1916年又在《古明器图录》中第一次刊登了一个镇墓瓶（汉永和瓶）的照片（见图1）。[3]1929年他在《古器物识小录》中写道"汉人冢墓中往往有镇墓文。或书铅券上，或书陶器上。"[4]1930年他则在《贞松堂集古遗文》中进一步做了较长的论述：

图1　汉永和瓶照片（罗振玉《古明器图录》，载《罗雪堂先生全集》二编册六，第2479页）

> 东汉末叶，死者每用镇墓文，乃方术家言，皆有天帝及如律令字，以朱墨书于陶瓶者为多，亦有石刻者。犹唐人之女青文也……汉季崇尚道术，于此可见一斑。米巫之祸，盖已兆于此矣。[5]

1　刘屹：《敬天与崇道：中古经教道教形成的思想史背景》，中华书局，2005，第56页。也可参见刘屹《"镇墓"的信仰传统与宗教情怀》，载北京大学中国考古学研究中心编《两个世界的徘徊：中古时期丧葬观念风俗与礼仪制度学术研讨会论文集》，科学出版社，2016，第333页。

2　罗振玉：《蒿里遗珍》，上虞罗氏印本，1914，第1~5页。

3　罗振玉：《古明器图录》，载《罗雪堂先生全集》二编册六，台北文华出版公司与大通书局，1968~1977，第2479~2482页。此瓶随后归中村不折所有，其图像也出现在中村不折的书中，见中村不折《禹域出土墨宝书法源流考》，西东书房，1927，第3页。

4　罗振玉：《古器物识小录》，载《罗雪堂先生全集》初编册七，第2885页。随后于1930年他在《贞松堂集古遗文》中亦以"镇墓券"称呼镇墓文，见罗振玉《贞松堂集古遗文》卷下，北京图书馆出版社，2003，第355页。

5　罗振玉：《贞松堂集古遗文》卷下，第360页。

在此，他明确指出作者乃是"方术家"，而镇墓文在东汉末年的流行反映了汉末对"道术"的崇尚，并且预示（"兆"）了五斗米道（"米巫"）的兴起。不过，此后他并未就此问题展开论述。

罗氏之后，诸多学者对于这一问题做了进一步探讨。他们的观点可以基本划分为两大派。一派坚决认为镇墓文是道教[1]的产物。例如陈直就认为张叔敬镇墓文反映了墓主人乃是张角所传太平道的教徒。[2] 王育成则将镇墓文中的"要道"阐释为"道术"，认为它指的就是道教。[3] 王育成在对一个汉代陶瓶上的符箓做文字分析之后指出，它反映了道教的"三尸"信仰。[4] 随后他对镇墓文、符箓和镇墓印章做综合考虑后得出结论：那些自称为"天帝使者"或"天帝神师"的人是最早的道教团体的术士，而这些小型的道教团体是后来张角、

张鲁等所创立的更大的教团的先声。[5] 江达智指出，符箓和五石的使用表明在东汉时期道教已经取代了通灵的民间巫术。[6] 刘昭瑞将道教经典中的"天师"视为镇墓文中"天帝神师"的缩写，并主要以《太平经》来阐释镇墓文中的关键词。[7] 姜守诚认为镇墓文的使用，其功能在于替死者消除生前所犯下的罪过。将"重复"等同于《太平经》中的"承负"。[8] 张勋燎和白彬更是在近年对镇墓文做了系统的统计和详细的分析，他们明确将镇墓文看作道教教团天师道活动的产物，并断言它兴起于东汉明帝时期（58~75），其活动中心在汉代的两个首都——长安和洛阳。[9]

另一派则明确将它们划归民间信仰的范畴。例如郭沫若和林巳奈夫都将张叔敬镇墓文视作民间信仰的产物。[10] 吴荣曾在《镇墓文中所见到的东汉道巫关系》一文

1　本文中的道教不是泛指，而是指一种制度化的宗教，有经典以及职业化的神职人员。在制度化上，与石泰安（Rolf Alfred Stein）所说的"民间宗教"相对立。在石氏看来，"民间宗教"一词指的是类别上不属于一种制度化宗教的所有事物。从社会学来说，这种民间宗教不限于民众，而是为一切社会阶层所共有。见石泰安《二至七世纪的道教和民间宗教》，吕鹏志译，载《法国汉学》丛书编辑委员会编《法国汉学·第七辑：宗教史专号》，中华书局，2002，第39~40页。

2　陈直：《汉张叔敬朱书陶瓶与张角黄巾教的关系》，《西北大学学报》（哲学社会科学版）1957年第1期，第78~80页。亦可参见陈直《文史考古论丛》，天津古籍出版社，1988，第390~392页。

3　王育成：《东汉道符释例》，《考古学报》1991年第1期，第55页。

4　王育成：《略论考古发现的早期道符》，《考古》1998年第1期，第75~78页。

5　王育成：《东汉天帝使者类道人与道教起源》，《道家文化研究》第16辑，生活·读书·新知三联书店，1999，第203页。

6　江达智：《由东汉时期的丧葬制度看道与巫的关系》，《道教学探索》1991年第5期，第87~89页。

7　刘昭瑞：《〈太平经〉与考古发现的东汉镇墓文》，《世界宗教研究》1992年第4期，第111~119页。

8　姜守诚：《香港所藏"松人"解除木牍与汉晋墓葬之禁忌风俗》，《成大历史学报》2006年第31号，第23~30页。

9　张勋燎：《东汉墓葬出土的解注器和天师道的起源》，载陈鼓应主编《道家文化研究：道家与道教学术研讨会论文专号》第九辑，上海古籍出版社，1996，第259~263页。也可参见张勋燎、白彬《中国道教考古第一卷》，线装书局，2006，第287页。

10　郭沫若：《由王谢墓志的出土论到〈兰亭序〉的真伪》，载郭沫若著作编辑出版委员会编《郭沫若全集·历史编·第三卷》，人民出版社，1982，第666~667页。林巳奈夫：《汉代鬼神の世界》，《东方学报》1974年第46卷，第225~228页。

中指出汉代镇墓文是当时与巫术有关的民间迷信的产物，而这种迷信是否可以归为道教迷信则难以证实。不过他同时将一则镇墓文中的"道中人"一词释作"道教中人"，据此认为道士参与了这类仪式，因为巫觋对于五石等矿物质"药物的配制和烧练并不内行，还需乞助于道术中人"。[1]索安也认为镇墓文反映的是汉代的民间宗教信仰而非道教，她将这种信仰命名为"天帝教"，同时又指出它不是一种通神的民间宗教，而是死者生前的善恶行为在这种天帝教的世界中被观察、记录和存档，这种民间宗教的基本特征被后来的道教不加改变地加以吸收。[2]林富士虽然未直接研究镇墓文，但他将汉之前与鬼神打交道的专业人员统称为"巫"，其主要任务之一就是施行"解除"，这类仪式性行为包括两大类："祝移"和"解土"。[3]蔡雾溪在对汉代镇墓文分析的基础之上指出，它们反映的是民间信仰，这种信仰与道教在三个方面存在

巨大差异：基本原则、宗教教团的组织和仪式。不仅如此，镇墓文的主要意图在于阻止死者返回阳间，而早期道教则致力于拯救死者，使之免于不幸。[4]蒲慕州也明言镇墓文属于民间宗教。汉代镇墓文中所见的对死者和恶灵的恐惧越发明显，但难以确定这一现象是源自早期道教中的解除仪式，因为对恶灵的信仰和解除仪式的施行早在春秋时期就已经传播开了。[5]刘屹断言镇墓文是民间信仰而非道教的产物。他通过文本分析指出，镇墓文中的"黄神"和"黄帝"不能视作同一个新产生的最高神，故而可以认为汉代广袤的领土上还不存在一个统一的最高神以及一个新宗教所需要的统一的理论和组织基础。他同时也提出，镇墓文中的"天帝神师"和《太平经》中的"天师"并不等同。[6]刘增贵将葬礼时举行的解除仪式视为秦汉时期诸多祛除因为触犯禁忌而产生的不祥的技艺中的一种。因下葬而产生的不祥主要源于"重复"，这

1　吴荣曾:《镇墓文中所见到的东汉道巫关系》,《文物》1981 年第 3 期，第 56~63 页。

2　Anna Seidel, "Traces of Han Religion in Funeral Texts Found in Tombs," 载秋月观暎主编《道教と宗教文化》，平河出版社，1987，第 40 页。

3　林富士:《汉代的巫者》，台北稻乡出版社，1988，第 61~62 页。

4　Angelika Cedzich, "Ghosts and Demons, Law and Order: Grave Quelling Texts and Early Taoist Liturgy," *Taoist Resources*, No. 4 (1993), pp.23-35. 黎志添持论与之近似，见黎志添《道教研究与中国宗教文化》，香港中华书局，2003，第 20~24 页。

5　蒲慕州:《汉代之信仰、想象与幸福之追求》，载邢义田、刘增贵编《古代庶民社会》，台北"中央研究院"，2013，第 322 页。也参见 Poo, Mu-Chou, "Ritual and Ritual Texts in Early China," in Lagerwey, John, and Marc Kalinowski ed., *Early Chinese Religion, Part One: Shang Through Han (1250 BC-220 AD). Handbook of Oriental Studies.* Leiden: Brill, 2009, pp.281-313。

6　刘屹:《敬天与崇道：中古经教道教形成的思想史背景》，第一、二章。

是一种在生者与死者之间存在的不幸的命运纠缠。[1] 毕梅雪将镇墓文看作解除仪式中所使用的文本。不过从其时间和空间的分布来看，下葬时使用镇墓文的习俗只是一个地方传统。此外她提出，在墓中安放镇墓文可能避免了驱邪术士（方相士）在葬礼时进入墓中。[2] 张超然也将镇墓文的使用看作异于早期道教的宗教传统的产物，他指出早期道教在葬礼领域显然是缺席的，迟至东晋末道教徒才开始参加葬礼。[3] 鲁西奇也认为镇墓文属于民间宗教而非道教，并且它们可以追溯至告地书。[4] 近来刘屹再次质疑汉墓中道教因素的存在，他认为汉代葬礼中的仪式专家是巫术士，而非道教徒。[5]

除此两大派之外，其他的学者可归为一小派，他们持调和的态度，认为镇墓文的源头既在道教也在民间宗教。例如小南一郎将镇墓文中常见的核心概念"注"释作道教术语，但同时他又遵循林巳奈夫对天帝使者的阐释，认为他们是一些术士。[6] 又如饶宗颐在阐释镇墓文中的关键词"复重拘校"时无疑是在数术而非道教的背景中进行的[7]，但他在解释"注"和"拘伍"时则主要依据的是道教经典《赤松子章历》。[8] 连劭名认为镇墓文中的"天帝使者"是巫同时也是仪式专家，他指出一则镇墓文中同时出现了"天帝使者"和"要道中人"，这表明当时的巫与"道人／道士"尚且不同。不过他在阐释"适"这一术语时则将其等同于道教经典《太平经》中的核心概念"承负"。[9] 黄景春指出镇墓文的作者是"巫觋术士"，不过他对于镇墓文核心概念如"重复"的阐释依据的则是《太平经》。[10] 陈昊认为镇墓文的书写者是方士和巫者，他们通过进入"出神"的方式书写以及使用神药来驱赶恶鬼。镇墓文格式的不固定表明他们还不属于职业宗教团体。镇墓文所用的"重复""勾校"等关键词使用的不是数术中的术语，而是民众更易

1 刘增贵：《禁忌——秦汉信仰的一个侧面》，《新史学》2007 年第 4 期，第 64~65 页。也可参见 Liu Tseng-kuei，"Taboos: An Aspect of Beliefs in the Qin and Han," in Lagerwey, John, and Marc Kalinowski ed., *Early Chinese Religion, Part One: Shang Through Han (1250 BC-220 AD)*，pp.942-943。

2 Pirazzoli-t'Serstevens, Michèle, "Death and the Dead," in Lagerwey, John, and Marc Kalinowski ed., *Early Chinese Religion, Part One: Shang Through Han (1250 BC-220 AD)*，pp.968-975.

3 张超然：《早期道教丧葬仪式的形成》，《辅仁宗教研究》2010 年第 20 期，第 27~30 页。

4 鲁西奇：《中国古代买地券研究》，厦门大学出版社，2014，第 64~66 页。

5 刘屹：《"镇墓"的信仰传统与宗教情怀》，第 331~340 页。

6 〔日〕小南一郎：《汉代の祖灵观念》，《东方学报》1994 年第 66 卷，第 36~39 页。

7 饶宗颐：《记建兴廿八年"松人"解除简——汉"五龙相拘绞"说》，《简帛研究》第二辑，1996，第 393 页。

8 饶宗颐：《敦煌出土镇墓文所见解除惯语考释》，《敦煌吐鲁番研究》1998 年第 3 期，第 16 页。

9 连劭名：《汉晋解除文与道家方术》，《华夏考古》1998 年第 4 期，第 77~83 页。

10 黄景春：《早期买地券、镇墓文整理与研究》，博士学位论文，华东师范大学，2004，第 30~34 页。

理解的词语，暗示着它们可能是在与民间信仰的信奉者交流的过程中产生的。不过陈昊同时认为"注"病的产生原因可以用道教的"三尸"信仰解释。[1]郭珏虽然主要将镇墓文归为民间信仰，但她同时也接受了王育成的观点，将镇墓文旁的符箓当作道教的产物。[2]

对于以上有分歧的观点，各位研究者皆有论据加以支持，单独观之，各自都有理据所在。然而综合比较之下，则一方面显示出镇墓文中所涉及的早期道教起源的复杂性，另一方面，以上论述围绕的多是少数几则镇墓文，而对更多的镇墓文的解析尚显欠缺，尤其是近年不断有新的材料被发现。因其重要性，虽然有诸位前贤的研究珠玉在前，在此仍有必要尝试对此问题做一新的阐释。而要使这一新尝试具有价值，除了对于已经发现的镇墓文进行更加全面的整理之外，还有必要在文本论证中注意恪守如下原则：①不预设镇墓文属于道教的立场，以避免循环论证；②孤证不为证；③在镇墓文内部寻求互证。同时，对镇墓五石、符箓、印章以及镇墓文的时间分布加以重新考察。综合以上文本和实物的分析，再做出相应的阐释。

二　分析

（一）重复、复重、重、复

"重复"及其同义词"复重、重、复"的语例如下[3]：

T. 08：王巨子以甲戌死，时日□□｛不良｝，死日不吉，重复先故□。

T. 02–2：等汝名借（籍），或同岁月重復鉤校日死，或同日時重復鉤校日死。

T. 11：死者去時不良，八魁、九坎、天尸、夜光，升所拘□重復禍央（殃）。

T. 16：死日時重復，年命與冢中生人相拘籍。到，復其年命，削重復之文，解拘伍之籍，死生異簿。

T. 20：復重不□□□□移他鄉，□□□□□□□□使□□□□□子孫轉回死處不屬□□□□□□不得復母，亦不□□□□□□｛不得復｝弟，亦不得復子，亦不得復孫，□□□□｛亦不得復｝婦，亦不得復女，不得復孫。□□者身山□□天□□｛重地｝復，歲重□｛月｝復，日重時復。□□□□地□□日月星□□□，無復□□妨□弟□□□□妨□子孫□□□復□□□除去，無復□□□□□□□□二升□□□□□｛蒿里｝父老牧取重復之鬼。

1　陈昊：《仪式、身体、罪谪：汉唐间天师道的上章仪式与疾病》，《天问》第 2 辑，江苏人民出版社，2008，第 241~268 页。

2　Guo Jue，"Concepts of Death and the Afterlife Reflected in Newly Discovered Tomb Objects and Texts from Han China," In Olberding, Amy, and Philip J. Ivanhoe, *Mortality in Traditional Chinese Thought*. Albany: State University of New York Press, 2011，p.103.

3　本文语例中的编号依照本人博士论文中的镇墓文汇编，参见 Chen Liang，Begräbnistexte im sozialen Wandel der Han-Zeit: eine typologische Untersuchung der Jenseitsvorstellung, Dissertation: Heidelberg University, 2018, chapter 2.3。在这篇博士论文中对于已经发表的汉代镇墓文做了集注，在比较已有研究的基础上做了重新释读和句读。为了对应铭文的字形，本文中对镇墓文及出土简帛中的繁体字不作简化，而保留其原本的形态。

T. 21：十八物□神藥，□絶鉤注、重復、君央（殃）。

T. 27：今故進上復除之藥，欲令後世無有死者。

T. 32：四時五行，三丘五阜，□{復}重之殃，八魁九□{坎}，天赫四所，天央廿八宿，五行□五□□□空詣神凶怨□□祀負□□□解之。

T. 34：解時日復重句（拘）校。

T. 37：□□草□□□□防巳，□□□□□所誅害□□重復。

N. 02：重復之鬼，不徐（除）自死。

N. 14-1：□□□□□天復，嵗（歲）復，月復，日復，時復。

N. 18：主解天赫、地赫、大赫、八魁、九坎重復之央（殃）……從今以後，當爲□重足（注）、復足（注）、死足（注）。

N. 21：主別解張氏後死者句伍重復。

B. 08：醫藥不能治，嵗（歲）月重復，適與同時魅鬼尸注，皆歸墓丘。

其语例特点为：①与死亡时间紧密相连，死亡时间一般以干支（数）明确标示；②死亡时间不吉（不良）是"重复"产生的重要原因；③与神煞如"八魁"、"九坎"、廿八宿等密切相关；④与"钩校""注"为同义词。

与之相比，《太平经》中的"承负"似乎有不同的语境：

"承者为前，负者为后。承者，乃谓先人本承天心而行，小小失之，不自知，用日积久，相聚为多，今后生人反无辜蒙其过谪，连传被其灾，故前为承，后为负也。"[1]

在此，生人承受的是死者生前因为日常小小过失而积聚起来的恶行。过失虽小，但是依然是德行不足的产物，由此而产生的承负的因果链条也因而具有明显的善恶报应观念。与此相反，刘增贵则明确认为，所谓镇墓文中的"重复"，应是一种丧事之忌，忌指某日死，则"必复之"（又会再死一人），或某日葬"必有重丧"，或"复尸有随"之类，即死于会重复死人的日时，就必须以解除的仪式与文字来除忌。[2]他对《日书·土忌》篇的研究也表明，秦汉之交流行的《日书》中存在多种神煞，如臽日、月杀等，在这些神煞所在日不宜兴土功，否则会招致家庭成员死亡，这些神煞的运行规律可以通过数术推算，并且相应的地支有时存在相害、相合、相冲的关系。[3]

依镇墓文中有关的语例来看，"重复、复重、重、复"与神煞的关系显而易见，而与死者生前所犯过失的关系却难见踪影，也难以从铭文中推断出这层关联。相反，汉代时的《葬历》语境："葬避九空、地臽，及日之刚柔，月之奇耦"[4]则与之存在

1 王明：《太平经合校》，中华书局，1979，第70页。

2 刘增贵：《禁忌——秦汉信仰的一个侧面》，《新史学》2007年第4期，第64~65页。

3 刘增贵：《睡虎地秦简〈日书〉〈土忌〉篇数术考释》，《中央研究院历史语言研究所集刊》第78本第4分，2007，第680~692页。

4 （汉）王充：《论衡校释》，黄晖校释，中华书局，1990，第989页。

高度相似性。

（二）钩挍、勾校、拘籍、钩注、勾伍、勾

"勾"及其近义词"钩挍、勾校、拘籍、钩注、勾伍"的语例如下：

T. 02-2：等汝名借（籍），或同歲月重復鉤挍日死，或同日時重復鉤挍日死。

T. 11：故以鉛人、解離，以當復衷（重）年命句校。

T. 16：死日時重復，年命與家中生人相拘籍。到，復其年命，削重復之文，解拘伍之籍，死生異簿。

T. 21-1：十八物□神藥，□絶鉤注、重復、君央（殃）。

T. 34：□支奉謹爲劉氏之家□去皇男字阿屬解諸句（拘）□{校}。□{解}諸句（拘）校：歲月句（拘）校，天地句（拘）校□{句}校。解時日復重句（拘）校。

N. 14-1：解□□□□□□□□蜚（飛）尸、亡咎（咎）□□□□□天復，崴（歲）復，月復，日復，時復。□□崴（歲）句，月句，日句，時句，天句。

N. 14-2：北斗君主殊（魅）注亡一句神。

N. 21：主別解張氏後死者句伍重復。

根据以上语例，可推论如下：①"勾校"与"重复"经常并列，可视为同义词；

②"勾"与"复"（N. 14-1）意思相同；③"勾伍重复"或者"重复钩挍"可以视为一种修辞，同义反复，意思就是"重复"。由此可见，仅依据镇墓文中的"勾"类语例尚无法看出人在死后需要在冥府接受审问或者核查犯罪的记录。

（三）注

关于"注"的语例如下：

T. 05：絶□□注……死人精注。

T. 21-1：十八物□神藥，□絶鉤注、重復、君央（殃）。

N. 08：解注瓶，百解去。

N. 14-2：北斗君主殊（魅）注亡一句神。

N. 18：從今以後，當爲□重足（注）、復足（注）、死足（注）。

N. 28-1：天李子解尸注。大（太）一、六丁解虚星。

B. 08：醫藥不能治，崴（歲）月重復，適與同時魅鬼尸注，皆歸墓丘。

S. 02-10：十二□獄丞主疰（注），刻石以書：神不□{得}來，鬼不得去。

语例虽然不多，然而对于"注"却存在多种阐释：①"注"是传染性疾病[1]；②"注"是疾病，但与道教的"罪"的观念密切相关[2]；③"注"是生者与死者之

1　吴荣曾：《镇墓文中所见到的东汉道巫关系》，第 62 页；孙机：《汉代物质文化资料图说》，文物出版社，1991，第 404 页；王育成：《略论考古发现的早期道符》，第 77~78 页。

2　刘昭瑞：《谈考古发现的道教解注文》，《敦煌研究》1991 年第 4 期，第 55 页；小南一郎：《汉代の祖灵观念》，第 35~36 页；张勋燎：《东汉墓葬出土的解注器和天师道的起源》，第 259~263 页；姜伯勤：《敦煌艺术宗教与礼乐文明：敦煌心史散论》，中国社会科学出版社，1996，第 279 页；刘昭瑞：《〈太平经〉与考古发现的东汉镇墓文》，第 111~119 页；连劭名：《汉晋解除文与道家方术》，第 77~83 页；姜守诚：《香港所藏"松人"解除木牍与汉晋墓葬之禁忌风俗》，第 1~64 页。

间因为出生或死亡时间而产生的纠缠[1]；④"注"是"适"（过失）的同义词[2]；⑤"注"意味着"污染"。[3]

值得注意的是，在上述语例中"注"常与"尸"构成"尸注"一词，并且"尸注"与"魅"密切相关（B. 08，N. 14–2）。根据刘乐贤的研究，"魅"指人死后变成的能作祟害人的恶鬼，而孔家坡汉简《日书》中的占"失"篇及与该篇文字相应的示意图"死失图"（见图2）中所言的"失"意义与"魅"相同，文字与图的用意都在于按照一定的规则占测魅的去向。[4] 而

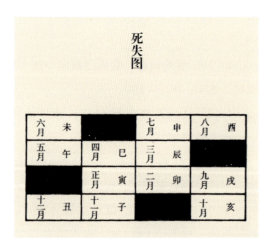

图2　孔家坡八号汉墓《日书·死失图》复原图，公元前142年（湖北省文物考古研究所、随州市考古队：《随州孔家坡汉墓简牍》，文物出版社，2006，第168页）

根据居延破城子遗址出土的汉简"厌魅书"来看，以书写来对魅进行驱赶要根据数术的原则在特定的日期进行才有效：

"厌（压）魅书。家长以制日疎（疏）魅名，魅名为天牧，鬼之精即灭亡。有敢苛者，反受其央（殃）。以除为之"（E.P.T49:3）。[5]

由此看来，"尸注"指的是由尸体产生的、生人与死人之间不祥的纠缠，而"注"产生的原因是时间上的"重复"（B. 08：岁月重复，适与同时魅鬼尸注），并且这个造成"尸注"的恶鬼"魅"的出没如同神煞一般具有规律，可以通过数术的方式加以占测和压胜。不仅如此，从语例"解注瓶，百解去"和"十八物口神药，口绝钩注、重复、君央（殃）"还可推测出，"注"可以泛指纠缠并被视为"重复"与"勾校"的同义词。"注"、"重复"和"勾校"，它们的观念背景类似，都涉及与一个神煞或规律性出没的恶鬼在时间上的纠缠，进而可能导致非正常死亡的发生。

根据以上的文本分析，似乎可以得出这样的结论，对于"注"的阐释，可以在镇墓文的语境体系内进行，而不必借助后世的道教经典进行。在这样的镇墓文语境

1　饶宗颐：《敦煌出土镇墓文所见解除惯语考释》，第16页。

2　谢世维：《首过与忏悔：中古时期罪感文化探讨》，"沉沦、忏悔与救度：中国文化的忏悔书写"国际研讨会，台北，2008年12月4~6日，第2~3页。

3　Pirazzoli-t'Serstevens, Michèle, "Death and the Dead," p.972.

4　刘乐贤：《悬泉汉简中的建除占"失"残文》，《文物》2008年第12期，第85页。

5　甘肃省文物考古研究所等编《居延新简：甲渠候官与第四燧》，文物出版社，1990，第143页。"所谓制日者，支干上克下之日也，若戊子、己亥之日是也。"见王明校释《抱朴子内篇校释》，中华书局，1985，第303页。

中，"注"虽然具有更强烈的与尸体和恶鬼的联系，但它与"重复""勾校"相似，都更多与神煞的时日禁忌关联紧密，并且难以确认它与死者生前的道德过失及其传递（"承负"）之间的关联。

（四）适

关于"适"的语例如下：

T.08：故持鈆（鉛）人□□人□□□雞子□□□□巨子之適。

T.14：蘇□之後，生□□□人阿銅、憲女適過□□。

T.18：令死人無適，生人無患。

T.23：歲月破煞，□□□葬者得適。

T.26–1：爲生人除殃，爲死人解適。

T.29：大（太）山將閱，人參應□{之}，地下有適，蜜人代行。

N.20：以桐人自代黃□。□□{天帝}神師贈爲死者解適。

B.04：家室生人無央（殃）咎，令死者無適（讁）負。

B.09：故爲丹書鐵卷（券），手及解適。

H.01：生人不負責（債），死人毋適，卷（券）書□□{明白}。

S.02–8：灭鬼百適，及與（與）三形（刑）……其□□□百神□，以除災適。

S.02–9：以青黑漆書之，以除百適。

Z.01：無適有富（福）……令生□□□{人無殃}咎，令死人無適負……絶墓葬□，□適除解。

Z.03–1：犯地適得天央，趙子高暴死。

已有对"适"的阐释，主要有如下几种观点：①适＝罪过或惩罚[1]；②适＝过失[2]；③适＝承负[3]。而根据语例，则可做如下推论：①"适"是"殃"的同义词（"犯地适得天央"）；②"适"是"福"的反义词（"无适有福"）；③"适"与罪过（"适过"）、过失（"适㫚"）密切相关。①可以将"适"看作过失的一个统称（"百适"），虽可加以惩罚，但没有像"罪"那么严重。

不过，仅从语例上下文出发，难以看出"适"与不道德行为或者不祥从死者到生者的传递存在关联。因而"适"与"重复"、"注"类似，也不宜释为"承负"。

（五）解

以上名词作为宾语，其相应的动词最常见的是"解"，语例如下：

T.03：生人之死別解。

T.09：解五□□□煞及與中央□□□□。

T.02–2：建和元年十一月丁未朔十四日，解。天帝使者謹爲加氏之家別解地下。

T.11：謹因神師，鎮解復衷（重）。

1　吴荣曾：《镇墓文中所见到的东汉道巫关系》，第 57 页。

2　Seidel, "Traces of Han Religion in Funeral Texts Found in Tombs," p.44.

3　连劭名：《汉晋解除文与道家方术》，第 77~83 页。

T.13：爲天解九（咎），爲人除央（殃），爲民除害。

T.16：復其年命，削重復之文，解拘伍之籍。

T.26–1：爲生人除殃，爲死人解適。

T.32：四時五行，三丘五阜，□{復}重之殃，八魁九□{坎}，天赫四所，天央廿八宿，五行□五□□□空詣神凶怨□□祀負□□□解之。

T.34：□{解}諸句（拘）校……解時日復重句（拘）校，解死□□□。

N.05–1：謹以鈆（鉛）人、金玉爲死者解適，生人除罪過。

N.06–1：黃神、北斗主爲塋（葬）者阿丘鎮解諸咎殃。

N.08：解注瓶，百解去。

N.14–1：□□□□□爲□氏之家解□□□□□□□□蜚（飛）尸、亡蓉（咎）。

N.15：解丘丞，墓伯，地下二千石，解墓矦（侯），墓門亭長。

N.18：主解天赫、地赫、大赫、八魁、九坎重復之央（殃）。

N.20：鎮解□□□墓……□□{天帝}神師贈爲死者解適。

N.21：主別解張氏後死者句伍重復。

N.26：爲天解仇（咎），爲地除央（殃）。

N.28–1：天李子解尸注。大（太）一、六丁解虛星。

B.07：宗族悲痛，傷側（惻）處生，竅人爲元延解。

B.09：故爲丹書鐵卷（券），手及解適。

Z.01：今謹爲劉氏之家解除咎殃……絶墓葬□，□適除解。

在这些语例中，"解"的对象可分类为：①死者的生人亲属（加氏之家）；②不祥（煞，咎，咎殃）；③死者与生者的纠缠（钩校、注、重复）；④过失（适）；⑤因生死间的纠缠而生的不祥（重复之殃）；⑥地下官吏（N.15，孤例。解在此意为报告）。可见，"解"的对象或者是泛论的不祥，或者是生者与死者之间的纠缠。而如果考察其近义词"除、削、去、别"，它们的宾语，也与之类似。

考虑到"解"的语例特征，似乎将它与王充（27~约97）的《论衡·解除篇》中论"解除"的语境相联系是有道理的。

> 且夫所除，宅中客鬼也。宅中主神有十二焉，青龙、白虎列十二位。龙、虎猛神，天之正鬼也，飞尸流凶，安敢妄集，犹主人猛勇，奸客不敢窥也。有十二神舍之，宅主驱逐，名为去十二神之客，恨十二神之意，安能得吉？如无十二神，则亦无飞尸流凶。无神无凶，解除何补？驱逐何去。[1]

王充还提到"解土"是一类解除，在与营造有关的活动时举行。

---

1 （汉）王充：《论衡校释》，黄晖校释，第1043页。

世间缮治宅舍，凿地掘土，功成作毕，解谢土神，名曰"解土"。为土偶人，以像鬼形，令巫祝延，以解土神。已祭之后，心快意善，谓鬼神解谢，殃祸除去。[1]

不过王充提到的"解除"和"解土"仪式都是在建造地上建筑时进行，而非墓中，原因何在？这或许可以从王充的生卒年和生平得到解释。他早年游学于长安，晚年回到家乡会稽，卒于公元97年前后，而目前所见到的第一个可以准确断代的镇墓瓶是制作于公元93年，发现于当时的京畿地区。可见使用镇墓瓶的葬俗直到大约王充卒年时才在三辅地区兴起，故而他无缘得见。

（六）岁月破煞

关于镇墓文可以归入解除语境，还存在进一步有力的证据，例如"岁月破煞"，其语例如下：

T.23：恐犯先□，歲月破煞，□□□葬者得適，□□□以曾青□木之精置中央厭（壓）除，四方土害氣消也。

T.36：地下小墓，崴（歲）月破□{煞}。

两次出现的"岁月破煞"基本可以对应王充所论述的营造活动中"岁、月有所食"的禁忌。

世俗起土兴功，岁、月有所食，所食之地，必有死者。……见食之家，作起厌胜，以五行之物，悬金木水火。假令岁、月食西家，西家悬金；岁、月食东家，东家悬炭。设祭祀以除其凶，或空亡徙以辟其殃。连相仿效，皆谓之然。……且夫太岁在子，子宅直符，午宅为破。[2]

而王充这段文字中提到的太岁所在的凶日"直符"也出现在大约晚于他60年出生的王符（85~162）的一段论述中：

土公、飞尸、咎魅、北君、衔聚、当路、直符七神，及民间缮治微蔑小禁，本非天王所当惮也。[3]

在此，"直符"成为一个独立的神煞，与其他六个神煞并成为"七神"，属于营造活动中的禁忌（"缮治微蔑小禁"）范畴。鉴于王符活跃的年代正是镇墓文流行的时期，可以设想这些七神可能在镇墓文中被提及。而镇墓文中也果然出现了几次"七神"的语例：

T.14：神藥以填（鎮）□塚宅，□□

---

1 （汉）王充：《论衡校释》，黄晖校释，第1044页。

2 （汉）王充：《论衡校释》，黄晖校释，第981~982页。

3 （汉）王符：《潜夫论笺校正》，汪继培笺，彭铎校正，中华书局，1985，第306页。

七神定塚陰陽。

N.01：天帝詰空亡，七神以次行。

N.18：敢告地下二千石、丘丞、墓伯、魂門亭長、冢七神，郭伯陽以五月六日死，{死}日不吉，時不良。

同时"北君"和"飞尸"也各出现了一次：

N.09：夳（太）一、北君、政得，爲錡（鎮）是塚死人文山、文姜。

N.14：天帝使者告丘丞，墓伯，□□□□□□爲□氏之家解□□□□□□□□蜚（飛）尸、亡咎（咎）。

由以上文本分析来看，大体可以比较确定地将镇墓文归入解除而非道教的语境。不过是否就可以据此认为，镇墓文的书写与道教团体无关呢，似乎还缺乏有力的证据。为了明确这些仪式施行者的身份问题，有必要来看一下镇墓文中他们的自称。

在一个语例中，书写者称自己为"巫"：

H.01–13：令巫下脯酒，爲皇母序寧下禱。皇男皇婦共爲禱大父母丈人、田社、男殤、女殤、司命：皇母序寧，今以頭（脰）堅目窅，兩手以捲。脯酒下：生人不負責（債），死人毋適。券剌（刺）明白。

而将之与另一枚序宁简对比，基本可以确定这一名巫名字就是赵明：

H.01–14：八月十八日庚子，令趙明脯酒，爲皇母序寧下趙（造）君禱：皇母序寧，[今]以頭（脰）堅目窅，兩手以捲。脯酒下：生人不負責（債），死人毋適。券剌（刺）明白。

在其他的镇墓文中，书写者一般称自己为"天帝使者"或"天帝神师"，而他们的姓和名在镇墓文中也留下了蛛丝马迹：

T.15：天帝使者且□□□之家填（鎮）厭（壓）。

N.20：□□{天帝}神師贈爲死者解適。

B.05：時天帝使者丁子與神約。

以上三例的仪式施行者的名和姓当分别为"且"、"赠"和"丁"。不过，天帝使者是否就是巫？由传世文献看，有间接的证据表明这样的可能性存在。例如王充提到，解土仪式的施行者是巫："令巫祝延，以解土神。"此外，镇墓文的韵文特征

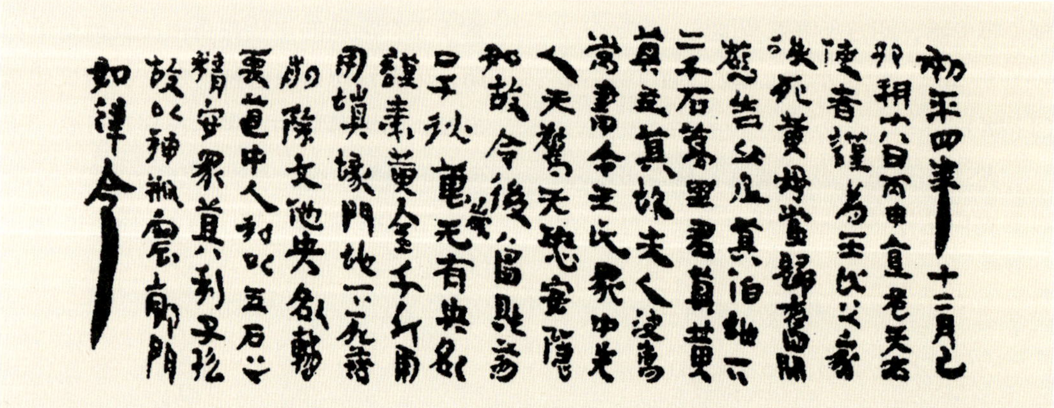

图 3　初平四年王氏镇墓瓶铭文摹本（瓶出土于西安雁塔路 4 号汉墓，194 年。唐金裕：《汉初平四年王氏朱书陶瓶》，《文物》1980 年第 1 期，第 95 页）

也宜于仪式中的唱诵。但仅此尚不足以断定天帝使者就是巫。更何况，镇墓文中存在"要道中人"的铭文（"转要道中人，和以五石之精"），而这一般被视为道教徒参与镇墓仪式的铁证。

然而传统的释读可能有误。根据对铭文的重新观察，本文在此做出一个新的释读：

T. 39：地下死藉（籍）削除，文他央（殃）咎，轉喪道中人。和以五石之精，安冢莫（墓），利子孫。

也就是说，将"𠦑"字释作"丧"而非"要"（见图3）。在字形上，此字的下半部分明显更接近"丧"的下半部分，而非"女"，而它的上半部分也更像"丧"而非"要"的上半部分，不过由于这个字在此篇铭文中仅出现了一次，这一释读尚难以完全确认。故而需要在句义上考察其合理性。与"道中人"相近，镇墓文中有"道行人"的铭文：

T. 37：移置他鄉……轉其央（殃）□｛咎｝，付與道行人。如律令。

在此例中，是将不幸（"殃咎"）转给"道行人"，而在上例中是将死亡（"丧"）转给"道中人"，意思相近，都是将不祥之事加以转移而非消灭。这种转移在镇墓文中其实不止这两例，如果考察动词"转、移"及其近义词"去、别"的语例，可以得到更多相近的结果：

T. 06-1：天帝使者謹爲曹伯魯之家移央（殃）去替（咎），遠之千里。替（咎）

□亡桃（逃）不得留。

T. 13：天苻（符）地莭（節），轉咎移央（殃），更至他鄉。

T. 20：去□除央（殃），復重不□□□□移他鄉，□□□□□□□使□□□□子孫轉回死處。

T. 25：無責死人。苻（符）轉他。

T. 31：段氏移央（殃）去咎，遠行千里；移咎去央（殃），更到他鄉。

N. 02：黃帝使者謹爲閭□□之家□｛移｝殃去替（咎），□□｛遠之｝千里。移替（咎）去殃，更止也（他）鄉。

N. 03：□□｛移殃｝去咎，□□｛遠之｝千□｛里｝。

N. 06-1：蓳（葬）犯墓神、墓伯，行利不便，今日移別，殃害須除。

N. 19：天帝下令別移。

N. 24：天帝下□｛令｝移別。

由此可见，在镇墓文中解除不祥的手法，除了将之消灭之外，另一个主要手段就是将之驱赶到别处。而这种转移不祥的法术，正是巫所擅长的。

三　偶人

《论衡·解除篇》中的语句"令巫祝延，以解土神"，对于其中的"祝延"一词有不同的阐释，林富士认为"祝延"即等同于祝移。[1]此外，《史记》、《汉书》和《两

1　林富士：《汉代的巫者》，第61~62页。

汉纪》中对于祝移活动也有多处记载，这些活动的施行者是巫或祝官，而祝官正是巫者的一种。

"祝官有秘祝，即有菑祥，辄祝祠移过于下。"[1]

"秋，止禁巫祠道中者"。[2]

"遂从狱中上书，告敬声与阳石公主私通，及使巫者祭祀，驰道埋桐偶人，咒诅上"。[3]

其中两处提到祝移活动的地点，分别是在"道中"[4]或"驰道"。可见在公共道路旁举行祭祀和祝祷仪式，以便将某人的不祥转移到他人身上，这在西汉时尤其是在汉武帝治下当是一种经常举行的活动。有一处还提到了埋木偶人。在祝移时使用木偶人，并将之埋藏，在另一处史书中也提到过：

"江充为桐人，长尺，以针刺其腹，埋太子宫中。"[5]

这种用于祝移的木质的偶人，在使用时施以针刺，似乎仅存在于传世文献中。其实，在现存的汉代偶人中，有一例可以归入此类。走马楼汉代遗址出土的木人，由一个长24.1厘米的薄木片切削而成，木板正面以简略几笔墨线勾勒出一个木人的面部特征、衣领和双臂，一则铭文连续书写于木人的正面和背面（见图4）：

图4 长沙走马楼汉代遗址出土覃超木人正反面（出土于一口井中，木质，24.1厘米高。长沙市文物考古研究所、中国文物研究所：《长沙东牌楼东汉简牍》，图版117）

1 （汉）司马迁：《史记》卷二十八，裴骃集解，司马贞索隐，张守节正义，中华书局，1959，第1377页。

2 （汉）班固：《汉书》卷六，颜师古注，中华书局，1962，第203页。

3 （汉）荀悦、（晋）袁宏：《两汉纪》，张烈点校，中华书局，2002，第261页。

4 林富士认为，"祠道中"当释作"祝诅于道中"，见林富士《中国古代巫觋的社会形象与社会地位》，载林富士主编《中国史新论：宗教史分册》，台北联经出版事业公司，2010，第123~126页。

5 原文见《三辅旧事》，转引自李建民《〈汉书·江充传〉"桐木人"小考》，《中国科技史料》2001年第4期，第360~362页。

"喜（熹）平元年六月甲申朔廿二[日]乙<卯>[巳]，谨遣小史覃超诣在所。到，敢问前后所犯为无状。家富，有□[1]肥阳（羊）、玉角，所将随从，饮食易得。人主伤心不[2]易识。超到言。如律令故事。有□[3]者□[4]首，书者员恒、李阿。六月廿二日白"。

根据铭文，这位名为覃超的小史被派遣至一处官员所在的处所（"在所"），陈述其主人（"人主"）无过失，并且他携带了肥羊、玉角等物品作为礼物奉送予相应官员，目的在于使主人的病症得到治愈。在木人的近腹部处，有一个明显的小孔洞，乃是用针或尖刀之类的锐器穿刺而成的。鉴于这个孔洞的位置，以及木人并不愉悦的面部表情，可以推测这或许就是"针刺其腹"的实例。结合铭文内容，木人的功能应当是通过巫者的祝诅和对它的针刺，替"人主"受过，使得主人"前后所犯为无状"，并使其不再"伤心不易识"。也就是说，木人承担了祝移到它身上的不祥。

祝诅和针刺组合使用，这在已经发现的汉代有铭文的实物中并非孤例。居延破城子遗址出土的"厌魅书"木简，在其正面近正中心的位置可以见到一个近圆形的小洞，当是用较粗的针之类的锐器钻刺而成。从铭文的内容"厌（压）魅书。家长以制日踈（疏）魅名，魅名为天牧，鬼之精即灭亡。有敢苛者，反受其央（殃）。以除为之"来看，针刺的目的当是配合文字以驱赶恶鬼"魅"。而针刺形成的孔洞正好从鬼名"天牧"之间穿过，考虑到名字对于驱鬼的重要性，这个位置很可能不是随手为之，而当是刻意选择的结果。

走马楼覃超木简制作于公元172年，被丢弃于一口汉代的井中，居延破城子"厌魅书"木简可被断代于西汉末至东汉中期，被发现于汉代居住遗址中，二者都不是出于墓葬环境之中，而是属于生人日常生活的用具。然而它们表明了巫通过祝诅和针刺来进行祝移活动的实践不仅流行于西汉，而且在东汉依然存在。

镇墓文中有语例提到过以偶人为死者承担不幸，其中一例是桐人：

N.20：□□□□□爲言□□镇解□□□墓，以桐人自代黄□。□□{天帝}神師赠爲死者解適。

虽然铭文残泐，但依然可以推断桐人的功能在于替代墓主人（"自代"）以承受不祥。镇墓文中除了木质偶人之外，经常

1　此字在发掘报告中释作"如"，见长沙市文物考古研究所、中国文物研究所《长沙东牌楼东汉简牍》，文物出版社，2006，第76页，但与其字形不尽相符，故而在此不做释读。

2　此字黄人二释作"下"，见黄人二《长沙东牌楼东汉熹平元年覃超人形木牍试探》，《东方丛刊》2007年第3期，第90页。

3　此字在发掘报告中释作"陈"，见《长沙东牌楼东汉简牍》，第76页，但字形部分残泐，故而在此不做释读。

4　此字在发掘报告中释作"教"，见《长沙东牌楼东汉简牍》，第76页，但字形部分残泐，故而在此不做释读。

出现的是铅人：

T. 08：王巨子以甲戌死……故持鈗（鉛）人□□人□□□鷄子□□□□巨子之適。

T. 02-2：等汝名借（籍），或同歲月重復鈎校日死，或同日時重復鈎校日死……告墓皇使者，轉相告語，故以自代鉛人，鉛人池池，能舂能炊，上車能御，把筆能書。

T. 11：故以鉛人、解離，以當復夷（重）年命句校。

T. 12：故以鉛人、解離，以當復夷（重）年命句校。

T. 27：今故進上復除之藥，欲令後世無有死者。上黨人參九枚，欲持代生人，鈗（鉛）人持代死人。

N. 21：故持鈗（鉛）人，〃{人}參，雄黄，解離，襄草，別羈，以代生人之名（命）。

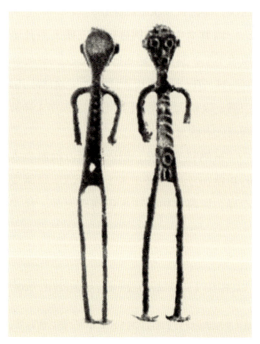

图5　铅人（出土于陕县刘家渠87号汉墓。铅质，高6.3厘米。叶小燕：《河南陕县刘家渠汉墓》，《考古学报》1965年第1期，图版26:15）

从铭文来看，铅人的作用主要有两种：①大多数是替代死人（"自代铅人""持代死人"）承担其不祥 ["巨子之适""复夷（重）年命勾校""重复钩校"]。在一则铭文中还提到了铅人的勤劳能干（"能舂能炊，上车能御，把笔能书"），可能是为了突出它替代死者承担地下劳役的能力。②一例中是替代生人（"以代生人"）。

从发现的汉代铅人实物来看，基本是由薄薄的铅片模制而成，无固定样式，而高度一般都在10厘米以下（见图5）。铅人的形体塑造并不写实，有些可谓十分简略，大多只是勾勒出面部特征和四肢，意在赋予其人形的基本特征。铅人的数目也并不与墓主人数目相等，而是有时明显多于墓主人数。所以使用铅人的目的并不主要是让它们作为墓主人的一对一的替身，在阴间服劳役，而主要是使其替人承受不祥，无论被替代者是死人还是生人，这一功能与木质偶人如桐人相似。由此可见，在镇墓器物中使用的铅人或者木人是祝移巫术的重要道具，用于配合讴唱和祝诅，将灾祸转移至他方或他人。

综合以上对文字和实物的分析，大体可以推断，镇墓文的使用乃巫者所为，可归入解除习俗。

四　五石

镇墓文中多处提到"五石"，这是否意味着炼丹术士也参与了镇墓仪式呢？

T. 18：建立大镇，慈、礜、雄黄、曾

青、丹沙（砂），五石會精。

T. 04：中央。雄黄利子孫，安土。

T. 23：以曾青□木之精置中央厭（壓）除，四方土害氣消也。

T. 30：持□{曾}青、雄黄、□□{丹砂}、礜□、慈石五石，五穀□□，可當一喪。移□三丘、五墓之沖齊（氣）。

T. 31：故礜石厭（壓）西□{北}，曾青厭（壓）東南巳辰上土氣，辟禍達志，遠行千里。

T. 39：轉喪道中人。和以五石之精，安冢莫（墓），利子孫。

N. 04：大（太）陽之精，隨日爲德。利以丹沙（砂），百福得。

N. 12–1：東方甲乙，神青龍，曾青九兩，制中央。

N. 12–2：南方丙丁，神朱爵（雀）。丹沙（砂）七兩，制西方。

N. 12–3：中央戊己，神如陳，雄黄女{五}兩，制北方。

N. 12–4：西方庚辛，神白虎（虎），礜石八兩。

N. 12–5：北方壬癸，慈（磁）石六兩，制南方。

N. 25–1：下入地中，丹沙（砂）。石政重□兩以填（鎮）。□{肺}主憂，五□{石}辟金兵。

镇墓文中所见五石种类为朱砂、雄黄、曾青、磁石、礜石。而在考古发现的实物中，有只用其中一种者，如潼关杨震墓中只用雄黄。也有五种皆用者，如三门峡南交口东汉墓（见图6），五石的颜色与方位基本与它们在五行中的配伍相符。但在发现的五石实物中，有些石的种类并不完全与上述五种相同。例如咸阳国际机场汉墓发现的五石种类为雄黄、朱砂、方解石、石英、萤石，其中白色的方解石替代了白色的礜石，紫色的萤石替代了绿色的曾青，而透明的石英则替代了黑色的磁石。在另一例中，咸阳钢管厂汉墓发现有四种矿石：朱砂、曾青、方解石、磁石，这里同样是白色的方解石替代了白色的礜石。然而这样的替代在镇墓文中却丝毫没有被提及，这表明标准的五石当时为人所知，而在实际操作中这些矿石中的几种可以用颜色相近的矿石替代而并不会造成不便。

在汉墓中出土有另一批五石。南越王墓西耳室发现了几小堆矿石，经鉴定其种类为紫水晶、硫黄、雄黄、赭石、绿松石（见图7），由于硫黄和雄黄的颜色皆为黄色，显然这一批五石并不适合用于五行五色的配伍，而且其总重量达到2265克[1]，若是用于五色配伍，也太多了。这些矿石在被发现时，其一旁还发现有一个铜臼和一枚铜杵，这表明这些矿石很有可能是研磨之后用来服食。而关于五石的服食，在《史记》中有过记载：

"齐王侍医遂病，自练五石服之"。[2]

1　广州市文物管理委员会、中国社会科学院考古研究所、广东省博物馆编《西汉南越王墓》，第141页。

2　（汉）司马迁：《史记》卷一百零五，第2810页。

图6 三门峡南交口17号汉墓五个镇墓瓶及其五石的位置分布示意图（魏兴涛、赵宏、史智民、河南省文物考古研究所：《河南三门峡南交口汉墓 (M17) 发掘简报》，《文物》2009年第3期，第9页，图6，陈亮加工处理）

图7 西汉南越王赵昧墓出土五石（墓断代于约公元前122年。紫水晶、硫黄、雄黄、赭石、绿松石。广州市文物管理委员会、中国社会科学院考古研究所、广东省博物馆编《西汉南越王墓》下册，文物出版社，1991，图版30）

相反，《汉书》中关于威斗的记载则体现了五石的另一种用途：

"威斗者，以五石铜为之，若北斗，长二尺五寸，欲以厌胜众兵。既成，令司命负之，莽出在前，入在御旁。"[1]

在这个语境中，五石与铜一同熔化之后，倒入北斗形的模子中，铸为威斗，而其压胜的威力（"以压胜众兵"）除了来自北斗的形状之外，主要还来自五石在五行体系中的配伍。可以想见这里的五石应当具有五种不同的颜色。由此可以推测，在汉代史书中记载的五石实际包含两个体系，一个是用于服食的五石，其颜色彼此之间不必不同；另一个则是用于压胜的五石，其颜色要求与五行体系配伍。

镇墓文中提到的五石属于压胜五石的范畴，而汉墓中发现的镇墓五石实物的使用和可替代性也主要是基于其颜色及其在五行中的配伍，是基于其压胜的功能而非其服食的药效。这一点也可以从一个事实获得旁证，即无论是镇墓文还是镇墓实物中都没有发现铅丹和铅黄，而这两者在汉代炼丹术中是主要的炼丹产品和服食对象。

朱砂、雄黄、曾青、磁石、礜石这五种"标准"五石，以及作为替代物的方解石、石英、萤石都是自然界中以结晶形态存在的矿石（见图8），其开采并不困难，而且在一些地方富产特定的矿石。例如秦朝时巴地的寡妇清曾以开采丹砂而成为巨富，在唐代时汉中、德阳、西安、太原一带依然盛产雄黄。可见，这些矿石在汉代无须经过炼丹术士的熔炼就能在市场上轻易购得。如此一来，炼丹术士参与镇墓仪式则既非必须，也在镇墓文中无迹可寻。

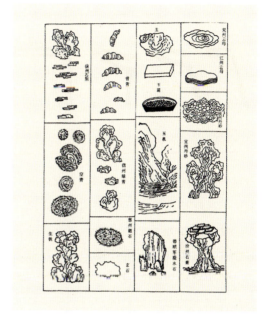

图8 苏颂（1020~1101）编撰的《图经本草》中所载矿物产地及其在自然界存在的结晶形态图（赵匡华、周嘉华：《中国科学技术史·化学卷》，科学出版社，1998，第362页）

五 符箓

对于镇墓文符箓的研究，目前主要是王育成提供的。他认为这些符箓的形体与《太平经》中所载的复文相似，故而可以归为道教符箓，尤其洛阳西花坛汉墓镇墓符箓中反复出现了"尸"形，这是道教"三尸"信仰的明证（见图9）。[1] 对于此符箓中"八尸虫"的阐释，来国龙虽然持保留

1. 延光元年复文式道符 2.《太平经》复文局部

图9 延光元年镇墓符及其与《太平经》复文符的比较（王育成：《略论考古发现的早期道符》，《考古》1998年第1期，第76页）

1　王育成：《略论考古发现的早期道符》，第75~76页。

T. 03	T. 02-2	T. 13	T. 21-2	N. 14-1	N. 21
ꀘ	ꀘ	ꀘ	ꀘ	ꀘ	ꀘ

意见，而且认为这些道符的确切含义依旧不明，但是对于"尸"的释读并未提出异议。[1]

　　然而恰恰是从形态上看，对符箓中的这个"尸"的释读值得怀疑。在这个符箓（T. 03）中所见到的这两个所谓的"尸"形及其其他符箓中类似的"尸"形，其实际形态如下：

　　这些形状虽然形态不一，但有一个共同点，即与"尸"不同，它们的头部并非"口"形，而是其"口"部与一撇或一竖的连接处并不封口。与其说这是个"尸"字，不如说这是一个北斗七星的简化图标。

　　在符箓中与这个"尸"形相近的形体还有一些，其形态如下：

T. 06	T. 34	T. 13
尾	尾	尾

图 10　随州擂鼓墩曾侯乙墓出土漆木衣箱盖上天象图（中央母题由一个"土"和一个"斗"字头碰头组合而成。周晓陆：《步天歌研究》，中国书店，2004，图版 1）

　　其中户县（今鄠邑区）曹氏瓶上的符箓（T. 06）有时被读作"尾"字，并被释作廿八宿中的尾宿。[2] 李零虽然将其释作"斗"字，但未给出论据。[3] 细究这三个字的字形，可见前两个字（T. 06，T. 34）都包括一个如同北斗形的"头部"和由一捺两横构成的尾部，只是最后一个字（T. 13）少了一捺，可以看作这一捺与北斗形合并了。假如将它们与曾侯乙墓漆木衣箱盖上天象图中央的"斗"字相比较（见图

1　来国龙：《汉晋之间劾鬼术的嬗变和鬼神画的源流》，载石守谦、颜娟英编《艺术史中的汉晋与唐宋之变》，台北石头出版股份有限公司，2014，第 74 页。

2　王育成：《东汉道符释例》，第 47 页。

3　李零：《中国方术续考》，东方出版社，2000，第 228 页。

T. 06	T. 21-2	T. 34	N. 14-1	N. 21	N. 30

10），可以看出早期的"斗"是由一个北斗形和一个"十"字交叉组合而成，与镇墓文中的前两个字形颇为相似。"斗"字类似的写法还出现于汉代的两个式盘上，在那里斗分别写作"ᕙ"[1]和"ᕮ"[2]，也是北斗形和"十"字组合而成。这样，基本可以确定镇墓符篆中的这三个形体为"斗"字。至于镇墓符篆中的这几个"斗"字不是由北斗形和"十"字组合而成，而是在"十"字基础上多了一横，可以如此加以理解，即它们同时借鉴了"斗"的小篆字形ᕭ。

这样来看，镇墓符篆中一个核心的部分就是由"斗"和"鬼"组合而成的一个模块，其形态如前图所示。

除了偶尔夹杂"日"字（N. 14-1）或"人"字（N. 30，其中有两个人字）外，其主要的形态是"斗"形在"鬼"字之上，应当是象征着北斗治鬼之意，这一点从两个符篆中得到印证，那里都在北斗形之下出现了北斗君主鬼的铭文。

T. 02-2	N. 14-3

综合以上的论述，镇墓符篆中的"尸"字当释作"斗"，三尸信仰的解释因而难以成立。

六　印章

对于镇墓印章的研究早期集中在对于"黄神越章"的阐释上。方诗铭认为它是一个道教神名。[3]刘昭瑞则认为黄神等同于黄帝，章即符咒，而"越"义如禁咒巫术"越方"之"越"，越方应是因越地方术而得名。[4]然而这样的阐释都忽略了罗福颐收藏的一方汉印，其印文为"黄神越印"（见

1　甘肃省博物馆:《武威磨咀子三座汉墓发掘简报》,《文物》1972年第12期,第15页,图8:1。

2　严敦杰:《式盘综述》,《考古学报》1985年第4期,第451页,图3。

3　方诗铭:《黄巾起义先驱与巫及原始道教的关系——兼论"黄巾"与"黄神越章"》,《历史研究》1993年第3期,第5页。

4　刘昭瑞:《论"黄神越章"——兼谈黄巾口号的意义及相关问题》,《历史研究》1996年第1期,第128页。

图 11（左） "越"字及铭文为"黄神越印"的汉印摹本（罗福颐:《汉印文字征》，第276页）

图 12（右） 双面镇墓印章印铭及其隶定（一面印文为"黄神越章"，另一面印文为"杀鬼"，印文镜像。铜质，印面方形。王育成:《道教法印令牌探奥》，宗教文化出版社，2000，第20页，图7，陈亮隶定）

图 11）。[1] 在此，"章"与"印"为近义词，应当就是指印章本身，故而越章的含义也应同于越印。不过，越印当作何解？镇墓印章中有"黄神之印"，将之与"黄神越印"相比较，可见它们存在意义上的相似性，因为二者都意在指出印章的威力来源于黄神。由此推测"越"可以依《广雅》被释为"治"的同义词[2]，意为"作"。这样，"黄神越章"可以理解为黄神所作之印章，意思同于"黄神之印"。

对于镇墓印章较为系统的整理目前也主要是出自王育成之手。他认为这些汉印可以归入道教法印，而其中出现的神名是在道教产生过程中吸收改造原有宗教因素创造出来的。在此之前，黄神、天帝、皇天上帝、北斗等神名虽然存在，但不曾入印作为印文存在。然而在具体的论证中，他多引用后世文献来论证汉代之事。例如，引用北周释道安《二教论》中的"造黄神越章，用持杀鬼"一语来证明"黄神越章"印为早期道教施法之印。[3] 不过，道安向北周武帝呈上《二教论》是在天和四年（569），距汉朝灭亡逾三百年，据此尚不足以表明汉代的"黄神越章"的使用者已经是道士。而汉代镇墓文中仪式施行者多自称"天帝使者"，这也并不能表明他们是早期的道士，但是存在这样的可能，即这些法印为后来的道士所效法。至于根据两方镇墓印背面上刻有"张福""张鬼"推测其使用者为张角、张宝、张梁等三张族人

1　罗福颐编《汉印文字征》，文物出版社，1978，第276页。

2　《说苑》中有"城廓不修，沟池不越"一语，见刘向《说苑校证》，向宗鲁校证，中华书局，1987，第376页。《广雅》的释义作"越……治也"，见张揖《广雅疏证》，王念孙疏证，台北中华书局，1966，第96页。

3　王育成:《道教法印令牌探奥》，宗教文化出版社，2000，第10~16页。

使用的法印[1]，可能也值得商榷，因为"张鬼"似应释读作"杀鬼"（见图12），而"张福"未必是人的名字，更适宜于理解为是与杀鬼相对的一种祝福，意为"壮大福祉"。

对于镇墓印章是否归属于道教印，除了以上的铭文释读外，重要的判断依据是印章的形制本身，包括其材质、大小、印面形状、印纽和字数等。目前所见的汉代镇墓印章其印面长宽仅1~3厘米，较之后米的道教印章小许多。[2]印面形状绝大多数为正方形（除三个例外：其中两例为长方形，一例为圆形），印面的大小和形状与汉代官印相符。《汉官仪》规定二百石以上的通官印一寸见方（2.3cm×2.3cm），二百石以下的小官印长一寸宽五分（2.3cm×1.2cm）。

"孝武皇帝元狩四年，令通官印方寸大，小官印五分。王公侯金，二千石银，千石以下铜印"。[3]

至于圆形的特殊印面形状则是镇墓印章作者的独创，很可能是遵照"天圆地方"的原则，体现镇墓印章的威力来自上天。

目前已知的46例镇墓印章的材质绝大部分为铜质，有3例为红陶土（Y.1-4，Y.2-4），2例为普通陶土，1例为木质（Y.2-5），目前尚未见到金银质地的镇墓印。可见这些印所效法的对象基本上是千石以下的官印。不过从印纽上看，情况则又有些不同。汉武帝太初之后纽制规范化，规定二千石以上为龟纽；二千石之下为鼻纽。[4]而现有的汉代镇墓印其印纽大多为鼻纽（7例）或瓦纽（11例）、龟纽（10例）。如果考虑到汉代对于鼻纽和瓦纽并未做严格区分，则前二者都可归入鼻纽（共18例）。可见在印纽的选择上，镇墓印倾向于模仿的也是二千石之下的官印甚于二千石以上的官印。其余镇墓印的印纽或为未知（13例），或为动物形，其中龙首、卧虎、蟾蜍形、不明兽形各为一例，或为环形（1例），或无印纽（5例），无印纽的情况又以两面印为多数（4例）。

太初元年后，官印的印面字数有过具体规定。二千石以上，字则五数，文则称章；二千石以下，字则四数，文则用印。[5]然而现有的镇墓印除几个小官印形制的印字数为二之外，大多数印的字数为四，少数印的字数为五或九，个别的印字数为六、七或八。字数为四的印中除"天帝之印""黄神之印""黄帝神印"这类符合汉代官印规定的情况之外，还包括了"黄神

1　王育成：《道教法印令牌探奥》，第16页。

2　王育成：《道教法印令牌探奥》，第14页。

3　应劭、蔡质、孙星衍：《汉官仪（及其他二种）》，载王云五主编《丛书集成初编》G1551上，商务印书馆，1939，第49页。

4　汪桂海：《汉代官文书制度》，广西教育出版社，1999，第138页。

5　参见王献唐《五镫精舍印话》，齐鲁书社，1985，转引自汪桂海《汉代官文书制度》，第139页。

越章"，这种四字印本不应自称"章"，而只能自称"印"。

综上所述，"天帝使者"和"天帝神师"们在制作镇墓印章时大体是以当时的官印为模本，他们主要仿效了二千石之下的官印，采纳其铜质和四字字数，同时在印纽形制上挪用了二千石以上的官印的龟纽，以赋予自身以更高的官衔。不过各种特例的存在，表明当时在印的形制上并无统一的规定。在镇墓印的制作上，镇墓仪式的施行者们各行其是，并不存在公认的正确做法。因而镇墓印章的制作绝不是在一个组织严密的宗教团体监视下完成的。相反，他们的制作者很可能并不属于这样的宗教组织，而是各自为业。

七　时间分布

第一个已知的镇墓瓶经常被认为是咸阳教育学院二号汉墓发掘出的一个陶瓶，根据发掘简报的释读，其铭文的开首几个字当释作"永平初三年"[1]（见图 13），故而将其断代于公元 60 年。然而笔者在田野考察中，将该瓶铭文用喷壶喷湿之后（见图 14），发觉铭文的摹本不太准确，而且"永平初"的纪年方式不符合汉代纪年的常规，故而重新审视了一下，认定这段铭文应当

图 13　咸阳教育学院 2 号汉墓出土镇墓瓶铭文摹本（刘卫鹏、赵旭阳、咸阳市文物考古研究所：《咸阳教育学院汉墓清理简报》，载咸阳市文物考古研究所《文物考古论集：咸阳市文物考古研究所成立十周年纪念》，三秦出版社，2000，第 233 页，图 6）

图 14　咸阳教育学院 2 号汉墓出土镇墓瓶，起首铭文纪年部分（2010 年陈亮拍摄）

1　刘卫鹏、赵旭阳、咸阳市文物考古研究所：《咸阳教育学院汉墓清理简报》，载咸阳市文物考古研究所《文物考古论集：咸阳市文物考古研究所成立十周年纪念》，三秦出版社，2000，第 232 页。

释读作"永寿三年"[1]，即公元157年。这样已知最早的镇墓瓶断代于公元157年，而非公元60年。

倘若根据其铭文中有"生人不负责（债），死人毋适"而将序宁简也视为镇墓文，则它可以被看作现存最早的镇墓文，断代于公元79年。将已知的可准确断代至具体年份的镇墓文的时间分布作一图表，可见公元76年之前，也就是东汉早期之前，没有镇墓文出现。公元76年至125年，镇墓文开始出现，只是数量还比较少。从公元126年起至145年，数量上了一个台阶。而从公元146年开始，直到公元195年左右，也就是东汉晚期的前三分之二，镇墓文的数量又跃升了一个台阶，进入盛期。但在这之后，其数量则遽然衰减至零。

这样的时间分布曲线和几个重要的时间节点令人联想起东汉中晚期频发的瘟疫。为了对照起见，可以分别做出三辅地区（京兆尹、右扶风、左冯翊）、河南尹和弘农郡这几个镇墓文分布最为集中地区的可准确断代的镇墓文的时间分布图（见图15、图16）和这些地区暴发瘟疫的时间分布图（见图17）。

对比图15、图16，其相似性是显而易见的。公元91~95年，瘟疫开始暴发，而此时也是镇墓文在上述地区出现的时候。公元126~130年，瘟疫的暴发频率加快，相应的镇墓文的数量也出现了大幅的增加。公元146~185年，瘟疫频仍，几乎连年不断，而此时的镇墓文的数量也达到峰值，居高不

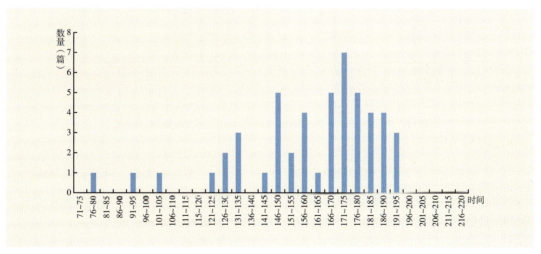

图15　可准确断代的镇墓文的时间分布 (76~220)

1　对于这个释读的发现，2010年田野调查时笔者与发掘者刘卫鹏交流过，并建议他在后续的出版物中对此释读加以更正。"寿"字后来被释读作"寿初"二字，见 Wang, Xiaoqi, Weipeng Liu, Gaowen Xie, Mengqun Zhang, and Shaochun Dong, "An Interdisciplinary Investigation on Daoist Wushi（五石，five minerals）Unearthed from Three Tombs Dated to the Eastern Han Dynasty (AD 25-220) in Xianyang City, China," *Journal of Cultural Heritage*, 18 (2016), p.353。而实际上"初"乃繁体"寿"字的一部分。

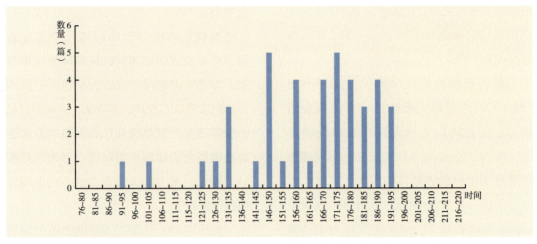

图 16　京兆尹、右扶风、左冯翊、河南尹、弘农郡的可准确断代的镇墓文的时间分布

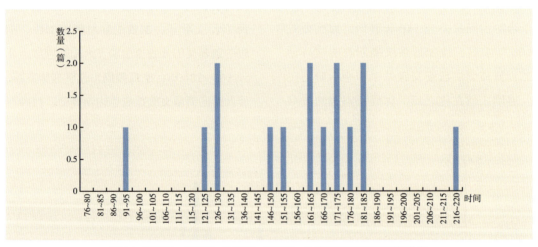

图 17　京兆尹、右扶风、左冯翊、河南尹、弘农郡暴发瘟疫的时间分布

下。公元 216~220 年，仍有瘟疫暴发，但并无相应的镇墓文发现。可能的解释是此时的中原地区烽火不断，人口剧减，葬礼只能从简，较为繁复的葬礼用品如镇墓文在此地已经不再流行。对于这一段时期尤其是永建年间（126~132）的瘟疫情况，《风俗通义》中有过生动的记载，可为例证：

夏至着五彩，辟兵，题曰游光。"游光"，厉鬼也，知其名者无温疾，五彩，避五兵也。……又永建中，京师大疫，云厉鬼字野重、游光，亦但流言，无指见之者。其后岁岁有病，人情愁怖，复增题之，冀以脱祸。[1]

1　（汉）应劭：《风俗通义校注》，王利器校注，中华书局，1981，第 605 页。

结 论

镇墓文兴起并发展于瘟疫频发的东汉中晚期。面对疾病和死亡的威胁，诞生了一批以书写镇墓文为业的职业巫术士，他们根据墓主人后人的要求书写韵文。在传统的时日禁忌基础上，书写中加入了具有时代特色的源于死尸的"注病"等内容，并在仪式化的讴唱中，配套采用五石、符箓、印章等器物和形象，以加强祛除恶鬼和不祥的心理效果。

只是目前尚无证据表明，组织化的道教团体加入了这样的墓葬驱邪活动。而根据道教的洁净观念，很可能早期的道士们在葬礼活动中是缺席的。

四川东汉墓葬艺术中的家族观念[*]

■陈 轩（北京大学艺术学院）

从公元前 4 世纪的先秦时期到本文研究的东汉时期，四川盆地一直都是中原政权大规模移民的重要目的地。这些移民或是为开发当地经济、充实当地劳动力的政策性移民，或是中央政权为削减豪强势力的政治性移民，还有就是流放到当地的政治犯。这些移民的记录屡见于历史文献和出土碑刻。本文将四川地区东汉墓葬艺术中的地区特色与这一地区的移民传统相结合进行研究，深入探讨这一地区墓葬艺术中所体现出来的家族观念。而这种对家族的重视与强调则是源于当地的移民背景。

本文结合东汉四川居民的移民背景来探讨的地区特色墓葬艺术形式主要有三种，分别是作为陪葬品的青铜摇钱树、墓葬享堂画像和画像石棺。

一 文献、石刻与墓葬中的移民记录

《华阳国志》中记载了公元前 4 世纪末的一次向四川的大规模移民："周赧王元年……戎伯尚强，乃移秦民万家实。"[1] 此后又有"秦惠文、始皇，克定六国，辄徙其豪侠于蜀，资我丰土"。[2] 此外，四川的临邛地区"本有邛民，秦始皇徙上郡实之"。[3] 很多四川的名门望族的祖上也是来自中原地区的移民，如"蜀卓氏之先，赵人也，

---

* 本文系国家社科基金艺术学青年项目"汉代画像石墓的营建工艺研究"（批准号 17CG207）成果。

1 （晋）常璩:《华阳国志》，巴蜀书社，1984，第 194 页。

2 （晋）常璩:《华阳国志》，第 225~226 页。

3 （晋）常璩:《华阳国志》，第 244 页。

用铁致富。秦破赵迁卓氏"。[1] 又如"程郑，山东迁虏也，亦冶铸，贾椎髻之民，富埒卓氏，俱居临邛"。[2] 还有很多由中原到四川的移民是因威胁到中央政权而被流放到当地的皇族和高官。如《史记》和《汉书》中的记载"及夺爵迁蜀，四千余家"[3] "其与家属徙处蜀"[4]，以及"上赦以为庶人，徙蜀青衣"[5] "淮南王长谋反，废迁蜀严道"等。[6]

出土的东汉时期的碑刻和墓志铭等进一步印证了四川东汉时期的居民很多都有来自中原的移民背景。如出土于四川郫都区犀浦的一块东汉残碑卜刻有如下文字："永初二年七月四日丁巳，故县功曹郡掾□□孝渊卒。呜呼！□孝之先，元□关东，□秦□益，功烁纵横。汉徙豪杰，迁□□梁，建宅处业，汶山之阳。崇誉□□，□□与叱功，故刊石纪，□惠所行。其辞曰：惟王孝渊，严重毅□，□怀慷慨。"[7] 碑刻回顾了故于公元 108 年的王孝渊的身世，其中提及其先祖来自"关东"。在削弱地方豪杰势力的过程当中，其先祖被举家迁移到四川并安家立业于"汶山之阳"。

最为充分表现东汉时期四川居民的移民背景的证据还体现在墓葬之中。目前四川东汉墓葬中原状发现的全部两处详细记录墓主人生平的铭文，全部都记录并强调了墓主人祖先的移民背景。第一处铭文位于成都新都区 HM3 墓室的石门之上："惟自旧怅，段本东州。祖考俅西，乃徙于慈。因处广汉，造墓定基。魂零不宁，于斯革之。永建三年八月，段仲孟造此万岁之宅，刻勒石门，以示子孙。"[8] 铭文明确指出墓主人的家族早先来自东部地区，其移民背景是家族历史的重要组成部分，希望后人能够谨记家史。第二处铭文位于中江塔梁子 M3 墓的其中一间墓室当中。墓室的三面墙上绘有描述墓主人家族历史的画像并配有说明文字。其中一部分较长的文字提到"先祖南阳尉，□□土乡长里汉太鸿芦文君子宾、子宾子中黄门侍郎文君真坐与诏，外亲内亲相检厉见怨。□□诸上颁颠诸□□□□□，绝肌则骨当□。□父即鸿芦，拥十万众，平羌有功，赦死西徙，此处州郡县乡卒"。[9] 铭文中提到墓主人的

1 （汉）司马迁：《史记》，中华书局，1959，第 3277 页。

2 （汉）司马迁：《史记》，第 3278 页。

3 （汉）司马迁：《史记》，第 227 页。

4 （汉）司马迁：《史记》，第 2513 页。

5 （汉）班固：《汉书》，中华书局，1962，第 1880 页。

6 （汉）班固：《汉书》，第 121 页。

7 谢雁翔：《四川郫县犀浦出土的东汉残碑》，《文物》1974 年第 4 期。

8 陈云洪等：《成都市新都区东汉崖墓的发掘》，《考古》2007 年第 9 期。

9 四川省文物考古研究院等：《中江塔梁子崖墓》，文物出版社，2008，第 93 页。

祖先来自东部的南阳地区，其后由于"赦死西徙"来到了四川地区。这也再一次印证了汉代四川地区的居民来源除了政策性移民外，还有一部分源于流放的政治犯及其家族。

二　摇钱树

青铜摇钱树是一种极具区域特色的四川东汉墓葬陪葬品，目前已知的 189 件东汉摇钱树集中发现于四川盆地，另有少量分布在陕西南部、湖北西部和云南北部。[1]这样的摇钱树一般高 120~200 厘米，由一个陶土烧制的底座，几个青铜管插接而成的树干和数个插接在树干上的带有装饰图案的枝叶组成。这些枝叶上的主要装饰图案为圆形的方孔钱币，摇钱树也由此得名（见图1）。[2]摇钱树一般出土于四川东汉崖墓或砖石室当中，一般认为是为死者提供来世所需钱财的工具[3]，同时也是死者升仙的天梯。[4]除了分析摇钱树的图像意义，本文还着重探讨摇钱树所在的墓葬环境及其社会功能。

一般摇钱树所在的墓葬多为大型或中型墓葬，其中伴有大量较为精美的陪葬品与多具棺木。通常一座大型墓中只有一座摇钱树，高达近 2 米的摇钱树直达墓室的顶部，由众多棺木围绕，成为整个墓室布局的焦点。目前发现有较完整摇钱树并保留有较多陪葬品的大中型墓葬主要有四川绵阳何家山 2 号崖墓以及重庆忠县 5 号崖墓。[5]这其中重庆忠县 5 号崖墓又是目前发现的屈指可数的保留有完整陪葬品的巴蜀地区东汉墓葬。整座墓室由三名墓主人共享，三具棺木的遗迹分别在各自的周围环绕有陶制陪葬俑人和日常用的器皿等物品。摇钱树则位于三具棺木的前方，即前室的后端、接近后室的入口处。整个布局仿佛在暗示一家之主带领家族的成员向摇钱树进行祭拜。[6]

很多摇钱树的枝叶或底座上带有具有生殖寓意的图样。如三台县胡家堎出土的摇钱树枝叶上就绘有两匹马交配的场景，而绵阳石塘的摇钱树底座上则绘有两鹿交

1　何志国：《汉魏摇钱树初步研究》，科学出版社，2006，第 271~296 页。

2　南京博物院：《四川彭山汉代崖墓》，文物出版社，1991，第 35~37 页。

3　Michael Nylan, "The Archaeological Record of Han Sichuan," *Journal of East Asian Archaeology*, 5 (1-4), 2003, pp. 375-400.

4　Susan Erickson, "Money Tress of the Eastern Han Dynasty," *The Museum of Far Eastern Antiquities Bulletin*, 66, 1994, pp. 5-115.

5　何志国：《四川绵阳何家山 2 号东汉崖墓清理简报》，《文物》1991 年第 3 期；张才俊：《四川忠县涂井蜀汉崖墓》，《文物》1985 年第 7 期。

6　江玉祥：《关于考古出土的"摇钱树"研究中的几个问题》，《四川文物》2000 年第 4 期。

图 1　绵阳何家山 2 号崖墓出土摇钱树

（引自 Robert Bagley，*Ancient Sichuan: Treasures from a Lost Civilization*，Seattle: Seattle Art Museum and Princeton University，2001，pl. 97）

配的图像。[1] 何志国进一步指出了树这一形象与生殖寓意的紧密联系。他指出很多四川东汉画像砖上表现生殖的场景中都突出表现了树的形象。[2] 由此看来，将摇钱树置于墓室中墓主人家族棺木的环绕之中是具有延续家族传承、祝愿子孙兴旺的寓意的。与此同时，在刚建造好的墓中放入摇钱树是具有重要意义的，正如在家宅的奠基仪式上种下第一棵树一般。而摇钱树一般用陶土烧制的底座可能正是象征树木生长所需要的土壤。这一具有仪式意义的行为象征着墓中家族的建立，并预示着墓中的家族在随后的岁月中不断地枝繁叶茂。正如前文中所提到的成都新都区的 HM3 墓中的铭文所述，祖上来自东部的家族在历经举家迁徙的动荡后终于重新安家立业，希望能通过建造墓室在此处落地生根，让漂泊的灵魂有安身之所，并以此昭示后世的子孙。[3]

摇钱树这种被赋予了重要家族观念的陪葬品从形式和内容主题方面都是经过了精心设计的。而这种原创性的设计正是出于四川当地居民对于表达家族观念的强烈需求。在形式方面，摇钱树高大而又装饰华丽，在墓室众多的陪葬品中十分醒目，给观者带来强烈的视觉冲击。这种乍看之下奢华的视觉效果其实是在制作流程上进行了精心设计的结果。雷德侯曾指出中国艺术有一种模块化生产的传统。这种模块化生产方式将各种流水线化生产的标准化构件进行各种各样的组装和排列组合，从而创造出变化多端的丰富表现形式。这种模块化生产不只带来了丰富的艺术表现形式，还从制作流程上极大地降低了生产成本，使得丰富的艺术形式能为更广大的受众群体所消费。[4] 摇钱树的制作正是通过这种模块化的生产模式进行。高达近 2 米的树干其实是由数根同样的青铜管插接而成的。而图案丰富的枝叶更是通过平面浇筑出的各种青铜叶片在树干上搭建起来的。由青铜管制成的树干在每一节上都有朝向四个不同方向的插孔，用来安装伸向四个方向的青铜叶片。这样一来，简单的平面叶片图案在巧妙的设计之下，通过安装组合，制造出了炫目华丽的三维立体效果。这种经济的生产方式使得摇钱树这种陪葬品可以为四川当地的较富裕阶层普遍消费，通过模块化的生产方式创造出富有深刻家族寓意的艺术形象。另外值得一提的是，与四川东汉时期质量参差不齐的陶俑等陪葬品相比，目前出土的青铜摇钱树或摇钱树残片在质量方面都比较稳定，保持

1　何志国：《汉魏摇钱树初步研究》，第 164 页。

2　何志国：《汉魏摇钱树初步研究》，第 165 页。

3　陈云洪等：《成都市新都区东汉崖墓的发掘》，《考古》2007 年第 9 期。

4　Lothar Ledderose, *Ten Thousand Things: Module and Mass Production in Chinese Art*. Princeton, N.J.: Princeton University Press, 2000, p. 1.

了较高的艺术水准。而且高大的摇钱树由于其可拆卸的特点，在运输过程中可分解成陶土底座、青铜叶片、青铜树干铜管等零件，大大降低了运输成本。可见模块化的设计和生产是摇钱树设计的一项重要创举。

在内容主题方面，摇钱树通过陶土底座、青铜枝干和树叶刻画出东汉时期四川地区普遍接受的价值观和宗教信仰。核心主题是对于金钱的渴求、对于子孙兴旺的祝愿，以及对西王母的崇拜。摇钱树不仅在造型和制作方面独具特色，在内容主题方面也独树一帜，大胆地表现了对于金钱的向往与渴求，这与东汉时期山东和江苏等地在汉画像中大量刻画的儒家传统道德大相径庭。山东、江苏等地的画像石刻所宣扬的是礼义仁信等伦理观念，尤其轻视对于金钱等身外之物的欲念。[1] 而将这些表现高尚品德的题材刻在墓中也是对于墓主人品德的展示与宣扬。包华石认为东汉时期山东、江苏等地的墓室及祠堂画像不只是用于缅怀墓主人，更是用于宣扬传统经典中的道德观念。[2] 而四川地区的摇钱树则在某种程度向这种传统发起了挑战，极力突出源源不断的金钱和财富才是维系个家族的根基所在。这可能也与四川地区

很多墓主人的家庭背景有关。他们很多都是祖上来自中原的移民，家族曾经经历的动荡与漂泊更使得开始具有一定财力和安定生活的墓主人重视金钱的力量。四川三台县永安出土的一个摇钱树底座十分生动地刻画了人们对金钱的向往。[3] 两人正从结满铜钱的树上采摘一串串的铜钱，另有两人忙着从地上捡起从树上落下的满地铜钱（见图2）。

综上所述，摇钱树作为东汉时期四川地区独创的陪葬品，成为凝聚核心家族价值观的重要文化符号。这种新兴的艺术形式对于维系家族传统有着重要意义，摇钱树也以其华丽的外观和高性价比为东汉四川地区的广大居民所接纳。

三　享堂壁画

与摇钱树类似，四川东汉墓葬的享堂壁画也起着表现墓主人家族核心价值观的重要作用。这种享堂结构主要发现于四川地区的大型崖墓之中，通常由属于数个小家庭的、相对独立的墓室来共同分享，功能相当于祭祀祖先的家族祠堂。黄晓芬指出"四川崖墓的这种祭祀大前堂与其他地

1　山东、江苏等地的汉画像也不乏追求财富的主题，参见杨爱国《上有龙虎衔利来，百鸟共持至钱财——汉代画像石、砖上的钱文装饰》，中国汉画学会、北京大学汉画研究所编《中国汉画研究》（第三卷），广西师范大学出版社，2010，第368~378页。但山东、江苏等地与财富相关的画像在丰富程度和普遍性方面仍不及四川，仍以宣扬礼义仁信等伦理观念的画像为主流。

2　Martin Powers, *Art and Political Expression in Early China*. New Haven and London: Yale University Press, 1991, pp. 41-42.

3　何志国：《汉魏摇钱树初步研究》，第151页。

图 2　三台县永安出土摇钱树底座拓片
（何志国：《汉魏摇钱树初步研究》，图 3-2）

图 3　乐山柿子湾 1 号崖墓享堂
（Tang Changshou, "Shiziwan Cliff Tomb No.1,"
Orientations, November 1997, fig. 6）

域的室墓相比，兼地下玄室的祭祀空间和地上祭祀祠堂于一身，其建筑是多功能兼备的"。[1] 例如，四川乐山柿子湾 1 号墓在山崖岩壁上水平开凿有一个面阔约 15 米，进深约 5 米的大型享堂（见图 3）。[2] 享堂的后壁并排开凿有三个狭长的墓室，其中一个尚未完工。此享堂应是由三个共同属于一个大家族的家庭所共享。享堂三面墙上都刻有画像，七幅画像中可明确辨认出内容题材的五幅都是关于孝子的故事。这种在家族祠堂或享堂刻画历史故事的做法在东汉时期各地都十分流行。但与东部地区的祠堂画像相比，四川墓葬享堂的故事题材似乎又显得比较单一，基本都是孝子故事题材，偶然出现的别的题材也是当时各地都十分常见的荆轲刺秦王的历史场景。例如，四川乐山麻浩 1 号崖墓的享堂中便刻有一幅荆轲刺秦王的图像，其中的主要元素，如荆轲、秦王、刺中匕首的柱子等，都是东汉时期全国各地的画像中所普遍运用的，只是在人物的动作刻画上更多了一分四川地区特有的灵动与飘逸。[3] 这种祠堂装饰题材的单一化与山东嘉祥的武梁祠中丰富的故事题材内容形成了鲜明的对比。

巫鸿曾指出武梁祠的画像石刻是以司马迁的《史记》为历史框架，以东汉儒学的"三纲"——君臣、父子、夫妻为依

1　黄晓芬：《汉墓的考古学研究》，岳麓书社，2003，第 156 页。

2　Tang Changshou, "Shiziwan Cliff Tomb No. 1," *Orientations*, November 1997, pp. 72-77.

3　唐长寿：《四川乐山麻浩一号崖墓》，《考古》1990 年第 2 期。

图 4 乐山柿子湾 1 号崖墓享堂壁画之孝子原谷图
(Tang Changshou, "Shiziwan Cliff Tomb No. 1," *Orientations*, November 1997, fig. 8)

据对历史人物进行新的组合，以反映祠堂主人的社会观念和道德标准。武梁祠的图像程序最终以"君权"为焦点，强调了对"君权"的重视，也是对司马迁所建立的历史叙事结构的继续发展。[1]

孝子故事只是山东武梁祠表现多种儒学价值观时所使用的一种故事题材。而四川东汉的墓葬享堂则将这种题材用来表达几乎唯一重要的核心家族道德观念。考虑到四川的墓葬享堂大多装饰简单，画像稀少，仅有的几幅刻画在享堂中的故事场景都是表现孝子故事的，就更加说明了孝子故事所传达的价值观对四川地区墓主人的重要性。

包括四川享堂中孝子故事画像在内的东汉各地孝子故事画像，很多都来源于西汉刘向所编的插图本《孝子传》。

但此书已佚，很多孝子故事都以《孝子传》一书中的片段形式保存在后世的著述当中，例如宋代的《太平御览》。流传在东汉时期的主要孝子故事应该在十个以上，武梁祠中就刻画有十三个孝子的事迹。[2]

四川乐山柿子湾 1 号墓享堂中刻画的五个孝子故事都能在武梁祠刻画的孝子故事和相关文献中找到原型。这五个故事在社会意义方面各有侧重，应该也是经过精挑细选后用于享堂图像设计的。享堂中第一幅可辨认的故事图像是关于原谷的（见图 4）。故事原型可以在《太平御览》引用《孝子传》的部分中找到。画面中，年仅十五岁的原谷痛哭流涕地劝说父母不要遗弃年迈的祖父，而父母不从。原谷把父母用来抛弃祖父的小车带回家中，父亲十分

1 巫鸿:《武梁祠：中国古代画像艺术的思想性》，生活·读书·新知三联书店，2006，第 174 页。

2 巫鸿:《武梁祠：中国古代画像艺术的思想性》，第 286~287 页。

不解。原谷说这是等父母年老后用来抛弃他们用的。父母最终被感化。而原谷被后人称为"纯孝孙"。[1]

第二个故事讲述了闵子骞的孝行。闵子骞的父亲发现自己后娶的夫人虐待继子,只疼爱自己亲生的孩子,于是决定休妻。闵子骞虽然是已故前室所生,仍然劝父亲宽容继母,以顾全全家人的幸福。[2]

第三个故事是关于老莱子的孝行的。老莱子已经七十岁了,而父母尚健在。有一次老莱子在为父母拿水喝的时候,不慎跌倒,怕父母担心,假装自己是为了逗父母开心而故意摔倒的。[3]

第四个故事是关于伯瑜的。伯瑜犯了过错被母亲鞭打。看到伯瑜流眼泪,母亲便问伯瑜为什么以前挨打时不哭而现在哭。伯瑜答道,是由于感到母亲的力气不如从前了而难过流泪。[4]

第五个故事讲述了董永的孝行。董永自幼亡母,从小就对父亲十分孝顺。后来为了能有钱安葬父亲,董永不惜卖身为奴。这种孝行连天上的织女都感动了,于是对董永出手相帮。[5]

乐山柿子湾1号墓享堂之中的五个孝子故事涵盖了各种家庭类型,有三世同堂的大家庭,有伯瑜或董永这样的丧父或丧母的家庭,有老莱子这样的子女与父母都已高龄的老龄化家庭,也有闵子骞这样的情况比较复杂的再婚家庭。与其说这些故事宣扬的是孝道,不如说这些故事是为了宣传一种正确的家庭成员之间的相处之道。故事中涉及的家庭,无论是人口较多的大家庭,还是成员关系简单的小家庭都遇到了各种家庭问题。而享堂中的故事画像则意在为这些家庭成员之间的问题提供解决方案。可以说,享堂壁画所宣扬的家庭核心价值观是家庭的和睦。这也与东汉时期四川地区对于家族的重视、家族世代延续

---

1 （宋）李昉:《太平御览》,中华书局,1960,第2360页。原文为:"原谷者,不知何许人。祖年老,父母厌患之,意欲弃之。谷年十五,涕泣苦谏。父母不从,乃作舆舁弃之。谷乃随收舆归。父谓之曰:'尔焉用此凶具?'谷云:'后父老,不能更作舆,是以取之耳。'父感悟愧惧,乃载祖归侍养。克己自责,更成纯孝,谷为'纯孙'。"

2 （唐）欧阳询:《艺文类聚》,上海古籍出版社,1965,第369页。原文为:"闵子骞,兄弟二人。母死,其父更娶,复有二子。子骞为其父御车,失辔,父持其手,衣甚单,父则归,呼其后母儿,持其手,衣甚温厚,即谓其妇曰:'吾所以娶汝,乃为吾子。今汝欺我,去无留。'子骞前曰:'母在一子单,母去四子寒。'其父默然。故曰:孝哉闵子骞,一言其母还,再言三子温。"

3 （宋）李昉:《太平御览》,第1907~1908页。原文为:"老莱子者,楚人,行年七十,父母俱存。至孝蒸蒸,常着班兰之衣,为亲取饮,上堂脚跌,恐伤父母之心,因僵仆为婴儿啼。孔子曰:'父母老,常言不称老,为其伤老也。'若老莱子,可谓不失孺子之心矣。"

4 （宋）李昉:《太平御览》,第1907页。原文为:"韩伯瑜有过,其母笞之,泣。曰:'他日未尝见泣,今日何泣也?'对曰:'瑜他日得笞常痛,今母力衰,不能使痛,是以泣也。'"

5 （宋）李昉:《太平御览》,第1899页。原文为:"前汉董永,千乘人。少失母。独养父。父亡无以葬,从人贷钱一万。永谓钱主曰:'后若无钱还君,当以身作奴。'主甚悯之。永得钱葬父毕,将往为奴,于路忽逢一妇人,求为永妻。永曰:'今贫若是,身复为奴,何敢屈夫人之为妻。'妇人曰:'愿为君妇,不耻贫贱。'永遂将妇人至。钱主曰:'本言一人,今何二?'永曰:'言一得二,理何乖乎?'主问永妻曰:'何能?'妻曰:'能织耳。'主曰:'为我织千匹绢,即放尔夫妻。'于是素丝,十日之内,千匹绢足。主惊,遂放夫妻二人而去。行至本相逢处,乃谓永曰:'我是天之织女,感君至孝,天使我偿之。今君事了,不得久停。'语讫,云雾四垂,忽飞而去。"

的期望是十分一致的。

四　画像石棺

相对于摇钱树和享堂壁画对整个家族共同价值观的表现，墓室中的画像石棺则是对每一个家庭成员的偏好和价值观的个性化表现。四川的很多东汉墓葬中都发现有多具棺木，有些如成都天回山3号崖墓的大型墓葬中则有多至十四具棺木。[1]同一座墓葬中的多具棺木往往由木头、陶土、红砂岩石等不同材质制成，红砂岩石制成的画像石棺上的画像也各不相同。一方面可能和不同家庭成员在家族中的不同地位有关，另一方面可能也和不同家庭成员的个人喜好有关。最能说明每一个享有自己棺木的家庭成员在家族墓葬中是一个相对独立个体的物证，是一种四川东汉墓葬中普遍发现的房型石棺或刻画有房屋结构的石棺。以成都青白江区出土的一具东汉画像石棺为例，棺盖被生动地刻画为木结构的屋顶，石棺周身刻画出住宅的门窗、檐壁等结构，还伴有看门狗、从虚掩的屋门中探出身来的人物等形象（见图6、图6）。[2]这些棺木本身所在的墓室一般为仿照木结构住宅开凿或搭建的石室，而位于这类石室当中的家族成员又拥有各自独立

图5　成都青白江区出土房形石棺
（引自成都文物考古研究所等《成都市青白江区大同磷肥厂工地汉墓发掘报告》，成都市文物考古研究所编《成都考古发现2008》，图版15-3）

图6　成都青白江区出土房形石棺一侧石刻画像拓片
（引自成都文物考古研究所等《成都市青白江区大同磷肥厂工地汉墓发掘报告》，成都市文物考古研究所编《成都考古发现2008》，图版17）

的房屋结构棺木。这一现象可能意味着整个家族的升仙通过房屋结构的石室墓进行，而家族成员个体的升仙更有赖于自己所在的房屋样式的棺木。

这样的画像石棺上的画像题材很多也源自历史故事，但相比享堂壁画较为单一地表现孝子故事，石棺上的故事题材则更加丰富多样。根据目前整理发表的四川东汉画像石棺统计，石棺上的故事题材主要

1　刘志远:《成都天回山崖墓清理记》,《考古学报》1958年第1期。

2　成都文物考古研究所等编著《成都市青白江区大同磷肥厂工地汉墓发掘报告》,成都市文物考古研究所编《成都考古发现2008》,科学出版社,2010,第292~367页。

有十种。[1] 其中包括秦始皇命人于泗水捞鼎的故事[2]，孔子会见老子的故事[3]，东海孝妇的故事[4]，列女梁高行的故事[5]，秋胡戏妻的故事[6]，季札挂剑的故事[7]，汉武帝封赏道士栾大的故事[8]，董永侍父的故事等。[9]

与汉代各地墓葬画像石刻的传统一致，四川画像石棺的画像选择也是出自一个既定的母题资源库。邢义田曾用"格套"一词来指代从样本库中选取适用的图像作为墓葬石刻题材的情况。[10] 四川地区的石棺画像内容应该也是受到样本库与墓主人个人价值观的共同影响。巫鸿指出虽然墓主人是从既定母题中选择现成的画像题材用来装饰墓葬，但墓主人对于特定题材的选择往往是结合自身的经历和价值取向的。[11] 例如，根据《后汉书》的记载，赵岐曾亲自设计自己的墓室，让人将自己的画像置于前朝著名贤臣与儒者的画像之间。这些贤臣儒者分别是子产、晏婴、叔向和季札。[12] 郦道元曾于 6 世纪参观过赵岐的墓室，并指出赵岐对墓室的设计表明了自己所推崇的道德观念。[13] 巫鸿提出赵岐在自己的墓室中选用季札的画像与他受过孙嵩恩惠的经历有关。赵岐曾于公元 158 年由于政敌的迫害到处逃亡。这期间，孙嵩为他提供了庇护与各种关照。而季札正是由于对朋友的仗义和忠诚而受到世人尊敬。因此，赵岐可能正是通过选用季札的画像而向恩人孙嵩致敬。[14] 虽然大部分汉代画像的墓主人的身世无从考证，但多元的画像题材选择应与墓主人结合自身价值观的个性化选择密切相关。

四川汉代画像石棺的一个重要画像题

1　高文:《中国画像石棺全集》，三晋出版社，2011。

2　高文:《中国画像石棺全集》，第 296~297、307、310~311 页。见于泸州 11 号石棺，长宁 5 号、7 号和 11 号石棺。

3　高文:《中国画像石棺全集》，第 412~413 页。见于新津的一处崖棺。

4　高文:《中国画像石棺全集》，第 412~413 页。见于新津的一处崖棺。

5　高文:《中国画像石棺全集》，第 152、187 页。见于新津的 1 号石棺和 13 号石棺。

6　高文:《中国画像石棺全集》，第 160~161、237~238、411、415 页。见于新津 4 号石棺与两座崖棺，射洪的一座石棺。

7　高文:《中国画像石棺全集》，第 237~238、320~321 页。见于射洪的一座石棺、泸州 16 号石棺。

8　高文:《中国画像石棺全集》，第 171、188~189 页。见于新津 8 号和 14 号石棺。

9　高文:《中国画像石棺全集》，第 354~355 页。见于合江 22 号石棺。

10　邢义田:《格套榜题文献与画像解释》，邢义田编《画为心声：画像石、画像砖与壁画》，中华书局，2011，第 92~137 页。

11　Wu Hung, *The Art of the Yellow Spring: Understanding Chinese Tombs*, London: Reaktion Books Ltd., 2010, p. 183.

12　（南朝宋）范晔:《后汉书》，中华书局，1965，第 2124 页。

13　（北魏）郦道元:《水经注》，中华书局，2007，第 798 页。

14　Wu Hung, *The Art of the Yellow Spring: Understanding Chinese Tombs*, p. 183;《史记》，第 1459 页。

材是西汉时期刘向所编的《列女传》中的
故事。其中最受欢迎的两个故事分别是秋
胡戏妻和梁高行的故事。这两个故事频繁
出现在四川各地的画像石棺上。秋胡戏妻
的故事中，秋胡离家赴京做官，一去就是五
年。秋胡归家时已经不记得妻子的长相，见
到路边正在采摘的妻子以为是陌生女子，随
口进行了调戏。秋胡的妻子厉斥了秋胡的行
径，指出秋胡作为一家之主和丈夫的失职，
随后投河自尽（见图7）。[1] 梁高行的故事则
是歌颂了梁国一名美丽的寡妇力拒国君和贵
族对她的追求，一心抚养子女的美德。[2] 这
两个故事的共同点在于颂扬女性对家庭的
责任感。虽然讲述的是与享堂中孝子主题
完全不同的故事，但本质上都是在宣扬维
系家庭完整和睦的重要性。只有保证家庭
的完整，才能确保子孙兴旺和家族香火世
代延续。

结　语

墓葬艺术的重要主题是关于生死观的
表达。而伴随着一代人的死亡的是下一代
的新生。墓葬艺术既是献给死者的艺术，
更是生者表达对于生命希冀的艺术。四川
的东汉墓葬艺术突出表达了生命生生不息
的本质，即家族文化在上一代逝去后由下
一代进行承传。要使得这种承传能够世代
延续，必须教育后人关于维护家庭关系的
重要道德守则。四川的墓葬艺术对于家庭
观念的高度重视应是源于这种认识，也和
东汉时期四川地区的居民历尽艰辛的家族
迁徙历史密切相关。

图 7　射洪出土石棺上秋胡戏妻与季札挂剑故事图像拓片
（引自高文《中国画像石棺全集》，第237页，三晋出版社，2011）

1　（汉）刘向：《列女传》，商务印书馆，1937，第68页。

2　（汉）刘向：《列女传》，第58页。

弋射补证[*]
——兼论不同材料的互证与"间性"

■ **徐志君**（南京大学艺术学院）

弋射主要通过弓弩发射系缴线的箭，仰射雁一类的飞禽，通过缴线的缠绕获取活的猎物。作为一种兼具娱乐和生产性质的活动，弋射在魏晋之前曾经流行了超过600年的时间，相关材料见于文献、器物、图像三个系统。以徐中舒1934年的《弋射与弩之溯源及关于此类名物之考释》为发轫，前人的研究于名物考证方面建树颇丰，已经能够较为完整地复原这一活动的大致面貌和兴衰轨迹。对于前辈的研究成果，本文不再赘述，谨对尚存疑问的细节作补充性的考证。

在爬梳前人研究成果的基础上，本文主要对于弋射的性质、衰亡时间等问题，就其材料和结论有疑问之处提出反思；对于弋射所使用的弓弩的射程、箭矢与地面遮蔽物的形制、缴线的材质等方面的研究提供了新的材料，进一步推进其探讨。同时需要说明的是，出于研究角度的侧重，在引用图像材料时，暂时搁置风格、制作手法等方面的考察。

另外，本文在撰写过程中，对图像、器物和文献三类材料采取平行梳理的方法，不仅尝试各类材料之间更为均衡的互证，而且关注到不同类的材料有时无法互证之处，即所谓"间性。"[1] 本文也希望通过对这种间性的揭示，指出不同材料无法相互印证的现象背后蕴藏的问题，使得对这一活动的探索保持开放性。

————

关于弋射的性质，大致有娱乐、生产两大类。最晚从战国开始，弋射就成为贵族中一项流行的娱乐活动，弋射图像出现

---

* 本文撰写过程中，蒙上海博物馆胡嘉麟先生见告图像细节，北京大学汉画研究所徐呈瑞、江苏理工学院邹轶泓制作图像，特此致谢。

1 "间性"一词，为北京大学汉画研究所朱青生教授授课时首先使用，用来说明材料之间相互矛盾、关系不明和不相干的情况。本文借用。

在青铜器上表现宴乐的场景中，见于著录的有[1]：

1 曾侯乙墓衣箱（漆器）[2]

2 故宫藏战国宴乐铜壶[3]

3 辉县琉璃阁 M76 战国狩猎纹铜壶[4]

4 成都百花潭战国铜壶[5]

5 凤翔高王寺形制、图像基本相同的铜壶 2 件[6]

6 平山三汲 M8101 铜豆盖（M8101：2）[7]

7 美国华盛顿弗利尔美术馆（Freer Gallery of Art, Washington, DC）藏战国铜"四耳猎盂"（徐中舒《古代狩猎图像考》有叙述，无图像）[8]

8 美国华尔特美术馆（Walters Art gallery, Baltimore, Maryland）藏形制、图像基本相同的铜豆 2 件[9]

9 卢芹斋旧藏狩猎纹铜壶（现藏地待考）[10]

10 尊古斋旧藏狩猎纹铜壶（现藏地待考）[11]

从已有的出土信息来看，这些器具均出土于王侯一级的贵族墓葬，所反映的活动也是这个阶层的礼乐和娱乐活动。这些曾经在中原和南方楚地流行的器皿上，弋射图像往往为整个宴乐场景的一部分，与文献中贵族爱好以弋射为娱乐的记载形成了互证关系：

> 及曹伯阳即位，好田弋。曹鄙人公孙强好弋，获白雁，献之，且言田弋之说，说之。因访政事，大说之。[12]

---

1 对于尚存争议的弋射图像，本文暂不收录，如有研究根据射猎者的姿势，判断上海博物馆藏宴乐铜杯上的射鸟图像为弋射。另外，对于新中国成立后的民间收藏，本文也暂未收录。相关材料参见胡嘉麟《秦始皇陵陪葬坑出土击筑俑考》，《形象史学》2016 年下半年刊，第 7 页，图 7；刘静《战国两汉狩猎图探析》，硕士学位论文，中央美术学院，2006；武红丽《东周画像铜器研究》，硕士学位论文，中央美术学院，2008。

2 湖北省博物馆：《曾侯乙墓》，文物出版社，1989，E.61，图 217。

3 刘静：《战国两汉狩猎图探析》，硕士学位论文，中央美术学院，第 13 页，图 15。

4 郭宝钧：《山彪镇与琉璃阁》，科学出版社，1959，图版 103。

5 四川省博物馆：《成都百花潭中学十号墓发掘记》，《文物》1976 年第 3 期，图版 2。

6 韩伟、曹明檀：《陕西凤翔高王寺战国铜器窖藏》，《文物》1981 年第 1 期，图版 6：4。

7 河北省文物研究所：《河北平山三汲古城调查与墓葬发掘》，《考古学集刊》5，中国社会科学出版社，1987，第 178 页，图 29。

8 陈梦家：《美帝国主义掠夺的我国殷周铜器集录》，科学出版社，1962，A843，第 1184~1186 页。

9 陈梦家：《美帝国主义掠夺的我国殷周铜器集录》，A271、A272，第 565~570 页。

10 〔日〕梅原末治：《战国式铜器之研究》，同朋社，1984，图版 87。

11 容庚、张维持：《殷周青铜器通论》，文物出版社，1984，第 120 页，图 103。

12 左丘明等：《春秋左传正义》，北京大学出版社，2000，第 1893 页。

（齐）景公好弋，使烛邹主
鸟而亡之。公怒，召吏欲杀之。[1]

荆庄王好周游田猎，驰骋弋
射，欢乐无遗。[2]

《左传》记载：曹伯阳爱好弋射狩猎，
公孙强投其所好，进而得到机会接近，成
功陈述自己的政治主张。《史记·楚世家》
也曾记载楚顷襄王也曾与善弋者论政。《晏
子春秋》中的记载较为戏剧化，真实性存
疑，但是像齐景公这样的王侯对弋射的爱
好由此可见一斑。

进入汉代，弋射活动的娱乐性仍然在
延续，史籍和文学作品中经常提及：

陛下秉至孝，哀伤思慕不绝
于心，未有游虞弋射之宴，诚隆
于慎终追远，无穷已也。[3]

单于弟於靬王弋射海上。
（苏）武能网纺缴，檠弓弩，於靬
王爱之，给其食。[4]

洪流响，渚禽惊。弋磻放，
稽鷁鹏。[5]

登豫章，简矰红，蒲苴发，

弋高鸿，挂白鹄，连飞龙。[6]

可以想见，在贵族间弋射作为一种娱乐活
动甚为流行。刘向（前77~前6）曾经写
过三篇弋射相关的赋，现在仅存篇目：《行
过江上弋雁赋》《行弋赋》《弋雌得雄赋》[7]，
可以看出汉代人不仅以弋射为乐，而且从
"弋雌得雄"的说法来看，似乎有针对性更
强的弋射活动。

在弋射活动流行的过程中，还曾形成了
理论总结。《晋书》卷五十一列传第二十一
记载：晋太康二年（281年）有人盗墓（时
传为战国时期魏襄王或安釐王墓），得竹书
数十车，其中有《缴书》两卷，论弋射之
法；《汉书·艺文志》记录有《蒲苴子弋法》
四卷，可惜这些理论著作都没有保存下来。

对于作为娱乐的弋射活动，文献中记
录了两种相反的态度。在一类文献中，弋
射常常作为奢华享乐的典型代表之一被列
举出来，成为批判的对象：

田猎驰骋，弋射走狗，贤者
非不为也，为之而智日得焉，不
肖主为之而智日惑焉。志曰："骄

1　张纯一：《晏子春秋校注·外篇》，世界书局，1935，第191页。

2　许维遹：《吕氏春秋集释·情欲》，中国书店，1985，第11页。

3　（汉）班固：《汉书·匡张孔马列传》，中华书局，1962，第3341页。

4　（汉）班固：《汉书·李广苏建列传》，第2463页。

5　（晋）左思：《三都赋·吴都赋》，载严可均《全上古三代秦汉三国六朝文》，中华书局，1958。

6　（汉）张衡：《西京赋》，载费振刚《全汉赋》，北京大学出版社，1993，第418页。

7　费振刚：《全汉赋》，第159页。

惑之事，不亡奚待？"[1]

《吕氏春秋》中的这段议论似乎将弋射看成一种中性的活动，其好坏取决于做这件事的人。但议论开始的前提，侧面反映了时人对弋射田猎这类活动的一般态度，整段话也暗含褒贬。在另外一些文献中，则较为直接地批判了作为享乐的弋射：

（晋文公）还车反，宿斋三日，请于庙曰："孤少牺不肥，币不厚，罪一也；孤好弋猎，无度数，罪二也；孤多赋敛，重刑罚，罪三也。"[2]

（富贵之家）子孙连车列骑，田猎出入，毕弋捷健。[3]

在这类文献中，弋射与其他一些奢华的享乐并列，造成了不良的社会影响，成为应该被遏止的对象。

而在另一种传统中，当弋射不再与国家治理等社会事务联系在一起时，它又保持着某种积极意义。丛文俊注意到《论语》中孔子"钓而不纲，弋不射宿"的记载，指出士人通过弋射保持身心的修养，弋射

活动本身也就成了一种有益的活动。魏晋时期，随着老庄思想的复兴，曾经作为奢华享乐被批判的弋射完全反转为一种与世俗事务保持距离的生活方式的代表。《晋书》记载：

（王）羲之既去官，与东土人士尽山水之游，弋钓为娱。[4]

（桓石秀）性放旷，常弋钓林泽，不以荣爵婴心。[5]

在这两段记载中，"弋钓"与"荣爵"形成了对应的两组概念，代表相反的生活方式和人生态度，弋射也几乎从"贤者不为"的活动变成了贤者生活的标志之一。

弋射的另一主要性质是生产，其目的不仅是获得食物，而且与礼仪联系在一起。《史记·货殖列传》在总结时，明确指出包括弋射在内的狩猎活动非常辛苦和危险，目的就是获得美味：

弋射渔猎，犯晨夜，冒霜雪，驰坑谷，不避野兽之害，为得味也。[6]

1 许维遹：《吕氏春秋集释·贵当》，第14页。

2 （汉）刘向：《新序全译·杂事二》，李华年译注，贵州人民出版社，1994，第51页。

3 （汉）桓宽：《盐铁论校注》，王利器校注，中华书局，1992，第121页。

4 （唐）房玄龄等：《晋书·王羲之传》，中华书局，1974，第2101页。

5 （唐）房玄龄等：《晋书·桓石秀传》，第1945页。

6 （汉）司马迁：《史记·货殖列传》，中华书局，1959，第3271页。

汉代的弋射图像大都出现在成都的画像砖（见图 6）中，弋射收获图像在成都平原及附近地区出土 10 例左右：成都扬子山 1 号砖石室墓[1]，成都扬子山 2 号砖室墓[2]，成都扬子山 10 号砖室墓[3]，成都昭觉寺砖室墓[4]，成都曾家包 2 号砖石室墓[5]，成都市西门外墓。[6] 此外，根据罗二虎在新津县文管所和大邑县文管所的考察，新津和大邑也出土过同类画像砖。这类画像砖流行的年代为东汉晚期，下限可能到蜀汉前期。罗二虎的文章认为这种画像题材是当地"民食稻鱼"现实生活的反映，与家禽养殖、经济植物、丝麻纺织、狩猎活动、井盐生产等一起反映了当时生活生产情况。[7]

> （汉元帝初元二年）诏罢黄门乘舆狗马，水衡禁圄……严籞池田假与贫民。颜师古注引晋灼曰："严籞，射苑也。"许慎曰：严，弋射者所蔽也。池田，苑中田。[8]

很显然，原本属于禁苑的一些区域，在特定的时刻会向平民开放，允许他们进行生产性质的狩猎活动。这一点在出土文献中也得到验证：胡平生的研究认为，在禁苑有甬道和垣墙，垣墙之外有一片隔离地带，根据龙岗秦简的记载，这片隔离地带为四十里。平常甬道和垣墙外的隔离区域禁止百姓狩猎，如果违反，则会受到惩罚；但是在灾荒来临等某些特殊情况下，允许平民弋射狩猎。[9]

另外，作为一种生产活动，弋射不仅仅与食物联系在一起。在社会交往中，由于弋射获得活禽，其猎物又具有更加丰富的文化内涵：

1 于豪亮：《记成都扬子山一号墓》，《文物参考资料》1955 年第 9 期，第 70 页。冯汉骥：《四川的画像砖墓及画像砖》，《文物》1961 年第 11 期，第 35 页。

2 重庆市博物馆：《重庆市博物馆藏四川汉代画像砖选集》，文物出版社，1957，第 86~87 页。冯汉骥：《四川的画像砖墓及画像砖》，《文物》1961 年第 11 期，第 35 页。

3 重庆市博物馆：《重庆市博物馆藏四川汉代画像砖选集》，第 88 页。冯汉骥：《四川的画像砖墓及画像砖》，《文物》1961 年第 11 期，第 35 页。

4 刘志远：《成都昭觉寺汉画像砖墓》，《考古》1984 年第 1 期，第 63 页。

5 陈显双：《四川成都曾家包东汉画像砖石墓》，《文物》1981 年第 10 期，第 25 页。

6 闻宥：《四川汉代画像选集》，中国古典艺术出版社，1956，图 72。

7 罗二虎：《"弋射收获"画像考》，《民族艺术》2009 年第 2 期，第 92~99 页。

8 班固等：《汉书·元帝纪》，第 281~282 页。

9 参见胡平生《云梦龙岗秦简〈禁苑律〉中的"耍"（墙）字及相关制度》，《江汉考古》1991 年第 2 期，第 61~63 页。胡平生《云梦龙岗秦简考释校证》，《简牍学研究》，1997，甘肃人民出版社，第 56~70 页。

弋，缴射也。言无事则往弋
射凫雁，以待宾客为燕具。[1]

用来招待宾客的野鸭与大雁，虽然也是食物，但是参与了某种礼仪性质的交往活动，具有更加丰富的文化含义。宋兆麟也曾指出过，雁尤其是活雁一类弋射猎物与礼聘、祭祀的关系，因此弋射也间接地与礼仪活动联系在一起[2]，也提示我们获取食物并不是作为生产活动的弋射的唯一目的。

二

产生与衰亡时间是弋射发展的两个关键节点，关于弋射活动的出现时间，主要有新石器时代、商代两种主要观点。徐中舒曾经指出，商代甲骨文中已有象弓弩矰缴形的文字：弗、叔、吊、夷、雉、陕诸字都与弋射相关[3]，因此推测从商代开始已有弋射活动。丛文俊沿徐中舒文的思路，对甲骨文和金文中可能与"弋"字相关的字做了梳理，并结合人类学研究的成果，推测弋射是在捕猎投掷器的基础上发展而来[4]，因此将弋射出现的时代前推至新石器

时代。宋兆麟从考古材料出发，也认为弋射产生于新石器时代。[5]

关于弋射的衰落，徐中舒认为在东晋时，其所依据材料为西晋《射雉赋》序言及其注释。潘岳《射雉赋序》云：

余徙家于琅琊，其俗实善射，聊以讲肄之余暇，而习媒翳之事，遂乐而赋之也。徐爰注云：媒者，少养雉子，至长狎人，能招引野雉，因名为媒。翳者，所隐以射者也。晋邦过江，斯艺乃废，历代迄今，寡能厥事；当览斯赋，昧而莫晓，聊记所闻，以备遗忘。[6]

这段文字较为明确地提供了射猎之事衰落的时间，徐中舒推论在潘岳（约3世纪末）生活的西晋至徐爰（约5世纪中）生活的刘宋百余年时间内，弋射之事逐渐衰落。后代学者也都沿用此说。

综合各类材料，东晋之后没有再发现弋射相关的实物和图像，徐中舒的结论应该无误，但其所依据材料仍然有值得商榷之处。首先从射猎对象来看，潘岳的这篇赋文所描述之事为射雉。雉鸡属雉科，善

1　（汉）毛亨等：《毛诗正义》卷4，北京大学出版社，1999，第345页。

2　宋兆麟：《战国弋射图像及弋射源流》，《文物》1981年第6期，第77页。

3　徐中舒：《弋射与弩之溯源及关于此类名物之考释》，《徐中舒历史论文选辑》，中华书局，1998，第447~481页。

4　丛文俊：《弋射考》，《青果集——吉林大学考古专业成立二十周年考古论文集》，知识出版社，1993，第220~232页。

5　宋兆麟：《战国弋射图像及弋射源流》，《文物》1981年第6期，第77页。

6　（南朝梁）萧统：《文选》，李善注，中华书局，1977，第139页。

于奔跑，不喜长时间飞行，飞行高度通常在 5 米以下，这些都不符合弋射对象的特点。弋射的对象是高飞的禽类，《子虚赋》列举了白鹄、驾鹅、鸹（乌鸦）、玄鹤四种鸟[1]，颜师古注解："以缴系矰仰射高鸟，谓之弋射"[2]，《女曰鸡鸣》记载："将翱将翔，弋凫与雁"，因此并非所有飞鸟都适合弋射获取。弋射的主要对象野鸭与大雁都属于体型较大的鸟类[3]，它们拥有长长的脖子，在水边栖息，飞行缓慢。这些特点使得弋射的猎手能够在射猎地点预先准备，预判其飞行路径，在合适的高度实施弋射。因而《射雉赋》中描述的射猎是否适用于弋射存疑。

另外，潘岳文中提到两件射猎的辅助物"媒"与"翳"，与弋射的关系也存疑。关于"媒"，根据目前所见材料，无法判断弋射中是否使用人工养殖的动物作为诱饵。关于用于射手隐蔽的"翳"，徐文不知是否受到段玉裁的启发，将其等同于籖。[4]从功能角度来看，射雉之"翳"与弋射中的遮蔽物相似，但是否为同一物，本文认为仍然应该持更加审慎的态度。由于该类物件多为易朽材料所制，因此很难在考古中发现。在图像材料中，山东孝堂山石祠

图 1 孝堂山石祠西壁中的射雉场景

西壁的狩猎场景中描绘了一人射雉的画面（见图 1）。整个射雉场景由两部分组成：右边一人为猎手，蹲于一网状物后引弓欲射；左边一雉鸡展翅振立。由于潘岳描写的射雉活动本发生在山东，因此孝堂山图像的地点和场景，都似乎完美地契合了《射雉赋》序言中的相关叙述。猎手身前之物起到了隐蔽的作用，也与文中所言之"翳"相符。但是在目前的图像材料中仅见此一例，尚未见相关研究深入探讨，因此本文仅提示于此，不做进一步推测。

综上所述，《射雉赋》所言射猎与弋射的区别已经较为明显，故这篇赋文所能提供的信息与弋射衰落时间之间的联系，也值得再思。

关于弋射衰落的原因，徐中舒认为弋

1　（汉）毛亨等：《毛诗正义》卷 4，第 344 页。

2　（汉）班固：《汉书·司马相如传》，第 2543 页。

3　体型较小的鸟类也可以弋射，但不是主要和典型对象。参见楚顷襄王与猎者的对话。司马迁《史记·楚世家》，第 1730~1731 页。

4　段玉裁将《说文解字》中弋射所隐蔽之物解释为射雉之翳。

射源于黄河流域中原地区，晋东渡后，其风俗无法在江南流行，所以逐渐消亡。沈从文认为弋射的衰落与铜镞的成本有关，从战国到汉代前期，一个铜镞的价值比一只雁、鹅、鱼值钱，所以镞需要回收。而到了汉代，普遍使用的铁镞造价相对低廉，不用考虑回收。另外，猎鸟捕鱼工具又有了多样化的发展，弋射由此衰落。[1] 从目前各地出土的材料来看，这两种说法似乎都有商榷的余地。

有一些材料显示，唐人对弋射已经陌生。丛文俊注意到贾公彦将"刉罗之"解释为"结缴以罗罝而刉杀之"，混淆了弋射与其他种类的网捕。[2] 贾峨的文章[3]列举了唐墓中与田猎相关的俑和壁画，对比了文献记载，唐代皇家关于狩猎的诏文中，虽然使用"弋猎"一词，但似乎是一种泛指，并没有更多材料显示唐代出现过弋射活动。

但另一方面，如果据此认为唐代之后人们无法正确知晓弋射活动，则过于武断。在唐六臣所注《文选》中曹植《七启》赋文中，可以看出他们对于弋射仍然有正确的理解：

> 芳饵沉水，轻缴弋飞，落翳

云之翔鸟，援九渊之灵龟。唐开元时期李周翰注：缴，弋射也，翳，云高也。[4]

扬雄《法言》中有："鸿飞冥冥，弋人何所慕焉"句，李善在注解时引用汉魏之际宋衷"慕者，取也。鸿高飞冥冥薄天，虽有弋人执矰缴何所施巧而取焉"。刘良注言："鸿，水鸟也。冥冥，高也。慕，取也。言鸟飞既高，弋射者何所取，言隐者深居以避祸患矣。"[5] 说明唐代人对弋射还是有正确的了解的。《宋史》记载，宋理宗绍定五年（1232），真德秀在面见皇帝时劝说：

> 仪狄之酒，南威之色，盘游弋射之娱，禽兽狗马之玩，有一于兹，皆足害敬。[6]

其中关于"弋射"的态度，基本与魏晋之前文献的记载相似，虽然不能就此确定弋射是否仍然作为贵族的娱乐项目小范围地存在，但是可以推断当时的人对于弋射还有一定的了解。

另外，唐宋以来的文学作品中也有对于弋射的描写。刘秉果的研究还注意到唐

---

1 沈从文：《中国古代服饰研究》，商务印书馆，2011，第108~109页。

2 丛文俊：《弋射考》，《青果集——吉林大学考古专业成立二十周年考古论文集》，第222页。

3 贾峨：《唐代的畋猎弋射与丝绸之路》，《华夏考古》1991年第2期，第81~89页。

4 （南朝梁）萧统等：《六臣注文选》，中华书局，1987，第467页。

5 （南朝梁）萧统等：《六臣注文选》，第944页。

6 （元）脱脱等：《宋史·儒林传七真德秀》，中华书局，1977，第12964页。

代文学作品对弋射的描绘，如唐代张九龄《感遇》："今我游冥冥，弋者何所慕"诗句。[1] 在此之后，金末元初的李献能《四皓图》诗云："弋缯安足致冥鸿，自是兼怀翊赞功。"清初顾炎武《寄次耕时被荐在燕中》诗："孤迹似鸿冥，心尚防弋缯。"虽然该诗中的弋射是引用《法言》作为典故，但也在一定程度上证明后代并没有随着时间推移而对弋射一无所知，或完全理解错误。

三

以往的研究中，对弋射的重要组成——射猎者——研究较少[2]，对弋射器具的考证占据了绝大部分。弋射所用工具主要由三个部分组成：弓弩、箭矢、缴线及绕缴装置，其他还包括射猎者的隐蔽物等辅助器物。新中国成立以来考古发掘的成果，为文献中记载的很多器具（如箭镞和地面绕缴装置等）提供了直观和具体的佐证。但是很多时候由于依据的材料不同，一些问题仍有探讨的余地。本节主要梳理学界对弋射各部分工具的认识，并在前人研究成果的基础上，就其中蕴含的问题分别进行补充性的分析。

弓弩

对弓弩的研究主要有强弓和弱弓之分歧，由此牵涉到弓弩的形制，弋射的高度等问题。从目前的各类材料来看，无法对弓弩的形制做进一步探究[3]，本文就弋射的高度做一些考察。有一类文献记载弋射是在高空完成，因此需要良弓：

> 善弋者下鸟乎百仞之上，弓良也。[4]
>
> 蒲且子连鸟于百仞之上。[5]
>
> 范氏之发机兮，播纤缴以凌云，挂微躯之轻翼兮，忽颓落而

1　刘秉果：《以弋射消闲的孔丘》，《体育与科学》1994 年第 3 期，第 20 页。

2　主要研究为关于秦始皇陵 K0007 坑的俑是否为弋射俑。参见陕西省考古研究所等《秦始皇陵园 K0007 陪葬坑发掘简报》，《文物》2005 年第 6 期，第 16~39 页。焦南峰《左弋外池——秦始皇陵园 K0007 陪葬坑性质蠡测》，《文物》2005 年第 12 期，第 44~51 页。罗明《秦始皇陵园 K0007 陪葬坑弋射场景考》，《考古》2007 年第 1 期。胡嘉麟《秦始皇陵陪葬坑出土击筑俑考》，《形象史学》2016 年下半年，第 3~16 页。另外，丛文俊根据《韩非子·外储说左上》中"卫人佐弋"的故事来推测佐弋的行为，此说未注意到《韩非子》这段文字是对错误的捕猎行为的描述，文中的"佐射"的动作也与其他一些愚蠢的行为并列，是《韩非子》讽喻的对象，因此恐不能据此推断弋射中佐弋的实际工作。参见丛文俊《弋射考》，《青果集——吉林大学考古专业成立二十周年考古论文集》，第 226 页。

3　有研究认为，由于弋射很可能在低空完成，所以弋射所用弓可能比正常尺寸要小，并认为曾侯乙墓出土的一种小竹弓，制作精巧，外髹黑漆，可能为墓主生前弋射用。曾侯乙墓共出土 55 件弓，其中 54 件长度在 115~130 厘米；徐、宋二位推测为弋射所用的这件竹弓（考古报告编号 N.78）是唯一一件长 55 厘米的弓。另外，徐中舒后认为弋射均用弩，将古籍中涉及弋射的弓皆解释为弩。这一点在宋兆麟的研究中已经纠正。参见徐中舒《弋射与弩之溯源及关于此类名物之考释》，《徐中舒历史论文选辑》，第 451 页。宋兆麟《战国弋射图像及弋射源流》，《文物》1981 年第 6 期，第 77 页。湖北省博物馆《曾侯乙墓》，文物出版社，1989，第 296 页。

4　许维遹：《吕氏春秋集释·功名》，第 17 页。

5　刘文典等：《淮南鸿烈集解·览冥训》，中华书局，1989，第 194 页。

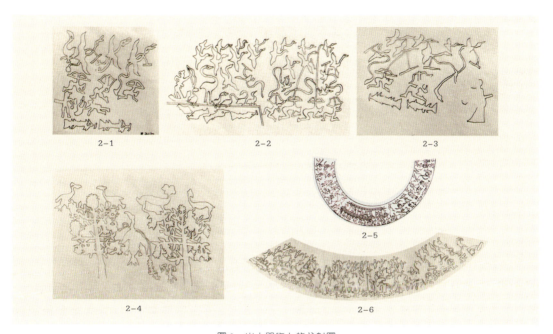

图 2　出土器物上的弋射图

2-1 弗利尔藏盂，2-2 故宫藏壶，2-3 华尔特藏 A271 豆，2-4 曾侯乙墓衣箱，2-5 三汲 M8101：2，2-6 高王寺窖藏器

离群。[1]

另一类文献记载弋射用弱弓：

> 楚人有好以弱弓微缴加之归雁之上者。顷襄王闻，召而问之。[2]
> 往体多，来体寡，谓之夹臾之属，利射侯与弋。[3]

尤其值得注意的是，《考工记》的记载中，郑玄、孙诒让等注疏均言弋射为近射，用弱弓；丛文俊的研究通过对文献资料的分析，认为射雁的时机为起飞与降落时[4]，所以不会很高。从图像资料来看，除了南阳画像石上的弋射没有明显的参照物，无法判断鸟类飞行高度之外，高王寺、弗利尔美术馆藏、故宫藏青铜器、成都地区的画像砖上的弋射图像下方均能看到鱼的图像，弋射应该在水边，禽鸟都有较为明显的上冲的姿势，应该是起飞后不久，不会很高（见图 2）。另外，琉璃阁铜壶、成都百花潭铜壶、尊古斋所藏铜壶上的弋射虽然没

1　（三国）曹植：《缴离雁赋》，载严可均《全上古三代秦汉三国六朝文》（二），第 1129~1130 页。

2　（汉）司马迁：《史记·楚世家》，第 1730 页。

3　顾莉丹：《〈考工记〉兵器疏证》，博士学位论文，复旦大学，2011，第 172 页。

4　丛文俊：《古代弋射与士人修身》，《中国典籍与文化》1995 年第 4 期，第 35~39 页。

图3　铜壶上的弋射图
3-1 琉璃阁 M76 出土铜壶，3-2 成都百花潭出土铜壶，3-3 尊古斋藏壶

有具体背景参考，但是鸟类也明显呈起飞的姿态（见图3）；曾侯乙墓衣箱上弋射图像中的鸟在树木间（见图2-4），高度可能与上面所举几例相当。这些图像材料似乎可以佐证大部分弋射是在低空进行的。

迄今为止，文献中的记载其实无法具体区别弋射的"高"与"低"，所言"百仞"150~160米（按一尺23厘米计算），基本为虚指，不足征信。以往的研究忽视的一点是，弋射所用弓弩的射程与缴线的长度直接相关，由于缴线发现较少，因此相关数据尚未被细致分析。曾侯乙墓出土的20个缴线轴，最大的12号上端直径5.4（下文未做特别标注者，长度单位均为厘米），下端直径4.7，最小的13号上端直径5.2，下端直径4.4。9号线轴的尺寸应该在这之间，其上"有铅锡弹簧210段，穿缀这些弹簧的丝线径总粗0.2，长

820"。[1] 由缴线的总长度可以推测，弋射所射箭矢的飞行高度，比正常箭矢短很多。

此外，缴线轴的大小也能间接反映缴线的长度。一些缴线轴没有较好地保存缴线，或是考古报告没有缴线具体长度的记载，可以从相关数据对缴线长度做大致推算。邗江姚庄101号墓头箱出土缴轴3件，标本 M101:14 用整木刳成，外圆中空，一头有铜质圆铤插于轴孔内，外髹黑漆，边缘部分饰有朱漆绘的旋齿纹。木胎，直径3.8，长11。轴上绕数百圈麻线。[2] 根据轴径可算出其周长11.9，每百圈线大约12米，即使"数百圈"也不会是一个很大的数值。曾侯乙墓，襄阳蔡坡、江陵溪峨山、江陵雨台山、长沙浏城桥等地的楚墓，扬州邗江胡场和姚庄的西汉墓共出土缴线轴100件左右（张敏的研究还注意到湖北江陵雨台山楚墓原报告记有8座墓共出土

1　湖北省博物馆：《曾侯乙墓》，第451页。

2　扬州博物馆：《江苏邗江姚庄101号西汉墓》，《文物》1982年第2期，第25页，图版6：2。

26 件缴线轴，但墓葬登记表中记载 7 座墓共出土 24 件缴线轴[1]），直径均在 3.5~5.5。从现存的缴线情况来看，缴线长度不会是一个很大的数值。这也证明了弋射所用弓弩的射程要小于正常值，因此有学者不赞同《考工记》注释中郑、孙的理解，认为弋射为远射[2]的观点恐不能成立。

箭矢

现在很难见到完整的弋射用箭，根据考古发掘的箭镞，鉴别何种为弋射所用箭，成了以往研究的主要分歧。关于弋射用矢的观点主要分为两类[3]，一类以宋兆麟为代表，认为弋射镞要有环纽和倒刺，而长身圆柱形镞为礼射或习射用[4]，陈春慧[5]、陈明远、赵富学[6]等人基本持同类观点。另一类以安志敏[7]、丛文俊、袁艳玲[8]为代表，认为长身无锋镞为弋射用镞（见图 4）。本文基本赞同后一种判断，但是对于是否所有无锋镞都用于弋射，本文提示另外两种可能性。

陈星灿注意到从新石器时代开始，无锋的石镞就已经出现，可能是以猎取毛皮为目的的狩猎工具[9]，而非用于弋射。考古发掘的实例有：4000 多年前龙山文化时期的石镞和骨镞；河南临汝（今汝州）煤山遗址出土石镞，编号 75LMT25：B3、编号 75LMT19③：1[10]，这几例镞都是圆铤圆头。此外，陈星灿从人类学角度、联系古埃及、南美亚诺马米印第安人等族群对非尖头镞的使用，指出了安阳博物馆保存的商代圆头镞与河南龙山文化的发现类似。在新疆民丰尼雅遗址出土的 4 支圆箭（M8：15）全长 80~81 厘米，箭镞都呈前端略大后部略小的圆形。这类箭过去在新疆的汉晋时代遗址屡有发现。[11] 孙机也曾经推测满城汉墓出土的钝头镞，顶端包有铅基合金，可能为捕猎贵重皮毛所用，而不是弋

1　张敏：《东周时期的矢与射——以三晋两周地区考古所见为例》，《文物世界》2008 年第 3 期，第 18 页，注 35。

2　参见顾莉丹《〈考工记〉兵器疏证》，博士学位论文，复旦大学，2011，第 173 页。

3　本文暂时忽略学界对于某些具体器物的功能辨识的分歧，丛文俊认为殷墟妇好墓出土一件铜质棒槌形器，襄阳蔡坡 12 号墓出土 18 件圆杆有铤铜器不便于手动绕缴，也不便于与其他器械配合卷收，可能为弋射的镞。另外，在袁玲艳的论文中，雨台山 M89、M159 的缴线轴被认为是镞。参见中国社会科学院考古研究所《殷墟妇好墓》，文物出版社，1980，第 208 页。

4　郭宝钧首倡"芯矢"说，但同时也认为有可能是弋射所用矢，并注明一镞铤上有小环，适合系丝，参见中国科学院考古研究所《山彪镇与琉璃阁》，科学出版社，1959，第 28 页，图版 27：3。

5　陈春慧：《矰矢、恒矢、绕缴轴——兼与何驽先生商榷》，《文博》1998 年第 6 期，第 50~53、65 页。

6　赵富学：《弋射探》，《体育文化导刊》2008 年第 7 期，第 120~122 页。

7　安志敏：《河北省唐山市贾各庄发掘报告》，《中国考古学报》第六册第 1~2 分合刊，中国科学院，1953。

8　袁艳玲：《楚地出土平头镞初探》，《江汉考古》2008 年第 3 期，第 48~53 页。

9　陈星灿：《上古以皮毛为目的的渔猎工具》，载《考古随笔》，文物出版社，2002，第 10~12 页。

10　中国社会科学院考古研究所河南二队：《河南临汝煤山遗址发掘报告》，《考古学报》1982 年第 4 期。

11　陈星灿：《再说古代的非尖头镞》，载《考古随笔》，第 13~16 页。

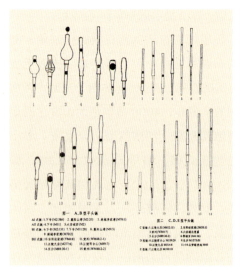

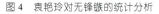

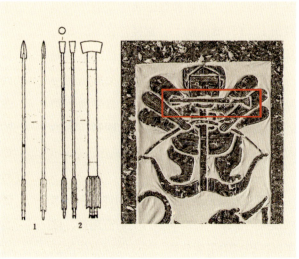

图 4　袁艳玲对无锋镞的统计分析　　　　图 5　秦始皇陵一号铜车马坑出土的矢与沂南汉墓"蹶张"平头矢

射所用。[1] 此类饰有金属花纹的箭早在战国时期就曾出现，如：襄阳山湾 M2 与六安九里沟的平头镞，镞头阴刻花纹。淅川下寺 M2 的一件镞头包有金箔。另外，新疆还出土过骨制的头部很大的镞，像一个紧攥的拳头，圆钝而有棱角。[2]

另外，墓中出土的平头镞也可能与压胜之类墓葬的特殊功能相关。秦始皇陵车马坑出土的无锋青铜镞和沂南汉墓无锋镞的图像，根据无锋的特征，有学者将这两例视为弋射用矢。程刚认为沂南汉墓"蹶张"所含平头矢为弗矢[3]，秦始皇陵陪葬坑出土铜车马中有两类矢，一种与沂南相似（见图 5）。[4] 冉万里认为秦始皇陵一号坑铜车马车舆中的铜箭箱内的 4 枚圆镞矢（总 54 枚，其中 50 枚为尖镞），可能是弋射用矢；并进而推论一号铜车马表示秦始皇外出狩猎的田车。[5] 但是考虑到更多因素，如沂南的无锋镞为门区的"蹶张"口中所含，整个墓中画像并没有弋射或狩猎场景。根据画像石墓的一般规律，此类图像多用于辟邪。可惜关于平头镞的这类功

1　孙机:《汉代物质文化资料图说》，文物出版社，1991，第 76 页。

2　柳用能:《新疆古代文明》，新疆美术摄影出版社，1999，第 19 页。

3　程刚:《缴射新证》，《考古与文物》2012 年第 2 期，第 56~59 页。

4　陕西省秦俑考古队:《秦始皇陵一号铜车马清理简报》，《文物》1991 年第 1 期，第 12 页。

5　冉万里:《由弋射之矢看秦始皇陵车马坑》，《大众考古》2015 年第 1 期，第 41~44 页。

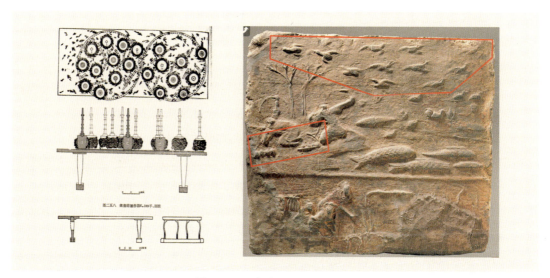

图 6　四川画像砖中的缴与绕线装置

能，目前尚未见到专门的研究，另待专文讨论。

缴与缴线装置

缴以及地面的缴线工具是弋射成立的关键组成部分，曾侯乙墓出土实物以及四川画像砖中的形态（见图 6）是这类器具迄今所见最复杂的形态，之前经历了较长的发展过程。相关器物长沙浏城桥 1 号墓（《长沙楚墓》编号 M89）、曾侯乙墓（约前 475~ 约前 433）、襄阳蔡坡 12 号墓（18 件，完整的通长 15，有弹簧伴出，报告记录较简单无更多信息）[1]、江陵溪峨山 2 号及 7 号墓（M2 出土 4 件，M7 出土 10 件）[2]、邗江胡场 5 号汉墓（汉宣帝本始三年公元前 71 年，17 件，通长 16.1~17.1，径 3.5）[3]、江苏邗江姚庄 101 号西汉墓[4] 都有出土。孙机、何驽、谭白明诸位先生[5]就器物形态、发展过程、如何使用做了较为完整的研究。本文仅就缴线的材质做一点补充。

文献记载的缴线为生丝：

1　襄阳首届亦工亦农考古训练班：《襄阳蔡坡 12 号墓出土吴王夫差剑等文物》，《文物》1976 年第 11 期，第 65~71 页，图版 4。

2　杨定爱：《江陵溪峨山楚墓》，《考古》1984 年第 6 期，第 515~527 页。

3　王勤金、吴炜、房宁、张容生：《江苏邗江胡场五号汉墓》，《文物》1981 年第 11 期，第 16 页，图 34。

4　印志华、李则斌：《江苏邗江姚庄 101 号西汉墓》，《文物》1982 年第 2 期，第 19~43 页，图版一至七。

5　参见谭白明《曾侯乙墓弋射用器初探——关于曾侯乙墓出土金属弹簧与"案座纺锤形器的考释"》，《文物》1993 年第 6 期，第 83~88 页。孙机《汉代物质文化资料图说》，第 78 页。何驽《缴线轴与矰矢》，《考古与文物》，1996 年第 1 期，第 46~48 页。何驽还提及江陵马山一号楚墓出土有缴线轴，但是考古报告未见记载，参见湖北荆州地区博物馆《江陵马山一号楚墓》，文物出版社，1985。

好弋者先具缴与矰。高诱注：
缴，大纶（细丝绳），矰，短矢。
缴所以系者，缴射之注飞鸟。[1]

师古曰缴射，生丝缕也，可
以弋射。[2]

这在出土实物中可以验证，曾侯乙墓、浏城桥一号墓都曾出土生丝绕于线轴上。但是，雨台山楚墓出土的缴轴上缠绕为麻线[3]，说明除了生丝之外，麻线也用于弋射。这是考古材料对文献记载的一点补充。

遮蔽物：廪与翳

在弋射活动中，猎手往往可以利用地形环境因地制宜隐蔽自己，但文献记载，也有一类人工建造的、专门的隐蔽之所。在战国青铜器表现贵族生活的图像材料中，暂未辨识出此类器物。文献中记载这类器具有不同名称：

（籭），弋射者所蔽者也。段
玉裁注：此即射雉之翳也。亦谓
之廪。《广雅》廪作槏。[4]

（鸿鹄）不知弋者选其弓弩，
修其防翳，加矰缴其颈，投乎百
仞之上，引纤缴，扬微波，折清

风而殒，故朝游乎江河，而暮调
乎鼎俎。[5]

另外一些文献称为"廪"，《管子·戒篇》有桓公弋在"廪"的记载，《韩非子·外储说》有用"谨廪"来比喻治国之道的记载（意为弋射的猎手在"廪"中以一双眼观察群禽，群禽却有数百双眼睛来观察猎手，这跟国君与民众的关系相似，因此国君需要像"廪"中的猎手一样特别谨慎）。

学界目前关于这类器具的探讨集中在形态方面，一类观点以徐中舒等学者为代表，认为这类器具为人为搭建，用竹或葭苇等材料制成，故其色葱翠。[6]徐文依据为《射雉赋》中"尔乃擎场拄翳，停僮葱翠"的注解：

徐爰注云：擎者开除之名
也，今伧人通有此语，射者闻有
雉声，便除地为场，拄翳于草；
停僮，翳貌也，葱翠，翳色也。
拄，株庾切。翳上加木枝，衣之
以叶，上则萧森，下则繁茂，而
实绸缪轻利也。婉转绸缪之称。
料庚，小而彻也，厌蹑，重而密
也。翳外观密致而与草木无别，

1　刘文典等：《淮南鸿烈集解·说山训》，第545页。

2　（汉）班固：《汉书·李广苏建列传》，第2463页。

3　湖北省荆州地区博物馆：《江陵雨台山楚墓》，文物出版社，1984，107页。

4　（清）段玉裁：《说文解字注》，中华书局，2013，第200页。

5　（汉）刘向：《新序全译·杂事二》，李华年译注，贵州人民出版社，1994，第60~61页。

6　徐中舒：《弋射与弩之溯源及关于此类名物之考释》，载《徐中舒历史论文选辑》，第474页。

内视洞彻多所睹见也。此以上序
翳之形饰。李周翰（唐太宗年间
人）注曰：乃除其场拄其翳以待
野雉，停僮葱翠，翳形尔。[1]

另一类观点以丛文俊为代表，引《射
雉赋》注解中对"翳"的描述："外观密
致，与草木无别，内视洞彻，多所睹
见"，认为翳与虡实为一物多名，不是一般研究
者认为的体型庞大之所，而是曾侯乙墓衣
箱图案上弋者所处的坑谷。文章还批判了
宋兆麟文将《山海经·海内西经》（夏后
启）"左手操翳，右手操环"中的"翳"理
解为随身携带的遮蔽物的观点。丛文俊认
为此两句为乐舞之相，与弋射无关。[2]

本文认为，由于文献中的记载较为有
限，在缺乏图像和实物材料的佐证下，很
难对弋射中遮蔽物的形制做出进一步判断。
《射雉赋》的注解很多由唐人完成，上文已
经指出，弋射活动很可能其时已经消亡，
唐代人在多大程度上了解弋射中使用的辅
助性器具也存疑。另外，上文中关于箭矢、
缴线轴等器物的分析已经揭示出：即使在
同一时期，器具本身也可能有多样性，而
在使用过程中，这种多元并存的情况则更
为复杂。同时，基于本文第一节的分析，
一个可能尚未被关注的事实是不同类的狩
猎活动中都有可能使用遮蔽物，弋射中使
用的器具只是其中的一类：

田猎罝罘、罗网、毕翳、喂
兽之药，毋出九门。郑注：翳，
射者所以自隐也。[3]

现存的材料和研究已经能够确认，弋
射活动只是众多狩猎活动中较为特殊的一
类，其受狩猎对象和工具的影响较大。如
果在没有多种材料证明的前提下，将《广
雅》和《月令》中记载的这类器具与弋射
活动建立较为紧密的论证关系，很可能有
失偏颇。

四

本文尝试利用图像、文献、实物材
料之间能够产生交集的部分，即不同类材
料的互证，分别对弋射的性质、兴衰时
间、所用器物等做了补充性的考证。可以
看出，前人的研究已经基本上涵盖弋射活
动的主要方面，本文更多的是引入不同类
的材料，揭示前人研究中的疑点，对于弋
射衰亡时间的依据、用矢的形制、地面
遮蔽物的论证等问题抱有更为谨慎的态

1　（南朝梁）萧统等：《六臣注文选》，第 179 页。

2　丛文俊：《弋射考》，载《青果集——吉林大学考古专业成立二十周年考古论文集》，第 225~226 页。

3　注云今《月令》无"毕"字，"翳"为"弋"，本文从古本。参见郑玄等《礼记正义·月令·季春》，北京大学出版社，
　　1999，第 567 页。

图7 南阳靳岗出土东汉弋射画像石

度；或对于弋射性质、弓弩射程、缴线材质等问题提供不同类的材料，尝试推进讨论。

除了不同类材料之间的互证，本文也注意到材料之间的"间性"问题，在弋射的研究中主要表现在两个方面。第一，不同类的材料各有其特征，在作为支持其他类材料的论据时，这些特征需要被更为谨慎地对待。例如南阳靳岗出土的画像石上的弋射图像[1]中（见图7），一只飞禽的脖子被缴线所缠绕，射手正试图将其拽落地面，而各类材料中出现的缴线装置在图像中并没有表现。由于案例较少，无法确知这是图像表现的减省，还是实际存在的一种弋射方式。程刚的研究注意到可能出于图像表现的需要，山彪镇出土青铜器上弋射缴沿着弓的外缘延展，可能不是弋射中的实际情况[2]，尊古斋所藏铜壶上的缴线表现方式与此相同。

第二，材料的"间性"还表现在不同材料之间暂时无法拼合。与文献中记录的弋射活动的流行相比，汉代的弋射图像实际出土较少，目前见于著录的仅有上文所言南阳一例（见图7），成都平原出土的10块左右画像砖可能为同模所制。[3]袁艳玲的研究也注意到，楚地虽然出土了较多镞、缴线装置等与弋射相关的器具，但并未发现这类题材图像的青铜器。即使在同一墓葬中，不同类的材料也可能提供不同方向的信息，例如：曾侯乙墓衣箱上的弋射图中出现了磻石，而墓中出土的缴线装置实物却非常复杂，二者形制差别很大。如何理解不同材料之间的"间性"及其成因，不仅提示研究者需要更为谨慎，可能也暗示出对待多元材料需要拓展新的研究思路。

1　王清建、朱青生：《汉画总录》卷20，编号：HN-NY-189，广西师范大学出版社，2013，第156~157页。

2　程刚：《缴射新证》，《考古与文物》2012年第2期，第56~59页。

3　罗二虎：《"弋射收获"画像考》，《民族艺术》2009年第2期，第92~99页。

日用与博古：张叔珮墓出土兽炉研究 [*]

■ **万笑石**（中央美术学院人文学院）

明代张叔珮（1552~1615）及其夫人舒氏的合葬墓位于重庆铜梁区，在张叔珮的墓室前室内，除了表明墓主身世的墓志和带有巴蜀特色的石俑外，引人注目的是两枚古铜鼎和一件通高51.8厘米的兽形熏炉（见图1）。考古报告称，此熏炉于1984年经四川省文物鉴定小组鉴定为"有宋代风格"，又在报告末尾称之为"宋代熏炉"。[1]

关于这件兽炉的时代问题，还有必要做进一步的探讨。结合存世的兽形熏炉看，早于明代的类似兽炉非常稀少，宋代实例更是罕见。即使张叔珮墓出土兽炉确实具备"宋代风格"，也不能直接将其视为一件"宋代熏炉"。另外，作为一件明代墓葬的随葬品，张叔珮墓出土兽炉在明

代的情况也有待考察。虽然柯律格（Craig Clunas）、胡广俊（Philip K. Hu）等学者曾在探讨明代的古铜器鉴赏问题时，提及张叔珮墓出土兽炉[2]，但他们未曾详细讨论明人如何观看和使用此类兽炉，也没有细致分析此类兽炉的形制特征，以及这些特征所揭示出的历史问题。本文基于明代鉴赏古铜器的视觉语境，对上述问题尤其是明人的鉴赏观念及行为着重加以论述。

一　年代

张叔珮墓出土兽炉的断代问题一直存有异议，有宋代和明代两种看法。1984年，四川省文物鉴定小组判断"此熏炉有

[*]　在本文研究和成文的过程中，得到导师尹吉男先生的悉心指导，以及铜梁区博物馆惠赠的兽炉照片，在此表示衷心感谢！

[1]　1973年，当地村民在取石修渠时发现了这座合葬墓，一个月后县文化馆得到消息前往调查。关于墓中随葬品的情况以及文物鉴定小组的意见，参见叶作富《四川铜梁明张叔珮夫妇墓》，《文物》1989年第7期，第43~47页。

[2]　Craig Clunas, *Superfluous Thing: Material Culture and Social Status in Early Modern China*, Honolulu: University of Hawai'i Press, 1991, pp.101; Philip K. Hu, *Later Chinese Bronzes: The Saint Louis Art Museum and Robert E. Kresko Collections*, Missouri: Saint Louis Art Museum, 2008, pp.163-164.

图 1 重庆铜梁区博物馆藏张叔珮墓出土兽炉

图 2 扬州博物馆藏胡场七号西汉墓出土兽炉

宋代风格";1989 年,张叔珮墓考古报告的作者根据这一鉴定意见,确定该兽炉为"宋代熏炉"。[1] 这里存在两个问题,一是器物具有宋代风格不代表它本身就是宋代器物;二是在 20 世纪 80 年代,很少有时代确切的同类器物作为参照,判断依据不足。对照四川省文物鉴定小组对墓中其他随葬品的断代意见,鉴定专家分别称"此方鼎应是商代遗物""此圆鼎应是战国时期遗物""此铜镜应属唐代遗物",唯独在指认兽炉时称之为"有宋代风格",可见当时他们也无法对兽炉做出特别明确的断代结论。近年来,随着更多的相关材料陆续得以发掘和公布,关注晚期铜器的学者王牧在论述此类熏炉时提出,张叔珮墓出土兽炉虽然"当地认为它的造型有宋代风格",但

"此造型的香薰明清时期一直有,似更流行"[2],隐晦地表达出对该兽炉时代的怀疑。以张叔珮墓出土兽炉为对象的任何深入研究,都须以比较准确的断代为前提,因此有必要结合存世的兽炉实物,重新审视这件兽炉的时代问题。本文主要结合出土物、传世品和绘画图像三个方面,考察张叔珮墓出土兽炉的制作时代。

张叔珮墓出土兽炉的基本特征有以下几点:香炉整体呈现为单体兽形、头有角、张口露齿、前有榫、身饰卷云纹、四肢直立、兽足踏蛇。这种造型最早源自汉代的辟邪香炉,其中具有代表性的是扬州胡场七号西汉墓出土的辟邪铜香炉(见图 2)。[3] 汉代的这种兽炉被设计为带有兽角、张口、踏蛇的样式,兼顾审美和实用两种功能:

1　叶作富:《四川铜梁明张叔珮夫妇墓》,第 47 页。

2　王牧:《中国南方地区宋元时期的仿古青铜器》,《南方文物》2011 年第 3 期,第 151 页。

3　汉代的这种兽炉被称为辟邪香炉,参见扬之水《两宋香炉源流》,《大匠之门》2015 年第 7 期,第 166 页;本文提到的扬州西汉墓兽炉,见徐良玉《扬州馆藏文物精华》,江苏古籍出版社,2001,图 26。

兽角充当香炉的把手，便于开合炉身；张口便于出烟；踏蛇既能提高香炉的稳定性，还在一定程度上起到防烫隔热的作用。张叔珮墓出土兽炉在这些方面延续了汉代兽炉的样式特征。不过，汉代辟邪熏炉的炉身保持早期熏炉的豆形炉形制[1]，身体浑圆、腿部短小、香炉整体趋近球体，并不着意呈现动物的真实体态。可见，张叔珮墓出土兽炉与汉代的辟邪熏炉仍然有较为明显的造型差异。

汉代以后、明代以前，此类四肢直立、单体兽形的熏炉似乎都不太流行。扬之水注意到："辟邪香炉的流行似乎只在汉代，明清以后制作较多的角端香炉或者曾从它的造型中撷得意趣，不过两宋的例子却是难得举出一件。"[2]这一观察非常准确，王牧在论述此类兽炉时也仅提到元代及其后的兽形熏炉。[3]扬之水还称"元明时代多有直接做成狮子形的香炉"[4]，她所提到的狮子形的香炉虽然也是单体兽形，但不符合头有角、四肢直立、兽足踏蛇等特点，时代也在元代往后。

笔者发现，宋代并非全无此类单体兽炉，不过数量极少，而且只能对它们做出比较宽泛的时代限定。1992年的一份考古简报提到，四川剑阁宋代窖藏曾出土一件麒麟踏蛇熏炉，该熏炉张口翘首、四肢直立、四足踏蛇。[5]另外，四川博物院藏有一件宋代"甪端形铜炉"，1970年由成都市西城区查抄办移交。该兽炉呈张口翘首、四肢直立的狮子形态，头上无角，故而并非图录所称的"甪端形"（见图3）。这两件香炉一为窖藏出土，一为传世品，确切时代都不是特别清楚。作为与张叔珮墓出土兽炉整体造型相近的宋代器物，它们均为单体兽形、四肢直立；和张叔珮墓出土兽炉的区别在于，它们的炉盖也就是兽首的姿态作"翘首"状，即兽面朝上，承担出烟功能的兽嘴位于熏炉顶端。这种兽面上仰的造型特征，一方面是对汉代兽炉造型的延续，另一方面也是出于实用考虑。

图3　四川博物院藏宋代铜兽炉

1　孙机：《汉代物质文化资料图说》，文物出版社，1991，第358页。

2　扬之水说的"角端"即"甪端"，见扬之水《两宋香炉源流》，第167页。

3　王牧：《中国南方地区宋元时期的仿古青铜器》，第151页。

4　扬之水：《两宋香炉源流》，第169页。

5　母学勇：《剑阁宋代窖藏综述》，《四川文物》1992年第3期，第19页。

图 4　日 本 东 京 国 立 博 物 馆 藏
11 世纪《十六罗汉图》局部　　　　图 5　日本京都大德寺藏南宋《五百罗汉图》局部

兽嘴是兽形熏炉天然的出烟口，兽首仰起
才方便出烟，提升熏香效果。

　　在宋代，更常见的是下呈仰莲、上踞
蹲兽的熏炉形式，代表器物有安徽宿松县
北宋元祐二年（1807）墓出土的绿釉狮子
熏炉，此形制延续的是唐代流行的狮纽香
炉造型。[1] 这种样式的流行，从南宋赵希鹄
的《洞天清禄集》也可一窥端倪。赵希鹄
称"狻猊炉"为"古之踽足豆"[2]，说明他
所知道的宋代兽炉并非单体兽形，而是炉
盖踞有蹲兽的单足豆形器。除了存世实物
和文献描述，宋代绘画里也不乏这种莲座
蹲兽式熏炉。现藏于日本东京国立博物馆
的平安时代后期（11 世纪）《十六罗汉图》

（见图 4）和京都大德寺的南宋《五百罗汉
图》（见图 5），分别描绘了这一时期铜质
和瓷质兽炉的形象。大体而言，宋代熏炉
常见的兽形装饰多位于熏炉炉盖之上，兽
体蹲坐，四肢不直立，足部也不踏蛇。

　　相较之下，元代出现了更类似于张叔
珮墓出土兽炉的熏炉。江西宜春元代窖藏
曾出土一枚铜兽炉，单体兽形，头有角，
四肢直立，足踩曲蛇，兽体刻卷云纹，臀
部饰有卷曲小尾（见图 6）。[3] 只是宜春窖
藏兽炉对炉体的刻画比较简单，不似张叔
珮兽炉制作复杂。除了宜春窖藏兽炉这种
风格外，元代还有延续汉代豆形兽炉等形
制的单体兽炉，由于和张叔珮墓出土兽炉

1　扬之水：《两宋香炉源流》，第 164~165 页。

2　（宋）赵希鹄：《洞天清禄集》，《景印文渊阁四库全书》第 871 册，台湾商务印书馆股份有限公司，2008，第 15 页。

3　谢志杰、王虹光：《江西宜春市元代窖藏清理简报》，《南方文物》1992 年第 2 期，第 3 页。

图 6 江西宜春窖藏　图 7 青州博物馆藏　　图 8 兴化市博物馆藏文庙祭器　图 9 北京故宫
出土熏炉　　　　用端炉　　　　　　　　　　　　　　　　　　　　　　　　博物院藏
　　　　　　　　　　　　　　　　　　　　　　　　　　　　　　　　　　　　用端炉

的差别较大，在此不予赘述。[1]

　　值得注意的是，这类香炉在明代大量出现。据笔者统计，现存的明代单体兽炉至少有 13 件。[2] 其中出土品 1 件，传世品 12 件。相较于汉、宋、元代的兽形熏炉，明代单体兽炉出现三个新特征：

　　首先是兽面呈正视状，作为出烟口的兽嘴开在熏炉侧面，而非炉体顶端。例如现藏青州博物馆的明墓出土兽炉[3]（见图 7）、兴化博物馆所藏文庙铜祭器（见图 8）和北京故宫博物院藏万历年造用端炉（见图 9），这些熏炉的出烟口几乎全部开在香炉侧面的兽嘴处，兽嘴朝前，兽面呈正视状。由于设在香炉侧面而非顶端的出烟口在一定程度上会降低出烟效率，因此明代兽炉的兽嘴开口较大、嘴角多是开阔的圆弧形，

以便香气向外扩散。而如前文所述，宋代剑阁窖藏熏炉和四川博物院藏宋代兽炉，二者均呈"翘首"之姿，使得出烟口保持在熏炉顶部。又由于兽嘴朝上，为便于香气向上升腾，嘴形作狭长状，该特征在四川博物院所藏兽炉上体现得非常明显。至于元代宜春窖藏所出熏炉，其兽嘴稍向下偏移，但兽面仍然微仰，处于从宋代向明代造型过渡的中间形态。由于它的兽嘴开口不似明代兽炉那样开阔，兽面右侧增设一出烟孔[4]，镂空的鼻孔也可辅助出烟。从兽嘴的位置、朝向和形态看，张叔珮墓出土兽炉的兽嘴开在熏炉侧面，兽嘴朝前，没有丝毫"翘首"的姿态，而且兽嘴开阔，嘴角呈圆弧形，和前述宋、元实物相差较大，反而更符合典型的明代兽炉特征。

1　参见韦壮凡等《广西文物珍品》，广西美术出版社，2002，图 200。黄汉杰、曾伟希《福建南平窖藏铜器》，《南方文物》1998 年第 2 期，封三；文化公报部、文化财管理局《新安海底遗物：资料篇 I》，韩国同和出版公社，1983，图 151；李林《海盐镇海塔及出土文物》，《东方博物》2009 年第 4 期，第 32~33 页，图十二。

2　参见万笑石《张叔珮的见识：晚明古铜器的鉴藏与赏玩》附表二，硕士毕业论文，中央美术学院，2017，第 71~73 页。

3　王华庆主编《青州博物馆》，文物出版社，2003，第 102 页。

4　谢志杰、王虹光：《江西宜春市元代窖藏清理简报》，第 3 页。

其次，许多明代兽炉的兽面两侧分别铸有一缕带状鬃毛。图 7、8、9 所示兽炉就出现了这种装饰性条带，虽然它们向上弯曲的角度有别，顶端形态不一，但它们和兽面的关系基本相同：带状鬃毛底端与颈部毛发相连，经过兽面腮部，耸立在双耳之前，有时甚至高于双耳，呈现为一种高度类型化的装饰性鬃毛。汉代辟邪熏炉、四川博物院藏宋代兽炉和宜春元代窖藏所出熏炉都没有这种特别的装饰方式，宜春窖藏所出兽炉仅是"紧依长角又饰短触角一对"[1]，而张叔珮墓出土兽炉却清楚表现出带状鬃毛的装饰特征。

最后，从腿部延伸到躯干的卷云纹装饰，这甚至是比带状鬃毛更加常见的明代装饰特征。从图 7、8、9 来看，这种卷云纹首先从兽腿处开始出现，或缠绕式上升，或直接向上延伸，抵达兽体的躯干后，分裂为两瓣向外翻卷的云团。该装饰特征不仅出现在明代兽炉实物中，还被细致描绘在其他表现兽炉的媒介里。明朱三松款雕竹笔筒上的兽炉明显绘有类似的卷云纹图案（见图 10）。当然，明代以前的兽炉有时也饰卷云纹样，例如扬州胡场七号西汉墓出土的辟邪熏炉和宜春元代窖藏所出兽炉，炉体都有面积较大的卷云纹。但像明代这种位置固定、装饰形式程式化的卷云纹图案，似乎并未出现于明代以前的单体兽炉上，却出现在张叔珮墓出土兽炉的炉体上。

图 10　台北"故宫博物院"藏明雕竹笔筒局部

综上所述，张叔珮墓出土兽炉和元代及以前的单体兽炉差别较大，而具备明代单体兽炉的典型特征。与目前已经公布的考古出土品和传世实物相比照，张叔珮墓出土兽炉的年代不会比江西宜春元代窖藏所出熏炉更早，但也不可能晚于张叔珮所生活的年代。鉴于江西宜春元代窖藏的年代下限为大德七年（1303），张叔珮卒于万历四十三年（1615），本文倾向于认为张叔珮墓出土兽炉的时代在 14~16 世纪。

关于张叔珮墓出土兽炉的年代问题，还有待新的出土材料进行补充、修正，从而得出更加确切的断代结论。不过，不论张叔珮墓出土兽炉的年代为何，可以肯定的是它出土于明代墓葬，和明代的墓主具有紧密联系，因而还需从它在墓主生前死后的空间所扮演的角色，来探讨这一兽形熏炉所具有的意义。

1　谢志杰、王虹光:《江西宜春市元代窖藏清理简报》，第 3 页。

二 日用

由于张叔珮墓出土兽炉出现在墓葬之中，有必要辨认它是否为专门用作祭器或明器的随葬香炉。作为祭器的香炉，在明代墓葬里需和瓶、烛等物组合，置于供桌或壁龛等明显的祭祀位置。例如河南新乡明潞简王墓的石雕香炉和成都梁家巷明墓出土铜炉，均和花瓶、烛台组成"五供"，放置在墓室前室的石案桌上。[1] 而陕西铜川新区未来城明墓出土的陶炉，则与相同材质的陶瓶、烛桶、爵和高足盘一起存放在墓室北壁的砖龛内，明显带有祭祀性质。[2] 根据张叔珮墓考古报告，墓室前室的随葬品主要有兽炉、两枚铜鼎和一件铜瓶，由此看来这件兽形熏炉不应是作为祭器而被随葬墓中的。

至于明器则是专供随葬而制作的模型器，无法实际使用。[3] 张叔珮墓曾出土一铜瓶，可惜现已不存，不知是盛装香匙和香箸的小铜瓶还是具有其他功用的铜器，但这不是判断张叔珮墓出土兽炉是否为明器的主要依据。按《明集礼》卷三十七上"明器"一条，常遇春（1330~1369）墓的随葬明器里有一枚香炉：

> 国朝开平忠武王之葬，墓中所用器玩九十件……锡造金裹者……香炉一，烛台二，香合一，香匙一，香箸二，香匙箸瓶一……[4]

虽然这枚香炉还搭配了香盒和香具，但它们都是锡质的"器玩"，可见并非日用品，而是明器。事实上，明代随葬的明器通常为锡器，即便是木质、陶质或铜质等其他材质，通常其造型也十分简单，尺寸较小，明显不适合日常使用。[5] 而如前文所述，张叔珮墓出土兽炉的造型精美、制作复杂，并且通高 50 余厘米，和现存其他兽炉的尺寸相比非常高大。因此，张叔珮墓出土兽炉也不可能是明器。

此外，明代墓葬随葬兽炉的情况极为少见。目前笔者仅见张叔珮墓和山东一处墓葬随葬铜兽炉[6]，这似乎不是一种带有普遍性的丧葬行为。再结合传世的明代兽炉来看，张叔珮墓出土兽炉应是张叔珮生前使用的器物，满足他日常熏香的需求。

---

1 分别见河南省博物馆、新乡市博物馆《新乡市郊明潞简王墓及其石刻》，《文物》1979 年第 5 期，第 9 页；江学礼《成都梁家巷发现明墓》，《考古》1959 年第 8 期，第 429 页。

2 铜川市考古研究所：《陕西铜川新区未来城明墓发掘简报》，《考古与文物》2016 年第 2 期，第 33~34 页。

3 中国大百科全书出版社编辑部编《中国大百科全书·考古学》，中国大百科全书出版社，1986，第 335 页。

4 （明）徐一夔等：《明集礼》，《景印文渊阁四库全书》第 650 册，第 143~144 页。

5 参见何继英《上海明代墓葬出土锡器》，《上海文博论丛》2011 年第 4 期，第 57~65 页。

6 王华庆主编《青州博物馆》，第 102 页；参见本文图 7。

图 11　明崇祯年间刊本《张深之正北西厢秘本》

关于兽炉的日用环境，明代诗文里不乏相关的情景描写，但主要营造出女性的生活空间。青楼女子寇湄曾作《蝶恋花》：

> 眉淡衫轻春思乱，不怪无情，翻受多情绊。怕上层楼凝望眼，落花飞絮终朝见。　钗凤暗敲双股断，划损雕阑，一一相思遍。香褭兽炉空作篆，荼蘼开谢闲庭院。[1]

这首闺怨词既抒发了她的寂郁之情，也描绘出一幅兽炉伴闺人、香烟空结篆的庭院幽景。明蜀成王朱让栩（？ ~1547）则直接面对一幅画作有感而发，作《贺新郎（画景即事）》："劳纨扇，看用端炉香结篆。"[2] 显然，这幅画作描绘的是一名闲看兽炉的持扇女子。

陈洪绶（1598~1652）绘《张深之正北西厢秘本》中的一幅插图《报捷》印证了这些诗作（图 11）。画中的崔莺莺立于庭院，手持一只发簪，身后桌案上出现了一枚符合明代特征的兽炉。这只兽炉在《报捷》所对应的《西厢记》文本里杳无踪迹，它的出现完全来自画家陈洪绶的构思。或许在陈洪绶心中，崔莺莺所在的女性空间里就应放置这样一只兽炉，以及将兽炉半遮半挡的瓷瓶和荷花。这种构思显

1　（明）寇湄：《蝶恋花》，龚斌、范少琳编《秦淮文学志》（下），黄山书社，2013，第 1461 页。

2　（明）朱让栩：《长春竞辰余稿》，北京图书馆古籍出版编辑组编《北京图书馆古籍珍本丛刊》第 107 册，书目文献出版社，1998，第 231 页。

图12　台北"故宫博物院"藏明雕竹笔筒

然得到了观赏者的认同，现藏台北"故宫博物院"的朱三松款雕竹笔筒以陈洪绶绘《西厢记》版画为蓝本，将《报捷》里的桌案摆设挪用为《窥简》的人物背景（见图12）。在这两件刻绘崔莺莺日常生活的艺术作品里，高大而精美的兽炉均起到不容忽视的装饰作用。[1]

其实兽炉并非女子的专属之物，还频频出现在男性空间。从摆放位置来看，多放置于园林和厅堂等开阔的环境。例如图11和图12表现的均是室外园林。而王世襄旧藏的明代乐舞图笔筒以及明崇祯十六年（1643）刻《新镌绣像旁批详注总断广百将传》之"明刘伯温讲天书佐太祖"，刻绘的则是厅堂内的宴乐场景。[2]在《李卓吾先生批评西游记》和《合刻三国水浒全传》里，兽炉则出现在通透式的敞屋内。明刻本《李卓

吾先生批评西游记》之"老龙王拙计犯天条"所绘为唐太宗别殿，别殿内皇帝随时能欣赏到户外的假山、梧桐和池水，他身后的长方案摆放着一枚香烟袅袅的兽炉（见图13）。该版本《西游记》之"一怪空怀情欲喜"一条，刻绘了天竺国昭阳宫内公主拜见国王的景象，画面边缘的栏杆暗示出户外空间，室内设有兽炉和香具的高脚香几位于屏风一侧，起到陪衬国王的作用（见图14）。明末雄飞馆刊《合刻三国水浒全传》之"祭天地桃园结义"依然是半室外的环境，兽炉被直接前移到故事主角身边，位置十分显眼（见图15）。

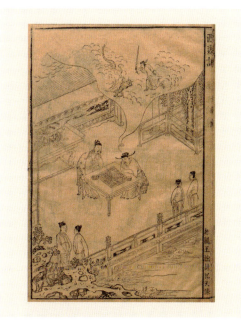

图13　明刻本《李卓吾先生批评西游记》之"老龙王拙计犯天条"

1　参见陈洪绶《陈老莲绘明张深之正北西厢秘本图册》影印版，文物出版社，2014；王世襄《竹刻》，人民美术出版社，1992，第127页；宋兆霖等主编《匠心笔蕴：院藏明清版画特展》，台北"故宫博物院"，2015，第146页。

2　乐舞图笔筒出现在2003年中国嘉德举办的"俪松居长物——王世襄·袁荃猷珍藏中国艺术品拍卖专场"，似由上海博物馆购得；《新镌绣像旁批详注总断广百将传》的插图见《四库全书存目丛书》子部第33册，齐鲁书社，1995，第718页。

图 14 明刻本《李卓吾先生批评西游记》之"一怪空怀情欲喜"

图 15 明末雄飞馆刊《合刻三国水浒全传》之"祭天地桃园结义"

另外，版画里的兽形熏炉通常体型高大，从它们和人物的尺寸比例看，这种兽炉在现实生活中可能高于 30 厘米，对应的是现存明代实物里体量较大的兽炉。尤其是《张深之正北西厢秘本》所绘兽炉，四肢直立，兽面呈正视状，卷云纹装饰明显，和张叔珮墓出土兽炉造型近似。因此，通高 51.8 厘米的张叔珮墓出土兽炉应被放置在厅堂、园林等通风较好的宽敞环境。

明代的图像还揭示出，制作精美的高大兽炉并非明代日常生活中的必需品，而是比较名贵的器物。明代普通的日用类书都将"炉"图绘为三足或四足的鬲式炉和鼎式炉（见图 16、17）。而著名的明代类书《三才图会》虽采摭浩博，在香炉方面也仅收录了《考古图》中的"熏炉"和"博山香炉"两条，并未刻绘兽炉，可见兽炉不属于明人认知里的常见香炉。这也从另一方面说明了兽炉实物在明代的珍稀性。而且上文所述版画里的兽炉，都出现在身份高贵或家财丰厚之人的住所。例如图 13 和 14 分别描绘了唐太宗和天竺国王所在的宫殿，图 15 所绘桃园则属于"颇有庄田"、招揽庄客的张飞。[1]类似例子还有明末清初本《李卓吾先生批评三国志真本》之"曹孟德谋杀董卓"，其版画插图里的条案上不仅摆放着小说提到的镜子，还有文本并未涉及的书籍、卷轴、珊瑚树、琮式瓶以及兽形熏炉，加上室内的多扇式屏风和室外的芭蕉、假山，将情节发生的地点装点得高贵奢华（见图 18）。

---

1 参见（明）罗贯中《三国演义》，中华书局，2018，第 4 页。

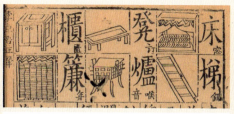

图 16（左）　明刻本《新编对相四言》
图 17（中）　清康熙八年（1669）书林千赋堂刊
　　　　　　　本《增补素翁指掌杂著全集》
图 18（右）　明末清初本《李卓吾先生批评三国
　　　　　　　志真本》之"曹孟德谋杀董卓"

当然，《西游记》《三国演义》等小说讲述的都是明代以前的故事，但当明代画家将小说场景转化为精美的版画图像呈现在读者眼前时，一系列图像元素揭示的是明人在日常生活中的风雅志趣。对于兼具财力和风雅之士，兽炉成为他们青睐的日用香器。张叔珮便是这些人中的一员，他的兽炉通高 51.8 厘米，在现存可靠的明代兽炉中最为高大，从制作成本看也比大多数明代兽炉更加珍贵。

在张叔珮生前，这类大型兽炉适合摆放在园林和厅堂等通风较好的环境之中；在他去世后，兽炉却被放置于墓室之内。考虑到张叔珮墓出土兽炉材质为青铜，又和另外两件青铜古鼎一同随葬，这就需要考虑一个新的维度：如何看待兽炉与其他随葬品的关系？

三　博古

由于张叔珮墓已被扰乱，无法得知墓室原始的摆放环境，只知晓张叔珮生前拥有的古铜器和日常用品被同时纳入了随葬范围。除兽炉外，另有一枚商代的方鼎、战国的圆鼎和一件铜瓶同时出土，圆鼎中盛放着砚台和印章。墓葬本身虽然没有提供未经扰动的原始信息，但张叔珮墓出土兽炉与商周铜器并出的线索，仍令人不得不考虑它和随葬的古铜器的关系。

首先，明代的确存在"古铜兽炉"的概念。据《天水冰山录》记载，严嵩（1480~1567）的古铜器收藏颇丰，其中便有一"古铜用端炉"。[1] 到了晚明，"古铜兽炉"出现在小说文本里，为更多明人所知。明刊本《西游记》第二十三回"三藏不忘

1　《天水冰山录》为嘉靖年间严嵩财产籍没之册，但现存的完整版本均为清代、民国和现代刊本。在此引用《知不足斋丛书》本《天水冰山录》"古铜器"一条，上海古书流通处刊印，1921。

本　四圣试禅心"中，师徒四人欲借宿一富裕殷实的人家，孙悟空性急，便起身跳入门里，只见：

> 原来有向南的三间大厅，帘栊高控。屏门上挂一轴寿山福海的横披画，两边金漆柱上贴着一幅大红纸的春联，上写着："丝飘弱柳平桥晚，雪点香梅小院春。"正中间，设一张退光黑漆的香几，几上放一个古铜兽炉，上有六张交椅。两山头挂着四季吊屏。[1]

其次，明代人如何认定"古铜器"的年代，张叔珮墓出土兽炉是否属于"古铜兽炉"？从晚明的文献看，明人心目中"古铜器"的年代不能晚于元代。[2]万历年间的高濂在《遵生八笺》之"论新旧铜器辨正"一条称：

> 我朝宣庙铜器，甚有精者，制度亦雅，摩弄极工，然多小物，如……种种精甚。大如鼎炉、角

端兽炉、方耳壶、商从尊，精美可爱，模式古雅，惜不多见。[3]

其中的"用端兽炉"，在晚明人眼中乃是明代早期的"宣德炉"[4]，高濂也只称之为"模式古雅"，没有直接视作古铜器。可见在张叔珮生活的万历年间，古铜器的年代不会晚至明代早期。然而答案又并非如此简单，因为根据现代风格学得出的年代结论不等同于明人的认识。还需在明代语境中，进一步比对张叔珮墓出土兽炉和明人眼中"古铜兽炉"的关系。

明人眼中"古铜兽炉"的形象，最直接的材料是吕大临（1044~1091）的《考古图》。[5]现存古器图谱中，也只有《考古图》"秦汉器"一条列有两枚兽炉（见图19），一题"兽炉"，另一题"右得于寿春"，可与张叔珮墓出土兽炉相比较。[6]

例如万历年间《泊如斋重修考古图》[7]，其中被掀开炉盖的兽炉让人联想到明代兽炉兽面正视、兽嘴朝前的造型特征。如前文所述，这种特征有碍于炉内气体和外界

1　（明）吴承恩著，李卓吾评《李卓吾批评本西游记》（上），岳麓书社，2015，第 177 页。

2　例如陶汝鼐曾"索观古铜器四件"，皆是元代延祐年间祭器，见（明）陶汝鼐《荣木堂合集》卷七"月夜游君山记"，《四库禁毁书丛刊》集部第 85 册，北京出版社，2005，第 584 页。

3　（明）高濂：《遵生八笺》，《景印文渊阁四库全书》第 871 册，第 703 页。

4　已有学者对宣德炉的年代提出疑问，例如陆鹏亮认为是晚明人臆造的伪文物，传世所见的宣德炉一般不早于万历朝，见陆鹏亮《宣炉辩疑》，《文物》2008 年第 7 期，第 74~75 页。

5　李公麟也曾著有《考古图》，但明人所见都是吕大临著本，见（明）郎瑛《七修类稿》卷二十二"考古图"一条，国家图书馆编《原国立北平图书馆甲库善本丛书》第 534 册，国家图书馆出版社，2013，第 151 页。

6　《宣德鼎彝谱》也辑录多条"用端炉"，但形象和张叔珮墓出土兽炉相差甚远，故在此不予赘述。

7　（宋）吕大临：《泊如斋重修考古图》，北京图书馆出版社，2003，第 557~558 页。

图 19　影印明万历年间刻本《泊如斋重修考古图》

的流通，它的出现不应源自对实用因素的考虑，因此很可能是在模仿图谱里"古铜兽炉"的造型特征，是由于误读而产生的仿古行为。实用功能和仿古特征的冲突，直至清代才得到解决，现藏台北"故宫博物院"的铜镀金嵌料瑞兽香薰保持了兽嘴朝前的样式，但出烟口位于香炉顶端的筒状部位，并非兽嘴（见图 20）。

　　除了兽面正视的兽炉特征外，一些特殊的明版《考古图》还刻绘了具备其他明代特征的兽炉形象。例如美国哈佛燕京图书馆（Harvard-Yenching Library）藏明初刻本的《考古图》，所绘兽炉四肢较图 19 的版本明显被拉长（见图 21）。仔细观察题有"兽炉"的熏炉形象，其顶部的鬃毛线条有所断裂，导致像图 19 那样连贯的三角形鬃毛被分裂成明代兽炉实物所具备的带状鬃毛。而且这枚兽炉的躯干装饰，也不像图 19 准确描绘的那种明代以前的版本样式，两条卷曲的纹样被连接在一起，其中靠右的 C 形卷纹又和腿部相连，形成

图 20　台北"故宫博物院"藏清代兽炉

一种从腿部延伸出的、在躯干位置向两侧分叉的卷曲纹样，和明代兽炉实物的卷云纹十分类似。

　　在明代印刷刊刻方面的阴差阳错，通过图谱的大量翻印，影响到当时兽炉实物的制作和人们对古铜兽炉的观念。事实上，元代以降不同版本的《考古图》一直存在变形、误绘与翻刻不清等情况，明人也知晓这种问题。王世贞（1526～1590）校订版的吾丘衍（1272～1311）《学古编》就

图 21　哈佛燕京图书馆藏明刻本《考古图》

曾提到某本《考古图》所绘"博山炉上鸡误画人手"。[1] 在明代，包括《考古图》在内的古铜器图谱被大量翻印出版[2]，不免增加更多图像变形的情况。加之这些图谱在明代的受众较元代更加多元广泛，明代工匠在制造兽炉时很可能参考了《考古图》各种版本的图像资源，又无力辨别其中的刊印错误。于是，《考古图》在明代翻刻时出现的变形凭借《考古图》在当时的权威性[3]指导着明代仿古兽炉的制作，同时变成明人眼中具有古意的形式特点。

这在许多博古题材的明代图像里得到印证，图中描绘的兽炉大多具有兽面正视的造型特征。明前期杜堇款《玩古图》绘有一张呈放古铜器的案桌，桌上摆放着一只兽炉[4]，单体兽形，四肢直立，兽嘴朝前（见图22）。这枚具有明代特征的兽炉和其他鼎、鬲、豆、簋等物置于同一张案桌，显然被视作玩赏的古物。还有陈洪绶绘《仕女图》，图中的一张地席上堆放着一组物品，其中有一只三足爵，还有装饰着兽面的器物和一枚兽面正视的兽炉，该画现藏山东省博物馆。更加直接的例子是明崇祯年间刻于南京的《十竹斋笺谱》，绘有一只四肢直立、兽嘴朝前的独角兽炉（见图23），笺谱目录将此图归于"博古"一门。相较之下，表现明代古玩市场的《上元灯彩图》所描绘的兽炉反而成为少数（见图

1　（元）吾丘衍撰《学古编》，（明）王世贞校，载域外汉籍珍本文库编纂出版委员会编《和刻本四部丛刊》第 68 册，西南师范大学出版社、人民出版社，2014，第 432 页。

2　《考古图》和《宣和博古图》在明代被不断翻刻，其传播见万笑石《张叔珮的见识：晚明古铜器的鉴藏与赏玩》，第 39~48 页。

3　《考古图》等古铜器图谱在明代的影响力和权威性，见万笑石《摩挲钟鼎，亲见商周：晚明语境中的张叔珮墓出土铜鼎》，《美术学报》2018 年第 3 期，第 26~27 页。

4　台北"故宫博物院"举办的"好古敏求——杜堇玩古图展"中识别了《玩古图》出现的所有器物，并认为这是一件兽炉，见 http://www.npm.gov.tw/exh101/du_jin/ch/ch_02.html。

图 22　台北 "故宫博物院" 藏杜堇《玩古图》及局部

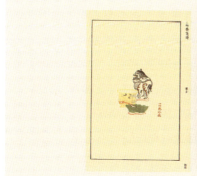

图 23　郑振铎本明刊　　　图 24　（明）《上元灯彩图》局部
《十竹斋笺谱》

24），其实这种熏炉更符合明代以前兽炉的形象，和图 4 所绘宋代兽炉如出一辙。以上这些绘画和版画表明，张叔珮墓出土兽炉具备博古观赏的功能并符合明人眼中"古铜兽炉"的形象。

"古铜兽炉"的博古性和日用性并不冲突，这两种功能甚至同时显现在明代古物鉴赏的场景中。以明万历年间刻于杭州的《顾氏画谱》[1]为例，体积庞大的兽炉在博古题材的画面中引人注目，炉旁还置有香盒

（见图 25）。这说明此炉和《玩古图》里仅供观赏的兽炉不同，具有日用熏香的功能。这种图式一直延续到清代初年，苏州画家张宏（1577~?）于 1649 年绘有《人物图册页》，其中"博古"一开便绘制了一枚吐烟兽炉，旁有香盒、香匙、香箸等物（见图 26），该图册现藏于美国欧柏林学院（Oberlin College）艾伦纪念艺术博物馆（Allen Memorial Art Museum）。

综上所述，从博古题材的图像看，明

1　目前比较好的《顾氏画谱》刊本，参见吴树平编《中国历代画谱汇编》，天津古籍出版社，1997，第 171 页。

图 25　影印《顾氏画谱》

图 26（明）张宏《人物图册》

代兽炉常和鼎、簋、鬲、觚、爵等古铜器同时出现，证明了张叔珮墓出土兽炉和古铜器组合在一起的合理性。值得注意的是，这些图像都源自江南一带，能否影响到蜀人张叔珮？其实，张叔珮在青年时期曾随父亲张佳胤（1527~1588）仕居江南一带，张佳胤官至一品，又是明代"后七子"之一，和王世贞、屠隆（1543~1605）等江南名士往来密切。[1] 由此看来，张叔珮有条

件接触到江南地区的视觉材料和古铜器知识环境。因此，张叔珮墓出土兽炉和同时随葬墓中的古铜器关系十分紧密，张叔珮应将它视作一件可以日用的古物。

结　论

张叔珮墓出土兽炉作为一件随葬品，既非明器也非祭器，而是张叔珮生前使用的一件名贵香器。和它类似的形象大量出现在明代版画、绘画和器物中，暗示出它在明人生活中的两面性：日用与博古。这件兽炉身兼二职，既可用于熏香，又是一件值得珍赏把玩的"古铜兽炉"，不论在张叔珮生前还是死后都扮演着不容忽视的角色。

结合现存明代兽炉的造型特征，张叔珮墓出土兽炉引申出一个现象：一种全新的、主要在明代流行的器物可以进入博古情境，被明人视作来自更早历史时期的"古物"。这不是单纯的复制古物或作伪牟利，还涉及明代"古铜器"知识的来源、传播、更新及其与"古铜器"制作的互动。本文认为，明代新出现的铜兽炉和明代对《考古图》的反复翻刻之间存在密切联系。如果明人制作兽炉时参考了在翻刻中误画和变形的古铜器图像，那么这些古铜器图像同样也为新近制造的明代兽炉提供了作为"古铜兽炉"的合法性。

1　有关张叔珮的家世及其生平，见万笑石《张叔珮的见识：晚明古铜器的鉴藏与赏玩》，第4~13页。

三

文本与图像

《良臣》《姑成家父》中晋楚书风融合现象 *

■ **朱友舟**（南京艺术学院）

由于抄本来源的复杂性，楚竹书的风格呈多样化的面目，既有典型楚书法风格，也有融合了非楚系文字的书法风格。据"驯化"的深浅程度，周凤五先生将郭店楚简分为四大类型，并指出《忠信之道》《唐虞之道》尚未经辗转抄写"驯化"，具有较多齐国书法风格。可见，文本在"驯化"过程中，外来文字的风格在递减，但是，不排除字里行间仍然还保留着蛛丝马迹。[1] 这种现象在上海博物馆藏战国楚竹书（以下简称"上博简"）以及清华大学藏战国竹（以下简称"清华简"）中同样存在，如《良臣》《姑成家父》。

然而，关于《良臣》（见图1）《姑成家父》（见图2）在传抄过程中，是否融合或保留了一些晋系文字、书法风格，见仁见智。冯胜君先生认为《姑成家父》通篇无论形体还是用字，均为楚文字特点，完全不见三晋文字特点。[2] 冯先生主要从古文字角度而言，并未涉及三晋书法风格的影响问题。孟岩也通过对《姑成家父》全篇"家"字均写作楚系文字特有的"爪"形，来证实这一观点。[3] 关于《良臣》，李守奎先生指出："三晋文字羼入是清华简文本中的突出特点。从总体上看，清华简是楚文字系统。但有些篇目三晋特点十分突出，例如《良臣》，无论从文字构形还是书法风格上，都可以说是三晋文本。"[4] 程浩认为

---

* 小文承蒙冯胜君、魏宜辉、郭永秉、周乾华诸位先生赐教，在此一并致谢。

1 周凤五：《楚简文字的书法史意义》，载《古文字与商周文明——第三届国际汉学会议论文集文字学组》，"中研院"历史语言研究所，2002，第206、208页。

2 冯胜君：《从出土文献看抄手在先秦文献传布过程中所产生的影响》，《简帛》第四辑，上海古籍出版社，2009，第418页。

3 孟岩：《〈姑成家父〉文本集释及相关问题研究》，硕士学位论文，吉林大学，2009，第10页。

4 李守奎：《楚文献中的教育与清华简〈系年〉性质初探》，载《出土文献与古文字研究》第六辑，上海古籍出版社，2015，第298页。

图 1 《良臣》

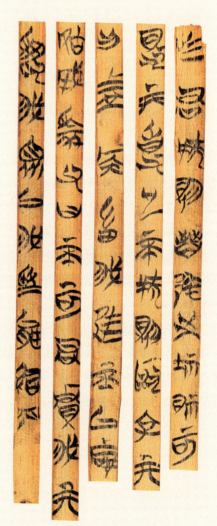

图 2 《姑成家父》第二简

《良臣》"很可能出自一位推崇子产的三晋儒者之手"。[1] 此外，王永昌对《良臣》以及其他清华简的晋系特点做了分析。[2] 在以上学者讨论的基础上，本文意欲侧重论述《良臣》与《侯马盟书》的相似性以及《姑成家父》是否有晋系书风的遗存，表现何在，并试图分析竹书分系归属问题以及晋、楚南北书风交融的现象。小文的撰写结合了笔者近年的临习实践，由于学识浅陋，难免挂一漏万，还望方家同道不吝指正。

一 《侯马盟书》表现出的晋系书风

本文主要以《侯马盟书》《温县盟书》等毛笔墨（朱）迹为晋系书法风格的代表，这与《良臣》《姑成家父》均为毛笔字范畴，具有可比性。关于晋系文字风格，张颔、张守中、汤余惠、何琳仪等先生均有过精彩的论述。就形式本体而言，其外在的书法特点如下：

（一）三晋书法风格，用笔短促平直，多方折而且呈尖角形，与典型楚文字圆曲流利大异其趣。《侯马盟书》用笔如"又"部，𝐱 𝐲 𝐳 𝐰 𝐯，三笔下笔用力顿压，短促平直，"又"部在字的右边时，三笔均朝

上且夹角尖锐；而典型楚文字"又"部两笔完成，用笔优美而有弧度。"自"部，𝐀形体瘦长，上下部均为尖角。其他左、右两弧线组合如 𝐁 𝐂 𝐃，"甘"部如𝐄，亦多为直线尖角；"口"部还有"厶"部多为横折然后左边一斜直笔构成一三角形，如公；又如"兄"部𝐅字，口字左、右两笔平直，底部夹角尖锐。与此不同，典型楚文字"自"形体扁平，上部两笔角度大于90°，底部为一弧线，弧度较大；口部、甘部底部多为一弧笔。宝盖头，或 𝐆 𝐇 𝐈 为西周古法而多折笔意味，或 𝐉 𝐊 𝐋 为尖锐的角顶，对称；楚简多为人字顶，角度大，不讲对称，左低右高，略带斜势。邑部如𝐌 𝐍 𝐎 𝐏，两个斜三角组成，晋系文字多居右；楚文字一般左形右声，邑部居左，上下部分多呈圆弧形状。

三晋文字书风不但用笔短促、平直，而且笔势爽劲，如昆刀切玉一般。这种风格的形成除了地域特色以外，与所用载体为玉片与石片也有极大关系，玉石光滑不渗墨，易于表现爽利的线条，如𝐐 𝐑 𝐒 等字的"皿"底由七个短促直线书写平直斜笔，刚劲有力；如月部，𝐓 𝐔 𝐕 或为三折笔，或带有方折笔意，而典型楚简多为弯弧。又如"而"字，多为直线，或如 𝐖 𝐗 外两笔为斜笔；或如𝐘外

1　程浩：《清华简零识二则》，载《出土文献与中国古代文明——李学勤先生八十寿诞纪念论文集》，中西书局，2016，第373~374页。

2　用晋系文字书写的《书》类、《易》类、史类、诸子类、语类、原始诗类等文献，传入楚地之后，用楚文字转写不彻底，留下了一些晋系文字的特征：《赤鹄之集汤之屋》《尹至》《尹诰》《耆夜》《皇门》《金縢》《保训》《厚父》《命训》《筮法》《子仪》《良臣》《汤处于汤丘》《汤在啻门》《管仲》《越公其事》《祝辞》。见王永昌《清华简文字与晋系文字对比研究》，博士学位论文，吉林大学，2018，第167页。

两笔为折笔，中间为锐角"人"字。楚文字"而"或四笔皆为弧线，或外两笔弧线中间两笔曲线。

（二）结构修长、端正，行列穿插、交错。

晋系文字书风横平竖直，结构端正、精严、修长，与楚系横不平、竖不正的欹斜、灵动多变特点形成鲜明对比。𥝆"秋"字，主笔竖画端正，"火"字也比较对称端庄，短笔多，而楚简"秋"主笔竖画变为弧线，姿态生动。𥄲"族"𥄲"夷"𥄲"韩"等字直角组合显得端正、整齐，而楚简不做正局，姿态多斜势，多弧曲。𥄲𥄲等字的"耳"部，结构端正而简洁，同理，如"酉""交""韦"等。楚简姿态万千，随势造态。由于玉石面积比简宽，每片玉石多为两三行甚至更多，书写时，行列的处理多率意、自在，章法浑然天成。

二 《良臣》受晋系书法风格影响的表现

《清华大学藏战国竹简（叁）》（以下简称"清华叁"）《良臣》一篇，叙述了自黄帝至春秋时期著名的佐治之臣，整理者已经指出：简上的文字有的属于三晋一系的写法，如"百"字写作"全"。又据简文内容突出了与郑国执政子产有关的臣子，整理者怀疑"作者可能与郑有密切关系"。[1]从文字风格来说，整篇文字笔画丰中锐末，用笔谨饬，和三晋一系的《侯马盟书》字形很是类似，而全无楚文字那种以曲线取美的线条特征。[2]学界一般认为，《良臣》是楚人用晋系底本抄写的，其中保留了大量的晋系文字的用字习惯和字形特点，是具有晋系文字风格的抄本。也有学者怀疑《良臣》即为晋系抄本。[3]清华叁《祝辞》篇与《良臣》篇当为同一抄手所抄，风格直挺、果断。刘刚先生仅举一例做了论述《良臣》的三晋书风特点，但他认为书法风格抽象难以把握，往往让人有不知所云之感。[4]可见，对于《良臣》书风与晋、楚系的比较研究，学者们往往着墨不多，有待深入细致分析。笔者借鉴风格学、图像学等理论，试做分析如下。

（一）《良臣》横较为平直，竖较为直，所以整个字形比较端正，这与晋系文字结构端正、精严特点相近，而与楚系横不平、竖不直的欹侧特点形成鲜明对比。《良臣》如"王"字横平竖直，结构端庄；郭店《老子》多取斜势，横画中断上拱，圆曲多变。

---

1 李学勤主编《清华大学藏战国竹简（叁）》，中西书局，2013。

2 刘刚：清华叁《良臣》为具有晋系文字风格的抄本补证 - 复旦大学出土文献与古文字研究中心，http://www.gwz.fudan.edu.cn/Web/Show/2002。

3 郭永秉先生审阅本文后指出：《良臣》与《姑成家父》的三晋特征多寡不同，是否存在书手、文本的不同问题，也就是说，《姑成家父》这类包含了楚晋特点的文本，与基本上是三晋特点的《良臣》，到底有没有文本形成上的区别，或者说，《姑成家父》是否为一个楚人用三晋底本抄的，而《良臣》本身则是三晋书手。

4 刘刚：清华叁《良臣》为具有晋系文字风格的抄本补证 - 复旦大学出土文献与古文字研究中心 ，http://www.gwz.fudan.edu.cn/Web/Show/2002。

《良臣》						
郭店《老子》						

（二）《良臣》 写法与《侯马盟书》
相似，所有笔画劲挺、平直、短促，
而典型楚文字《老子》，上部为"余"，
由直线与弧线组合而成，其中有三条弧线。

（三）《良臣》"君"部用笔顺序以及
构成与《侯马盟书》写法相似，左边竖撇成
了包围圈的重要组成部分，然而在用笔上融
入楚书法的圆曲婉转，与《侯马盟书》又有
细微的差异；而典型的楚文字"君"字上面
多为带斜势的椭圆形，由上下两相向的弧笔
巧妙连接而成，左竖笔在椭圆外另起笔。

《良臣》			
《侯马盟书》			
郭店《老子》《五行》			

（四）《良臣》宝盖头左、右两弧线组
成较尖的夹角，左弧往往较长，收笔位置
较低，而右弧较短收笔较高，这些特点与
《侯马盟书》的宝盖头比较相近，有受晋系
书风影响的可能。左弧的弧度大，似受了
楚系书法影响，显得华藻秀丽。而典型楚
文字宝盖头的左、右两笔简省为两短直笔，
左边如短撇，夹角较大。

《良臣》						
《侯马盟书》						
郭店《老子》						

（五）《良臣》"又"字形体中部的线条
竖直而不弯曲，左、右两撇向下形成尖角，
形体与《侯马盟书》类似，有受到晋系文
字风格影响的可能。而《老子》"又"多为
两笔，均为弧线。

《良臣》			
《侯马盟书》			
郭店《老子》			

（六）《良臣》"女旁"用笔的顺序与先
后与《侯马盟书》相近，均为三笔，姿态
较平正，然而封闭三角变为椭圆又似为楚
书法的影响；典型楚文字多为四笔，顿挫
轻重，且带斜势。

《良臣》			
《侯马盟书》			
郭店《老子》			

此外，"肥"字 右旁作直角的写法，
折角明显，与晋系文字相合，楚系文字不同
有弧曲而且多一笔。又如 ，"帀"（师）字
上有一横笔，两斜笔也直挺，与晋系文字相
合，一般而言，楚系文字"师"字多斜线。

可见，《良臣》横、竖、撇等笔画挺
直，与楚文字之笔势圆曲流利不同，显然
与晋系笔势特点接近。《良臣》在流传过程
中，传抄较少，较多保留了晋系文字的书
风，与楚书风融合程度较浅，抑或《良臣》
即为晋国人所抄。

三 《姑成家父》受晋系书风的影响

上博五《姑成家父》存简 10 枚除简 6 顶作梯形外，其他竹简两端平齐，完简长约 44.2 厘米，三道编绳，契口在右侧，全篇字迹布局较密集，简首尾留有空白，文字书写于第一、三道编绳间。《姑成家父》所载内容属晋国文献，有学者指出，上博《姑成家父》"又"部都写作三笔，这在楚简中是非常少见的。的确，"又"大多为三笔，颇多折笔意味，这与晋系文字风格比较相似。郭永秉先生认为《姑成家父》一篇的书写水平不高。有的字写得很容易跟其他字混淆，甚至有可能就是错字。[1]《姑成家父》字迹水平尽管不高，但是风格独特，与《良臣》相比较，《姑成家父》在传抄中，被驯化的程度深得多，晋、楚书风的融合充分。下面试举例分析结构与用笔中晋系书法的遗意。

（一）《姑成家父》"口"部的三角底，多为左、右两斜直笔组成，只是经楚人抄写融入楚书风后，底部三角的角度变大，显得平缓了许多。楚简"口"字底部多为一笔弧线完成。

《姑成家父》				
《侯马盟书》				
《老子》等典型楚文字				

（二）《姑成家父》"贝"部（或省）或"目"部的尖底，形体端正，底下两笔组合为锐角"人"字形，与《侯马盟书》相似，似较多保留晋系书法的特征，被楚人改造不大。楚文字"贝"省形的"目"形体多为横或斜卧的欹侧之态，形体很少正立，底部多为平行弧线，而非"人"字形。

《姑成家父》					
《侯马盟书》					
郭店《老子》					

（三）《姑成家父》"君"字上、下为两个三角形，上面三角形较大，由横折笔再加左边一斜笔组合而成，形体似晋书法惯用的倒三角又掺入了楚书法的圆曲之势。而典型楚简文字上面多为带斜势的椭圆形，由上下两相向的弧笔巧妙连接而成。

《姑成家父》			
典型楚简《老子》《五行》			

（四）《姑成家父》"止"旁姿态平正，两斜画平直，稍带弯度或弧度，部分底下一笔较短，似乎融入了三晋书风那种北人的果敢之气，颇有特色；典型楚文字"止"旁斜势较大，最底下一笔较长，第二、三笔之间有一定的夹角。

1　郭永秉：《说〈姑成家父〉简 3 的"取免"》，http://www.bsm.org.cn/show_article.php?id=329。笔者完全赞同，此外，另补充几个错字，。

《姑成家父》							
《老子》							

类似，在传抄中似乎都融入晋系用笔平直的书法特点。

（五）《姑成家父》"女"部用笔的顺序与《侯马盟书》相近，均为三笔，姿态较平正，融入晋系书风的特点。典型楚文字书法多为四笔，其中三笔带弧曲，圆曲流利，且整体带斜势。

《姑成家父》			
《侯马盟书》	中	東	余
《五行》			

此外，家字 尽管上面有"手"部，但是下部结构与典型楚文字 有别。"事"字，几乎所有笔画均为短促的直线，线与线多呈锐角组合，挺劲有力。"堂"字风格

余 论

综上所述，楚竹书《良臣》《姑成家父》在传抄过程中或多或少融合了晋系书风，如用笔方折、短促平直、多尖角等，但二者融合的程度深浅不同。由此可知，楚竹书在传抄过程中所形成的风格的多样性与复杂性，除了文字发展历时性的差异之外，共时性的地域差异也不可忽视，尤其是南北书风的差异与交融。这种交融在郭店简、上博简、清华简中普遍存在，而南北书风的交融以及杂糅而不彻底的外在表现形式也相当复杂，有齐、楚融合；有晋、楚融合；有的甚至为齐、晋、楚融合。

石刻史料所见徽州郑玉的地域社会像

■ 于 磊（南京大学历史学院）

郑玉为元代后期徽州著名文士，特别是元季因不应明军征聘，绝食七日而死。其忠义之举，历来为后世乐道，事迹入《元史·忠义传》。[1] 同时，郑玉作为徽州"和会朱陆"的知名理学者[2]，长期在徽州从事讲学活动，弟子甚众，俨然元代江南地方知识人的典型。众所周知，宋代"科举社会"较为发达[3]，入元后，由于长期科举未行，便出现了大量如郑玉般活跃于地方的知识人。对此，学界广泛关注他们在地方政治、公共设施兴造、地方教育、宗族的发展及其社会责任等问题[4]，日本学者更是将其视作地方社会的指导者，强调他们在地方社会秩序构建中所发挥的作用。[5] 不论是在广度还是深度上，都将南宋以来知识人群体提升到了较高的认识水平之上。

但是毫无疑问，知识人群体并非固定不变的整体，而是有着读书人、文人、士大夫等不同身份称谓[6]，甚至还带有一定的官僚、地主等标签。不加区分地笼统谈知识人群体，应该是不甚符合历史状况的。故本文试图通过现存石刻史料来更为直观

1　（明）宋濂等：《元史》卷一百九十六，《忠义四·郑玉》，中华书局，1976。郑玉相关详细生平材料见汪克宽《环谷集》卷八《师山先生郑公行状》，《汪氏家集》康熙十八年刊本。

2　《宋元学案》卷九十四，全祖望为郑玉专列"师山学案"，开首便论及："祖望谨案：继草庐而和会朱、陆之学者，郑师山也。草庐多右陆，而师山则右朱，斯其所以不同。述师山学案。梓材案：是卷谢山所特立，其稿具存。"（清）黄宗羲原撰，（清）全祖望修补《宋元学案》，中华书局，1986，第3125页。

3　关于宋代科举社会的概念及其内涵，参见近藤一成《宋代中国科举社会的研究》"序论"，汲古书院，2009。

4　〔日〕森田宪司：《元代漢人知識人研究の課題二、三》，《中国——社会と文化》5,1990，后收入《元代知識人と地域社会》，汲古书院，2004；同氏《碑記の撰述から見た宋元交替期の慶元における士大夫》，《奈良史学》17，1999，收入《元代知識人と地域社会》，汲古书院，2004；苏力：《元代地方精英与基层社会：以江南地区为中心》，天津古籍出版社，2009。

5　〔日〕森正夫：《中国前近代史研究における地域社会の視点─中国史シンポジウム〈地域社会の視点─地域社会とリーダー〉基調報告》，《名古屋大学文学部研究论集》83，1982，后收入《森正夫明清史论集　第三卷　地域社会·研究方法》，汲古书院，2006。

6　读书人、文人、士大夫等概念的区分，参见村上哲见《中国文人论》，汲古书院，1994。

图 1　花山刻石

地展现郑玉作为活跃于地方社会的知识人的形象，以此来回应森田宪司先生所提倡的"利用具有可见度的材料，考察碑刻文献，探究活跃于地方社会的知识人所发挥的作用、活动的空间及其知识人网络等问题"。进而，利用明清时代地方文献的记载，考察后世对郑玉在元代活动的认知情况。

一　花山刻石

该摩崖石刻（见图 1）位于现在安徽省黄山市屯溪区南溪南村后一公里的花山石林，现存十数处摩崖石刻，多为明代嘉靖年间所刻。元代刻石仅存一处，是为最早者。此处石刻皆未见任何金石著作著录。笔者 2012 年 3 月 10 日实地调查时该石刻已为杂草树枝所覆盖，囿于条件所限，未能拍取完整图片。结合网络上当地人的所

见 [1]，录文如下：

大元至正九
年己丑八月
邑人郑玉吴
虎臣鲍元康
婆源胡公留
王友直来游
虎臣子贯侍

整理后作：

大元至正九年己丑八月，邑人郑玉、吴虎臣、鲍元康、婆源胡公留、王友直来游，虎臣子贯侍。

吴虎臣，郑玉妹婿。据程文所撰郑玉父郑千龄《贞白先生郑公行状》[2] 载："（郑千龄）婆同里汪氏，即宜人，先公十四年卒。子男二人，长曰玉，次曰璉。女一曰柔贞，嫁同郡吴虎孙。"此处吴虎孙当即吴虎臣。郑玉在其所撰《富登钓台记》明言"予过妹婿吴虎臣，数往来其处"。

鲍元康，字仲安，歙县棠樾人。出自歙县与双桥郑氏相邻的棠樾鲍氏，在郑玉弟子中资财最为饶富。即所谓"以其岁所入十分为率，三分以膳老幼与凡家用，三分以供公上贡赋及官府百费，二分积蓄以待水旱，一分赈恤族党姻戚乡邻，自亲及疏各有等差，又一分贮之别所以待亲友之有患难者，随其轻重量力周之。遣嫁孤女，收养孤子，义之所在，知无不为"。[3] 是较为典型的地方士绅。

1　参见新浪汪泽洲的博客，《忆记花山摩崖石刻》，http://blog.sina.com.cn/s/blog_5fcdd5100100nyan.html，2011 年 1 月 21 日 13:45:19。最后访问日期：2019 年 3 月 5 日。

2　（明）程敏政编《新安文献志》卷八十六，程黟南《贞白先生郑公行状》，国家图书馆藏明弘治十年刻本。

3　（元）郑玉：《师山先生文集》卷四《富登钓台记》，卷八《鲍仲安墓表》，国家图书馆藏明嘉靖补刻本。

此外他还率郑玉诸弟子为其建师山书院，郑玉为徐寿辉红巾军拘囚后，他与郑玉弟郑琏共同出资营救。后积极组织义军，共抗红巾军，不幸而卒。可以说，鲍元康是郑玉诸弟子中对其帮助最大者。

胡公留，字彦良，婺源考川人，中至正七年（1347）乡试，后任旌德县教谕。[1]

王友直，字季温，婺源人，最初从程文游学，后助教于郑玉，"出则讲授诸生，入见予执弟子礼"。[2]程文，字以文，号黟南，曾参与修《经世大典》，与虞集、揭傒斯、欧阳玄等人相交。元统二年（1334）春注授徽州休宁县黄竹岭巡检[3]，后历任翰林院编修、南台监察御史、礼部员外郎等。在郑玉交往的上层知识人中，最重要者，除却余阙，即是程文。而王友直便是郑玉与程文双方书信往来的重要联络者。故郑玉在辞世前将其定稿《春秋经传阙疑》嘱王友直刊行，其后同时务必呈送程文质正之。

吴虎臣子吴贯，无考。

该花山刻石所题诸人，除胡公留具体事迹不甚明确，无法断定其与郑玉关系外，其余诸人皆为常从郑玉问学者，亦为郑玉所屡屡提及。翻检郑玉文集所记，与其交往者大致可分为三个层次：首先，同郡诸人，从郑玉游学，亦师亦友者。不论是郑玉早年交往的还是后期从游之人，鲍氏家族子弟为最众。与鲍氏的交往始于鲍元康之父鲍景曾。景曾极善治生，所居之"唐越里与予居相望咫尺"。[4]其后，不论是鲍国良[5]、鲍观[6]等皆然。其次，早年随父宦游各地所结识者。郑玉之父郑千龄任宁国路太平县弦歌乡巡检后，历任镇江路丹阳县（今丹阳市）延陵镇巡检、处州路缙云县关化乡巡检、建康路江宁镇巡检后升任建德路淳安县尉以及徽州路祁门县尉。最终在升任为从仕郎泉州路录事之时，于至顺元年（1330）以年老上表致仕，并于次年去世。[7]如祁门县之汪德辅亦曰从郑玉游学[8]等。最后，为在朝为官身居高位者，如余阙、程文等，即所谓"晚与平章余公阙、吏部侍郎危公素、南台监察御史程君文最相知，而公之文名大振于朝野间矣"。[9]但从郑玉文集所载诸文，多及程文、余阙，危素未见。此处当为行状撰者之谀辞。

1 （明）汪舜民编（弘治）《徽州府志》卷六，《选举·元》，明弘治刻本。

2 （元）郑玉：《师山遗文》卷三《属王季温刊春秋阙疑》，国家图书馆藏明刊本。

3 （元）郑玉：《师山先生文集》卷五，《黄竹岭巡检司记》。

4 （元）郑玉：《师山先生文集》卷七，《鲍景曾墓志铭》。

5 （元）郑玉：《师山先生文集》卷三，《送鲍国良之官巢县诗序》。

6 （元）郑玉：《师山遗文》卷一，《亦政堂记》。

7 （元）郑玉撰，（明）郑烛辑《济美录》卷二，程文《贞白先生郑公行状》，北京大学图书馆藏明嘉靖十四年家塾刻本。

8 （元）郑玉：《师山遗文》卷一，《送汪德辅赴会试序》。

9 （元）汪克宽：《环谷集》卷八，《师山先生郑公行状》。

图2　郑公钓台

郑玉此三层次之所交，最广、最重要者毫无疑问当为第一类。这也是花山刻石最能明确郑玉作为徽州地域知识人身份的价值所在。

二　郑公钓台

此"郑公钓台（见图2）"并题款"唐兀余阙"拓片影印出自《安徽通志金石古物考稿》[1]，拓片原拓之摩崖刻石现今仍存。新安江自歙县与屯溪区交界的王村开始由急流险水陡变为平波碧湖。其东岸石崖上即刻有"郑公钓台"。此刻石之由来，郑玉有详细说明：

> 歙南山水最胜，浙江出焉。由浙源百余里至县境，曰富登渡。一石巍然出江上，势欲飞入江中。予过妹婿吴虎臣，数往来其处。每一登临，或坐或钓，辄徘徊不

能去，人因名"郑公钓台石"。淮闻余公廷心篆隶妙天下，闻予之有是石也，大书"郑公钓台"四字以为寄。至正十有六年秋八月，予以被召辞还，留虎臣所。始取余公所书，刻之台前，而记其所以得名之故，镌诸后石。里人鲍叶为予结草堂其侧。虎臣字道咸。叶字君茂。是月辛未记。[2]

简而言之，因郑玉乐钓于新安江之富登渡，余阙闻而曾为之题书"郑公钓台"，至正十六年八月郑玉辞朝廷之征聘留其妹婿吴虎臣家。吴虎臣为之刻于钓台前，而鲍元康之兄弟鲍叶并为其筑草堂于侧。郑玉此记文当时应当也有刻石，现今不存。

此郑公钓台位于歙县岑山，岑山为郑玉乐游之地，"在县南十五里大溪之中，屹然而起，高三十丈，山巅有平坦，可一亩"。[3] "予居西一舍近有山出水中，曰岑山

1　徐乃昌：《安徽通志金石古物考稿》，《石刻史料新编》第三辑，台北新文丰出版公司，1986，第536页。

2　郑玉：《师山先生文集》卷四，《富登钓台记》。

3　（明）汪舜民编（弘治）《徽州府志》卷一，《地理一·山川》。

者，气象大与兹山（淳安之小金山）比。"[1] 曾夜游此地[2]，甚至有人为其作岑山垂钓像。[3] 由此可见，富登渡之钓台在当时即已因郑玉而知名。其后，更是徽州当地文士吊古追思之佳处。明清文献中对郑公钓台的记载极丰，此处仅以明中期徽州程敏政诗文为例证：

> 相公湖边一拳石，截断湖光三百尺。射蛟人去今几年，谁扫云根看遗迹。
>
> 师山先生性爱山，偶然得此青屏颜。临流坐钓不知晚，渔樵并载扁舟还。
>
> 武威余公天下士，特与先生题篆字。良工刻入断崖傍，遂使溪山增胜事。
>
> 一朝海内风尘生，两公死国如弟兄。平生隐显虽异迹，竹帛同垂千载名。
>
> 薰风雨过潮初落，足躡苍苔俯幽壑。钓丝已逐野烟飞，字画多为古藤络。
>
> 师山之节峻且孤，武威之字人争摹。忠贤所遗众所宝，泉石清奇何处无。[4]

众所周知，余阙元季孤守安庆城不敌，自杀以殉元；郑玉亦拒仕新朝而绝食死。[5] 岑山之钓台，因"二忠相契，尤为佳话"。[6] 不仅如此，明代郑玉裔孙郑虬则将余阙墨书及后人诗文题赞编成"钓台册"，携至京师，请诸公吟咏为之题跋，进一步广而大之。[7]

作为积极活跃于徽州的地方知识人，郑玉极好歙县之山水，岑山为其一。此外还有灵山，在"歙县西北三十里，高三百五十仞，周七十七里"。[8]

> 余素爱灵山之胜，及拘囚郡中，鲍伯原之子葆又为言，近得西山钓石，欲为余筑草堂其傍。余且就死，不暇往观矣。乃俾刻其事石上，以遗后之好事者使有所考焉。戊戌七月二十五日，郑玉题。[9]

1　（元）郑玉：《师山先生文集》卷四，《小金山记》。

2　（元）郑玉：《师山遗义》卷五，《八月十四夜玩月岑山次鲍伯原韵》。

3　（元）郑玉：《师山遗文》卷五，《岑山钓鱼像赞》。

4　（明）程敏政，《篁墩集》卷七十，《过郑公钓台》，明正德二年刻东。

5　参见拙稿《元代徽州家族与地方社会秩序的构建——以歙县双桥郑氏为中心》，《中国史研究》2016年第4期；拙稿《试论元代后期的忠义观念及其在明代的发展——以余阙的彰显为中心》，《元史及民族与边疆研究集刊》2016年第2期。

6　（清）李慈铭：《越缦堂读书记》卷八，《文学·郑师山文集》，中华书局，2006。

7　（元）郑玉：《师山遗文》附录，《次篁墩先生韵》。

8　（明）汪舜民编（弘治）《徽州府志》卷一，《地理一·山川》。

9　（元）郑玉：《师山先生文集》卷一《题西山钓台》。

图3　黄山摩崖石刻

亦如上节花山刻石及下节黄山郑玉刻石所示，郑玉活动所及之处，多有意刻石以留其迹。更为甚者，在为自己选定的葬地之处亦摩崖刻石以记之。

> 歙人郑玉，其祖、父皆为县令。玉独不愿仕，筑室里之师山，以耕钓为业年四十。自卜葬地于休宁之庙岭，营其窆，俾死则启而瘗之。复记岁月，刻溪上云。[1]

确如其所记，郑玉绝食而逝后，"弟琏奉枢归殡于家。明年己亥十有二月庚午，葬休宁县庙岭上，尊治命也"。[2]

遍存于歙县的郑玉刻石，无疑为我们从空间上了解其活动轨迹，乃至进一步探究他作为地方知识人形象提供了更为直观的材料。

三　黄山郑玉刻石

黄山郑玉刻石（见图3）现存于徽州黄山脚下温泉石壁。面积150cm×330cm，1357年题刻[3]，局部剥落。此刻石原文郑玉文集中亦有收录：

1　（元）郑玉：《师山遗文》卷一，《庙岭磨崖记》。

2　（元）汪克宽：《环谷集》卷八，《师山先生郑公行状》。（弘治）《徽州府志》亦载："郑师山先生墓。在二十九都庙岭，师山，名玉，歙人。"参见（弘治）《徽州府志》卷二，《地理二·丘墓》。

3　安徽省文物局编《安徽摩崖石刻精粹》，安徽美术出版社，2011，第125页。

邑人郑玉子美，旧尝读书山下寺中，后迁紫阳南阜，遂耕师山之阳，钓于岑山之阴。久而天子知名，出内府酒帛遣使者以南，招玉为翰林待制。玉以德凉，辞辟不获。乃从使者至海上，以疾而返。复游山中，访寻旧馆。时丧乱之余，半已煨烬，独川流山峙不改依旧。乃浴汤泉，题名石上而去。时侍行者吴诜、胡焱、鲍观、鲍禧、谢真保、吴阳复。有元至正十七年春二月辛未，郑玉题。

该刻石包含了前两处刻石的基本信息：其一，所谓"旧尝读书山下寺中，后迁紫阳南阜，遂耕师山之阳"，此三处皆为郑玉读书、常居之所。其中"山下寺"即黄山祥符寺[1]，他不仅读书于此，过往好友亦访郑玉于此。[2]直至晚年，黄山仍为郑玉爱游之地，从者亦甚众。并且在元末纷乱之际，他还盛邀程文放弃婺源，与之同住黄山。

玉二月游黄山，从行者三四十人。二童子抱琴持纶歌诗前导，玉黄冠野服出入山水之间，真若神仙之临乎人世，所欠者尊兄同行耳。留寺中十余日，题名刻石而还，此黄山前古所未有也。尊兄闻之宁不为之动山林之思乎。……尊兄之归，只留歙县与小弟同住，却不必回婺源，盖婺源今次凋弊特甚，又邻境时有警报，不能安居。[3]

所谓师山，为其讲学之所。如前所述，鲍元康率弟子为其建师山书院于此，更广为时人所熟知。[4]

其一，从侍数人，当皆为其弟子，特别是鲍观、鲍禧皆前节所谓棠樾鲍氏子弟。其他数人文献未详，当为徽州当地从其游学者，属其交游之第一类。

更为重要者，该刻石涉及在元季徐寿辉红巾军数次侵乱徽州之际，元朝以郑玉名著徽州，数次征招之事。据郑玉行状，首次当为至正十三年（1353）江浙行省平章三旦八之举用，因其避祸山中"攀磴堕地"而折臂，辞之。后至正十五年[5]六月，元朝遣谢嘉卿通过海路持内府酒帛以翰林待制、奉议大夫召之：

皇帝圣旨里。中书省。至正十五年六月二十五日燕古儿怯薛

---

1 （元）汪克宽：《环谷集》卷八，《师山先生郑公行状》。

2 （元）郑玉：《师山先生文集》卷三，《送葛子熙之武昌学录序》。

3 （元）郑玉：《师山遗文》卷三，《与程以文帖》。

4 （元）郑玉：《师山遗文》附录，余阙《与子美先生书》。

5 （元）汪克宽撰《师山先生郑公行状》。记作"至元十四年"，现据"宣命"文书改。

第二日，水晶殿里酉时分。速古赤儿、道童、三都不花等有来。省官商量了，蛮子右丞相、实理门参政、伯颜帖木儿参议、野先普花都事、直省舍人善财奴等：徽州路郑玉有名的秀才，晦迹隐居，有为不仕。今将他委付做翰林国史院待制，教征聘将来呵，怎生。么道，皇太子根底、上位根底奏，圣旨识也者。么道，奏呵，奉圣旨：那般者。钦此。除依外，今差本役赍宣命一道，御酒二壶，缎子二表里，驰驿前来。[1]

九月使者至徽州，"监郡按敦海牙公率僚属至山中，先生卧病不起。监郡强起之，乃拜受酒帛，固辞宣命，请以布衣入觐"。[2]至元十六年勉强行至海上，疾作，草谢表授使者经建德而还。[3]

宣命中"皇太子根底"值得深究。据宣命文书行文，中书省官员曾将征聘郑玉事上奏至皇太子，而郑玉《谢赐酒笺》亦言及"伏遇皇太子殿下坤德"，何以征聘郑玉竟还通过皇太子。明初徽州歙县人唐文

凤之七言律诗[4]长题云：

前元至正十四年间，庚申帝遣使谢嘉卿航海赍名币、法酒至徽州歙县，征师山隐士郑玉子美，授以翰林待制。时端本堂正字郑彦昭启东宫，侑以尚尊，后辞不赴召。值兵变，所赐币流落民间，乃购得之。余以举保授兴国县令，考满入觐，遂裁制为衣，以朝天阙。感前代之恩币，成圣朝之品服。谩成七言律一章以寄意云。

歙县唐氏一族于宋元时期亦属地方名望家族，特别是唐元、唐桂芳、唐文凤祖孙三代以文学而擅名，同郑玉所在双桥郑氏家族关系密切。[5]唐文凤保授兴国县令在永乐时期，此时他购得流落民间的元朝赐予郑玉的币帛制成衣服，着以觐见永乐帝，确也令人称奇。毕竟此时距元季已过数十年，难证其所购前朝赐帛真伪，姑且置而不论。但唐文凤所谓"时端本堂正字郑彦昭启东宫，侑以尚尊"却极为值得重视。端本堂正字郑彦昭其人确实与郑玉关系匪浅。郑彦昭之于郑玉"同姓名潜字彦昭者，居长

1　《济美录》卷2，《宣命》。

2　（元）汪克宽：《环谷集》卷八，《师山先生郑公行状》。

3　（元）郑玉：《师山先生文集》卷一，《让官表》《谢赐酒笺》《上定住丞相》。

4　（明）程敏政编《唐氏三先生集》卷二十三，唐文凤《梧冈诗稿·五言律诗》，《北京图书馆古籍珍本丛刊》影印明正德十三年刻本，书目文献出版社，1988，第732页。

5　参见拙稿《元代徽州家族与地方社会秩序的构建——以歙县双桥郑氏为中心》，《中国史研究》2016年第4期，第137页。

龄里，与予家不同谱，而以叔父事予。性敏悟，志坚笃，才干优余，识见明远，吾乡子弟之千里驹也"。[1]可见郑玉对其评价甚高。其后他也确实深孚所望，"彦昭博学长才，由广东帅府从事上计京师，遂辟监修国史掾。历台及省，擢端本堂正字，侍皇太子东宫一年，拜监察御史"。[2]据程文此序文，郑彦昭确曾以端本堂正字入侍皇太子东宫。由此，元朝征聘郑玉时，与郑玉本就有深交的郑彦昭进一步启奏皇太子而使其积极干预并促成之。唐文凤的这一记载，应当是可信的。

综上所述，在皇太子等人积极举荐下，元朝正式征聘郑玉为翰林待制。这在徽州知识人群体中引起了极大轰动，纷纷寄书祝贺。[3]尽管郑玉固辞宣命，徽州知识人对此多有议论，但他应召入觐却是事实。所以在当时及后人看来，他也不再仅仅是徽州地方之士，而是在此时局动扰之际能够"入朝得极言天下事，此千载之一时也"。[4]实际上，郑玉也积极参与商讨过地方官府主导的御寇之策。

在此背景下，上节所引郑玉《富登钓台记》"至正十有六年秋八月，予以被召辞还，留虎臣所"。余阙所书"郑公钓台"的刻石便在此时。次年，郑玉携诸生盛游黄山，留下黄山郑玉刻石，故而前引郑玉致书程文"帖"中才有所谓"真若神仙之临乎人世"之慨。这一系列与当地时局纷扰之现状格格不入的郑玉行为与心态，明显与此时他为元朝征聘所带来的成就感密切相关。此时的郑玉，似乎已不再完全是活跃于徽州地方社会的知识人了。遗憾的是，这种良好的状态持续未久，徽州城即为红巾军所破，郑玉终尽其忠义于元朝。

四 郑村世居图——代结语

图4郑村世居图为郑村志编委会编《郑村志》[5]所收安徽省博物馆徽州古建筑陈列厅所展示部分，该图原收于明代《双桥郑氏宗谱》。[6]条件所限，笔者未能亲见。

歙县双桥郑氏为宋元之际与元朝政权积极合作而成长起来的地方家族，自郑安经郑千龄至郑玉，三代皆在徽州地方有一定影响。其中，郑安积极参与解决宋末元初徽州地方的"屠城危机"，后为地方士民

1　（元）郑玉：《师山先生文集》卷四，《郑彦昭读书巢记》。

2　（明）程敏政编《新安文献志》卷九十五下，《序郑彦昭潜集》。

3　（元）郑玉《师山遗文》附录，赵东山《贺郑子美先生受诏命书》《送郑征君应诏入翰林诗序》；徐大年《贺郑子美先生被征命启》《御酒师山燕诸生致语》。

4　（元）郑玉《师山遗文》附录，赵东山《送郑征君应诏入翰林诗序》。

5　郑村志编委会编《郑村志》，内部印刷，2010。

6　（明）郑明瞻编、郑九夏绘图《双桥郑氏宗谱》，安徽省博物馆藏本。

图 4　郑村世居图

所申，元朝为其建立"郑令君庙"，纳入国家祀典，岁时致祭。郑千龄如前所述，历任地方，皆有声誉，在其生前所交往的中央和地方知识人的共同推动下，元朝改其所居衮秀里为贞白里（郑千龄谥号贞白），并建立贞白里门坊，至今仍矗立于歙县郑村镇郑村街口。[1] 而亦如前所述，鲍元康率郑玉诸弟子为其建师山书院郑村附近之师山，延请郑玉讲学其中。如此，郑令君庙、贞白里门坊、师山书院，极为直观形象而又极具可视性地分别成为歙县双桥郑氏三代的代表性建筑，并同时为明代编修《宗谱》时以图绘方式保存流传至今。这无疑是元代双桥郑氏直接影响后世的明证。

在此背景下，我们再来探讨有元一代郑玉作为徽州地方社会知识人的形象时便可简单结论如下：首先，郑玉在承袭并充分利用其祖父、父亲两代在徽州地方所确立的家族地位，肆力于学，故能在同上层知识人保持一定联系的同时，立足于地方社会，聚集起诸如棠樾鲍氏这种家族子弟，通过他们积极参与地方事务，同地方社会保持密切联系。郑玉文集中频频所记鲍元康修复任公祠堂[2]，洪斌[3]出资重修昱岭关至

1　相关研究参见章毅《理学社会化与元代徽州宗族观念的兴起》，《中国社会历史评论》第 9 卷，2008，后收入《理学、士绅和宗族：宋明时期徽州的文化与社会》（增订版），浙江大学出版社，2017；拙稿《江南知識人にとっての宋元交替—徽州における地域の保全と社会秩序の構築—》，《東洋学報》94~2，2012；拙稿《元代徽州家族与地方社会秩序的构建—以歙县双桥郑氏为中心》，《中国史研究》2016 年第 4 期。

2　（元）郑玉：《师山先生文集》卷四，《修复任公祠堂记》。

3　（元）郑玉：《师山先生文集》卷五，《重修横山路记》。

徽州的横山路，郑绍谋修堰以利乡民灌溉[1]等，即为此类。其次，虽然郑玉早年曾随其父游历四方，但如上文所述，他以诸弟子相随畅游徽歙山水，并随处以刻石记之，可以说从空间上更为具体地展现了郑玉作为地方知识人的形象。最后，通过上述郑玉长期在地方的讲学及其广泛的活动，同时又积极保持与不同层次知识人的接触，最终为朝廷所认可，受到元朝的征聘，一定程度上也完成了其作为地方社会知识人的突破。

---

1 （元）郑玉：《师山先生文集》卷四《小毋堨记》。

印图中的信仰：从《一乘法界图》到《般心赞》

■ **沈寿程**（首都师范大学） **武绍卫**（浙江师范大学）

华严二祖智俨法师（602~668）曾创制七十三印图，但于后世渐渐失传；与之类似的印图，唯有《一乘法界图》流传甚广。[1]《一乘法界图》，历代被视为智俨弟子新罗义湘所作，但房山石经本《一乘法界图》的发现，为学界提供"俨法师制"的说法，"俨法师"即义湘之师——华严二祖智俨法师。其实，无论作者是谁，《一乘法界图》都与智俨有密切关系。据《法界图记丛髓录》（T 1887B）载："俨师虽作七十三印，但欲现其一印之义。而相和尚深得师意故，唯作此一根本印也。"[2]故《一乘法界图》与智俨七十三印有同样的设计逻辑。

《一乘法界图》是研究华严宗的重要文献，此前学者大多注重阐述其自身所蕴含的华严思想及后世对其所作之疏解，对其在其他方面的影响，由于资料的缺失，关注无多。敦煌 S. 3046 就记录了一首回文诗[3]，其布局形态的源头显然就是智俨法师所制七十三印图或《一乘法界图》。这为我们跳出《一乘法界图》的思想史与文献学研究而进行多视角的探讨提供了绝佳材料。兹不揣浅陋，试论述于下。

一　从《一乘法界图》到回文《般心赞》

为了方便论说，先将《一乘法界图》《般心赞》印图[4]和全诗移录于下：

---

* 　本文是国家社科基金青年项目"唐后期五代宋初敦煌僧团知识传承应用与敦煌地域社会研究"（19CZS066）阶段性研究成果。

1 　姚长寿：《房山石经华严典籍考》，《法源》，1998，第 25~37 页。

2 　《法界图记丛髓录》（T 1887B），《大正新修大藏经》第 45 册，台北佛陀教育基金会，1990 年影印本，第 718 页上。

3 　武绍卫：《一首新破解的敦煌回文诗——S. 3046 性质新考》，《文献》2018 年第 1 期，第 32~42 页。

4 　"印图"一词，引自《法界图记丛髓录》，是对《一乘法界图》中图和诗文的合称。其中"图"又可称为"印道""印相"。"印图"一词，参见《法界图记丛髓录》（T1887B），第 720 页下；"印道"一词，参见中国佛教协会编印《房山石经》第 28 册，华夏出版社，2000，第 627 页；"印相"一词，参见（新罗）义湘《一乘法界图》（T 1887A），《大正新修大藏经》第 45 册，第 711 页上。

《一乘法界图》的印图（见图1、图2）与诗文

法性圆融无二相，诸法不动本来寂。无名无相绝一切，证智

图1　房山石经所见《一乘法界图》印图

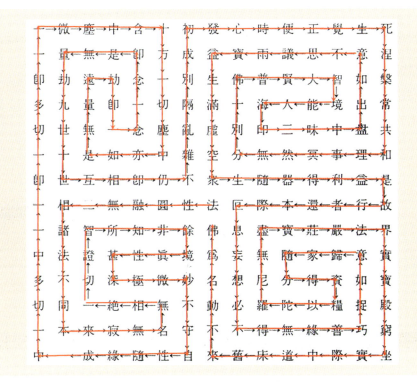

图2　《一乘法界图》印图复原图

所知非余境。

真性甚深极微妙，不守自性随缘成。一中一切多中一，一即一切多即一。

一微尘中含十方，一切尘中亦如是。无量远劫即一念，一念即是无量劫。

九世十世互相即，仍不杂乱隔别成。初发心时便正觉，生死涅槃常共和。

理事冥然无分别，十佛普贤大智境。能仁海印三昧中，盘出如意不思议。

雨宝益生满虚空，众生随器得利益。是故行者还本际，叵息

妄想必不得。

无缘善巧捉如意，归家随分得资粮。以陀罗尼无尽宝，庄严法界宽宝殿。

穷坐实际中道床，旧来不动名为佛。

S. 3046《般心赞》的印图（见图3、图4）与诗文

心随万竟（境）恒流转，意缚三毒每漂沉。各各求名立人我，一一诤（争）取世间钦。

异见别憎愚慢种，谄曲烦恼益稠林。恚怒时时恒不息，爱贪日日渐加深。

系着俗□荣与利，宁觉老病

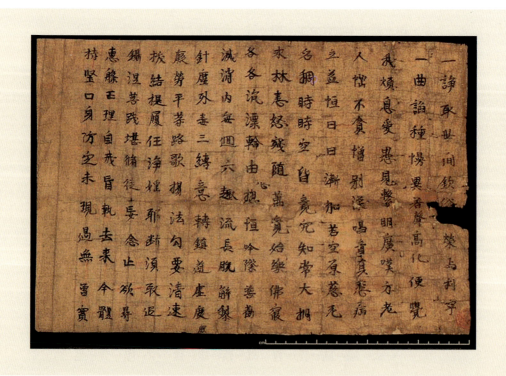

图3　敦煌 P. 3046《般心赞》

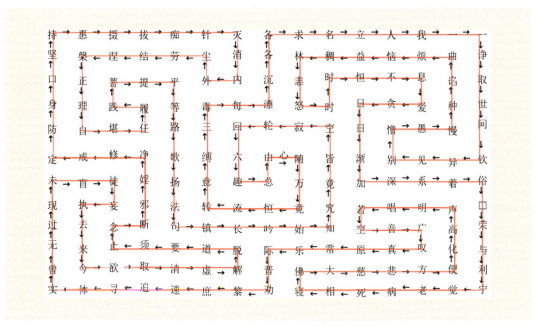

图 4　P. 3046《般心赞》复原图

死相寝（侵）？佛大慈悲方便化，高声明唱若空音。

　　广叹真原常乐际，普劝黎庶速追寻。体实曾无过现未，盲徒妄执去来今。

　　欲取清虚解脱道，要须止念断邪淫。净修戒定防身口，坚持惠摄拔痴针。

　　灭消内外尘劳结，涅盘正理自堪任。履践菩提平等路，歌扬法句镇长吟。

　　始知究竟皆空寂，轮回六趣总由心。

通过对比，不难发现二者构图大体一致，但有同也有异。

（一）相同点

　　（1）二者都是点线面的结合，即使用字、印和图构成印图。所用之字为佛偈，所用之线为朱线。《般心赞》的朱线虽然大多磨灭，但仍有残存；传世《一乘法界图》多是印本，故呈献出来的字和线都是同一颜色；房山石经本亦无朱线笔迹，但在日本常乐院收藏的可能是江户时期的手抄本《一乘法界图》中尚保留着朱线。[1]并且通过注疏，也可以得知《一乘法界图》最初便是墨字朱线，《法界图记丛髓录》（T

1　常乐院写本的相关情况，参见 Sato Atsushi, "On the Manuscript of the Ilseung beopgye do: Property of Jorakuin Temple," *Journal of Indian and Buddhist Studies*, Vol. 61, No. 3, 2013, pp. 1256-1260。

1887B）中言："略制盘诗者，黑字盘于朱画，朱画盘于黑字故云盘也。黑盘于朱则事遍于理，朱盘于黑则理遍于事也。"[1]

（2）二者延伸方向也几乎完全一致，也就是二者的阅读顺序几乎完全一致。关于读诗顺序，《一乘法界图》有清晰的解说："读诗之法，宜从中法为始，盘回屈曲，乃至佛为终，随印道读。"[2]《般心赞》虽未存有解说，但通过复原的顺序亦可得知其阅读顺序与《一乘法界图》相同，都是从中间字开始，沿印道读。

（3）二者的最初形态可能都只有印图而无注释。《般心赞》有印图而无解说，一目了然；而《一乘法界图》最初也是以印图的独立形式流传的，这一点姚长寿先生已有精当解说，可以参看。但姚先生所用例证，除了房山石经本外，多是从目录记载中推知而来，这里可补充一条直接证据，即上文所据日本常乐院藏江户时代《一乘法界图》抄本，该抄本亦只是抄写了印图，而无注释。

这些相同点说明，二者之间必然存在前后影响之关系。考虑到《一乘法界图》是由智俨或义湘首创、创作时间之早及传播影响力之大，当非仅传播于敦煌一隅未曾见诸任何典籍记载之《般心赞》所可比拟者，故二者之间当是《般心赞》学习了七十三印图或《一乘法界图》或受其影响而产生的其他印图，易言之，《般心赞》的

源头应该就是智俨的七十三印图和《一乘法界图》。

《一乘法界图》从传世始，便有义湘为之解说，后世又多有阐发。故而对其构造之理路，借助注疏，便可洞知。S.3046只保存了《般心赞》的印图，并未留有任何解说；不过，当我们确认了它与《一乘法界图》间关联的存在，其造作者之意图，也许便是从《一乘法界图》而来，故而借助后者，我们或许可以大致对《般心赞》有一番更为深入的了解。

首先，是关于为何使用如此印图散布佛偈，《一乘法界图》序中有言：

夫大圣善巧无方，应机随病非一。迷之者守迹，不知失体勤而归宗未日，故依理据教，略制盘诗，冀以执名之徒，还归无名之真源。读诗之法，宜从中法为始，盘回屈曲，乃至佛为终，随印道读。

序文的解说，并未触及繁回屈曲构造的来由，而从中可以了解到的也只是此首佛偈创作的动机，即以诗文阐释佛理。

从"故依理据教，略制盘诗"一语中也可以得知《一乘法界图》之佛偈与印图当是同时创作的。笔者曾依据《般心赞》的回文诗诗题与其印图的完美结合，推测

1 《法界图记丛髓录》（T1887B）卷上，第720页中。

2 《一乘法界图》，第711页上。

诗文作者与印图排列者是同一人，从《一乘法界图》的形成来看，这一推测应当大致无误。关于佛偈与印图同时创作，还有一点值得注意，即印图制作的顺序中，是先构图还是先写字。曾随天台八祖左溪玄朗（673~754）学习过的新罗法融便曾针对此问题有所回答：

> 问书黑字后画朱画耶？画朱画后书黑字耶？
>
> [法融] 答：二俱是也。先书后画者，以理从事之义。先画后书者，以事从理之义也。[1]

这种解说，可能也存在附会强解之嫌，根据我们对 S. 3046 的观察，一些朱笔连线实际上是位于墨字之下的，这透漏出印道本是事先画出，而后沿线分布僧诗字词。佐藤厚先生公布的常乐院藏《一乘法界图》中，也是字在线之上，亦即所谓"先画后书"。这当然是后世的处理办法。不过，就一般的设计逻辑而言，先勾勒出预先设计好的路线，然后将诗文书于线路之上，要比反过来的顺序更具可操作性。

关于印图的必要性，后世还有展说·

> 合诗一印配佛外徇海印，谓诗表普贤机，印表佛外向心。佛

外向心印，冥合普贤大机内向心头故也。[2]

《一乘法界图》的作者希望通过此诗，可以使"执名之徒，还归无名之真源"，可谓立意高远。在义湘的解说中，《一乘法界图》七言三十句，其中便蕴含着科判，"初十八句约自利行、次四句利他行、次八句辨修行者方便及得利益"，故而诗文本身便是一个完整的思想体系。[3]《般心赞》虽未有序，但从诗中所讲，亦可看出诗人当有以佛教心要济世之志。该诗首先点出"心随万竟（境）恒流转，意缚三毒每漂沉"，亦即心乃贪嗔痴之源，也就是痛苦之源；并指出修行之道"欲取清虚解脱道，要须止念断邪淫。净修戒定防身口，坚持惠摄拔痴针。灭消内外尘劳结"，即要弃绝杂念，断邪淫，持戒、修定、修慧，防身口意之三业，消除执念，化解烦恼，如此便可摆脱轮回、证得涅槃。全诗亦是有因、有行、有果的一个整体。

其次是关于构图中的诸要素。

关于印图设计，根据义湘的解说，可以分为三个问题来看：

一问： 何以故依印？

答： 欲表释迦如来教网所摄三种世间。从海印三昧，繁出现显故。所谓三种世间，一器世间、二众生世间、三智正觉世间。

1　《法界图记丛髓录》（T1887B）卷上，第 718 页上。

2　《法界图记丛髓录》（T1887B）卷上，第 716 页中。

3　《一乘法界图》，第 712 页上。

智正觉者，佛菩萨也。三种世间摄尽法故。不论余者。广义者。如《华严经》说。

二问：何故印文唯有一道？

答：表如来一音故。

所谓一善巧方便，何故多有繁回屈曲？

以随众生机欲不同故。

即是当三乘教，何故一道无有始终？

显示善巧无方，应称法界十世相应圆融满足故。

即是义当圆教，何故有四面四角？

彰四摄四无量故。此义依三乘显一乘。印相如是。

三问：何故字中有始终耶？

答：约修行方便显因果不同故。

何故字中多屈曲？

显三乘根欲差别不同故。

何故"始终"两字安置当中？

表因果两位，法性家内真实德、用性在中道故。字相如是。

这里的解说涉及法界图形成繁回屈曲之盘状、盘诗首尾字不同、盘诗构造成方形而非圆形等三个问题。从中可以得知，此盘诗构图几乎一字一线皆被赋予了深刻的佛教内涵，如此图的三种要素——字、线、面——象征着三世间（一器世间、二众生世间、三智正觉世间），此图呈四角方形乃象征四摄（布施、爱语、利行和同事）四无量（慈悲喜舍），如是"印圆"虽可以象征"一乘"，但不能表四摄四无量，且无法表达华

严宗的三乘判教思想。义湘解说中彰显《一乘法界图》的设计思想虽然繁复，但远不及后世的追述。如义湘并未解说诗中为何使用二百一十字，但在后世的注疏中，这个数字也被强加上了深刻的佛教内涵：

> 《真秀记》云：二百一十字者，法知识也。谓《离世间品》普惠、云兴二百句问，普贤瓶泻二千句答，每一句问，皆以十句答，故云一十也。[1]

盘诗布局自然出现的五十四角亦是如此：

> 《真秀记》云：五十四角者，表人知识，谓五十五知识也，以合初后二文殊故。唯五十四，合举初后通取中间为一圆智。普贤知识是所证理，法界诸法不出理智故也。[2]

就诗文创作而言，十五联七言诗句之数自然为二百一十；布局呈方形，繁回屈曲，呈五十四角亦是自然而然之事。真秀等人解说，尤其是以《离世间品》等解说二百一十字，显然有附会之嫌。

《般心赞》共十三联一百八十字，呈行十二、列十六的形态分布，共六十四角，构造显与《一乘法界图》有异，不过这种

1　《法界图记丛髓录》（T1887B）卷上，第 718 页上 - 中。

2　《法界图记丛髓录》（T1887B）卷上，第 718 页中。

一百八十字、六十四角构造应该不具有强烈的宗教内涵。

总而言之，《一乘法界图》中蕴含比较深刻的系统的华严宗思想体系，当是事实，但这种设计上的象征意义不能过于夸大。大致来说，上文所引义湘对与印图设计相关的三个问题的最初的解释，当最能真实反映设计本意，而至于后世附加而来的解说，则略显迂远。《般心赞》的设计者是否深得《一乘法界图》设计之深意，我们不便过度猜测，但可以确定的一点是《一乘法界图》之繁回屈曲构造肯定引发了他的共鸣，但是他对《一乘法界图》之"字有始终"的理念不甚满意，故而在设计自己的印图时，根据自己的体悟，对印图有所改动。而要讨论改动，需要首先了解一下二者之间的不同。

（二）不同点

二印图多有不同，我们可以从印图中的佛偈以及构图两个方面予以总结。

1. 佛偈的不同

这种不同首先表现为盘诗与回文诗的不同。所谓"盘诗"，相传为晋代苏伯玉之妻所作，并收录在《玉台新咏》之中。这种诗写于盘中，从中央起句，回环盘旋而至于四角，所以称为"盘中诗"。"盘诗"在布局上本应呈现"圆形"，但《一乘法界图》呈方形，关于此点当时便有人

提出过疑问，"即是义当圆教，何故有四面四角？"不过，智俨等似乎也曾略制"圆印"，《法界图记丛髓录》（T1887B）载：

依理据教者，理则忘像海印，谓佛心中证三世间，而佛证心一无分别也。教则现像海印，谓佛所证三世间法不动，各位性在中道了了现现也。是故依忘像理道二朱画，据现像教列多黑字，作圆印也。[1]

"圆印"亦是使用黑字和朱画勾连而成，只是呈现圆形，这应该是依照"盘诗"最初的传统而设计的，《一乘法界图》呈现"四面四角"的盘诗则是一种变形。我们不清楚《般心赞》创作之时，其作者是否见到过智俨的"圆印"，但从此诗的回文形态来看，即使见到，他也只能采用"四面四角"的布局，毕竟"圆印"的布局只能是单向的而无法首尾相接。

《一乘法界图》的盘诗首字为"法"，末字为"佛"，这也是传统的盘诗的结构，即不要求首尾一致，构成回文。但当时也有人对这种构造提出过疑问，在他们看来义当圆满，无始无终，而此盘诗却是"字中有始终"，并且"何故始终两字安置当中"。针对此问题，义湘的回答是"约修行方便显因果不同故"，"表因果两位，法性家内真实德、用性在中道故"。[2]《法界图记丛髓录》（T1887B）的解说更为透彻："法字是因，佛字是果。通一乘三乘也，欲现三乘之前后因果，即是法性德用性在中道故，以'始

1　《法界图记丛髓录》（T1887B）卷上，第720页中。

2　《一乘法界图》，第711页中。

终'二字安置当中也。"[1] 质言之，在义湘的思想体系中，"法"为因，"佛"为果，故而"首尾"两字共置当中。所以，这种布局实际上是华严思想的一种体现。

其实，《般心赞》的布局也是诗人佛教思想的表达，《般心赞》的中心只有一个"心"字，其用意在佛教思想框架之中也比较容易理解：此诗明心见性，认为世间烦恼起于心，亦灭于心，故而"心"是根本。《般心赞》的设计实际上是将心要与回文布局，若合一契地结合在一起了。从这点看，《般心赞》的设计者在改造《一乘法界图》时是颇费心思的。

二者诗文联句和字数也不同。《一乘法界图》共十五联二百一十字，呈行十四、列十五的形态分布，共五十四角;《般心赞》共十三联一百八十字，呈行十二、列十六的形态分布，共六十四角。考虑到两首佛偈的字数，都恰好满足印图设计，故而字数多少都是经过精确计算的。

二者诗文的不同也表现在诗平仄用韵方面。《一乘法界图》不讲究平仄用韵（韵脚依次为：寂、境、成、一、是、劫、成、和、境、议、益、得、粮、殿、佛），而《般心赞》虽然平仄不严格，但在韵脚上严格使用了《切韵》"平声卅六侵韵"（韵脚依次为：沉、钦、林、深、侵、音、寻、今、淫、针、任、吟、心），并且一韵到底。

二者阐释佛理的风格不同。《一乘法界图》是对华严宗思想比较精练的而又不失系统的阐发，故而内容丰富;《般心赞》全部围绕"心"展开，不涉庞杂;故而与《一乘法界图》相比，不免略显单一，并且所用名相浅显。但总的看来，两首佛偈都比较出色地以诗文的形式表达了各自的思想。

将诗文平仄韵律的使用技巧和诗文对佛理的阐释相结合，我们可以更清晰地体会到《一乘法界图》更多的是沿用了佛教义经偈语的风格，注重义理的传达，而不求平仄合律；但《般心赞》则在两方面结合得相对较好。

2. 关于印图布局的不同

二者在诗文形态以及字数上的不同，也决定了二者在印图上出现了各自的风格，最明显的差异便在于《一乘法界图》虽言盘诗，但这种"盘"只是在构图上大致存在，而并非绝对意义上的回文，因为该诗首尾并非同一字。《般若赞》则非如此，其诗首尾字均为"心"字，故而在构图上形成了一个完整的回路。

二者在布局上的不同也表现在结构对称性方面。《一乘法界图》呈以"法""佛"所在列为中轴的左右对称结构，而《般心赞》中虽然"心"处于中心，但因为只分布十六列（"心"字所在为第八列），故而并不呈中心对称结构，也不呈左右或上下对称。

综上所述，可以看出《般心赞》对华严宗《一乘法界图》的继承，更多的体现在印图设计之上，即以印图表达信仰；至于细节则多根据自身的特点有所改动。

---

1 《法界图记丛髓录》（T1887B）卷上，第 733 页下。

二　佛教的印相传统

根据义湘的解释,《一乘法界图》所呈现的是一种"印相"。华严对于印相之使用,便可以追溯到华严二祖智俨。上文已提及,智俨曾创制七十三印图,其中便有圆印。但因为智俨所制印图今已佚失,只有本文所讨论的《一乘法界图》流传于世;《一乘法界图》乃是方印,而非圆印,所以我们也无法从中得知智俨所制圆印究竟如何了。

在俄藏黑水城文献中,有一件基于《摩诃衍论》而成的《众生心法图》(Дx.691)也具有华严色彩,属于华严圆融的体系。该文献的重要特色也是将《摩诃衍论》的核心内容布局成了车轮形状。这与智俨、义湘等人将诗句布成印道的表现方式是非常一致的。

其实,"印相"这种传统不止存在于华严宗,甚至可以说将其发扬光大者乃是禅宗。《宋高僧传·仰山慧寂传》载:

> 时韦胄就寂请伽陀,乃将纸画规圆相。圆围下注云:思而知之,落第二头;云不思而知,落第三首。[1]

韦胄向慧寂(815~891)问法,而只得到了一圆相。此段公案在《袁州仰山慧寂禅师语录》(T 1990)中有更完整的记录:

> 师因韦宙就沩山请一伽陀。沩山云:觌面相呈,犹是钝汉,岂况形于纸墨?韦乃就师请。师于纸上,画一圆相,注云:思而知之,落第二头;不思而知,落第三首。[2]

根据明清之际的三山灯来的说法,仰山慧寂有九十六种圆相。并列举了数种,如"⊕""⊞""⊛""⋀"等。"圆相"实际就是一简单的圆,而其中被符赋予了丰富的禅机。禅宗用印相,可能有华严的影响在内。根据北宋晦岩智昭《人天眼目》(T 2006)所言,禅宗沿用了华严印法,三山灯来对此也有发挥,言"华严六相义,举一齐收于一,一法中有此六义。[3]经中盖为初地菩萨说也。拈六相即不无,还出得○这个么?"所谓"华严六相义"的印相为:

此印将"总别同异成坏"(见图5)六相绘于一圆之中,以之表示佛教圆融无碍。

此外,这种字相结合的方式,与密宗的观想种子的法门也有异曲同工之妙。在密宗中很多种子被置于曼荼罗之圆之中。如 S. 4509 中摩利支天曼荼罗便是如此,曼荼罗中有摩利支天种子字母:

如图6所示,三个种子图本质上相同,但细查种子字母则多有不同,尤其是字母1和2,种子字母方向便相差甚远。并且值得注意的是,此种子的书写是错误的。这种

1　(宋)赞宁:《宋高僧传》卷一二,《仰山慧寂传》,中华书局,1987,第291页。

2　(唐)慧寂:《袁州仰山慧寂禅师语录》,《大正新修大藏经》第47册,第584页下。

3　(宋)智昭:《人天眼目》,《大正新修大藏经》第48册,第324页上。

图 5 "总别同异成坏"印相

写法并非梵文而是藏文,其书法应为"ᰱ"(moṃ)、悉昙体应为"ᰳ"(maṃ)。这种错误的出现,当是抄写者不熟悉梵文、藏文而只是照图画样的结果。

总之,无论如何,在密宗、华严宗、禅宗等中都存在这种用字与圆等组成的印图,其印相有其内在的逻辑与宗教内涵。

小 结

本文主要讨论了几种佛教范畴的"印图"(或称"印相"),它们是僧人以构图布局的方式阐释宗派思想的方式。这种方式将构图所呈现的形状与文字的阐释结合起来,类似于美术表达上的点线面:文字即是点,文字的阅读顺序便是线,二者结合构成的意境便是图案与文字的合体。

比之于以长篇大论式的注疏等阐教方式,印图寓教于图文,以图达意,以文诠教,整体形式简约,但又不显浅陋。华严等宗的印图,尚使用较多的文字去诠释教义,但禅宗等不立文字,很多禅师以相示机,尽可能地少用文字,甚至不使用文字,将佛理聚于一字一相之中,以之开示信众。易言之,华严宗与禅宗在印图使用上的差别实际上可以理解为两教派"演教弘宗"与"弘宗不演教"之间的差别。

此外,如果我们将僧人使用印图的方式扩展为对图像的使用,那将会引发另一个新的话题,即僧人如何参与到图像的制作与运用活动中,当然这已经不属于本文的讨论范畴了。

1	2	3

图 6 敦煌 S. 4509 摩利支天种子字母

传承与变迁：妈祖文化"护国庇民"特征与社会发展互动研究[*]

■ **林明太**（福建省妈祖文化传承与发展协同创新中心、莆田学院妈祖文化研究院）
连晨曦（福建省妈祖文化传承与发展协同创新中心、莆田学院妈祖文化研究院）

妈祖文化的传承与传播得益于官方对海神信仰的支持。宋元以来，全国沿海各地与海外联系日多，保护出海渔民及商人安全成为政府的重要事项。因此，历代政府通过对海神妈祖不断册封，以彰显其地位。有宋一代，妈祖因其"护国庇民"的功绩，已完成从"女神"到"夫人"再到"天妃"的升格，这也是此后妈祖信仰得到普遍认同的保证。自宋代以降，历代文献中陆续出现妈祖在危难之际显灵，护国庇民的记载，大致体现在以下几个方面。

一 庇佑册封使臣出行

据《天妃显圣录》记载：宋徽宗宣和四年壬寅，给事中允迪路公奉命使高丽，道东海，值大风震动，八舟溺七，独公舟

危荡未覆，急祝天庇护。见一神女现桅杆朱衣端坐，公叩头求庇。仓皇间，风波骤息，舟借以安。及自高丽归，语于众，保义郎李振素及墩人备述神妃显应，路公复命于朝，奏神显应，奉旨赐顺济为庙额，蠲祭田税，立庙祀于江口。[1] 路允迪奉使高丽，是妈祖第一次取得宋朝政府所赐庙额，进而让妈祖信仰合法化。这一时期，官方对妈祖信仰表示认可的主要方式是加封。据《宋史》记载：自开皇宝祐以来，凡天下名在地志，功及生民，宫、观、陵、庙、名山、大川、能兴云雨者，并加崇祀。州、县、岳渎、城隍、仙、佛、山神、龙神、水、泉、江、河之神及诸小祠，由祷祈感应，封赐之多，不能尽录。诸神祠无爵号者赐庙额，已赐庙额者加封爵。初封侯、再封公、次封王。生有爵位者，从其本爵，妇人之神封夫人，再封妃。[2]

---

* 本文为国家社科基金项目（17BH155）阶段性研究成果。

1 蒋维锬、周金琰：《妈祖文献史料汇编·著录卷上编》第二辑，中国档案出版社，2009，第92~93页。

2 （元）脱脱等：《宋史》卷一〇五，礼志八，中华书局，1985，第2561页。

在政府的大力扶持下，南宋时期妈祖信仰遍及福建、广东、浙江、江苏等地。"神之祠不独盛于莆，闽、广、江、浙、淮甸皆祠焉。"[1] 自宋至清，为了抚民安海，历代王朝多次对妈祖予以敕封。封号也从"夫人"到"天妃"，再到"天后"，直至"天上圣母"，最长封号达 64 字之多，并在清代被列入国家祀典。[2] 由于统治者的极力宣扬，妈祖信仰广为传播，妈祖宫庙遍布我国沿海各地和海外华侨居住区。历代民间存在诸多水神信仰，起初不过为纪念某个有功于乡里的人，反映人民生产生活的美好愿望，年深日久，一些信仰消亡了，而另一些信仰则日趋繁盛。从这个意义上说，是信徒选择了妈祖。

受华夷观念的影响，古代中国政府多热衷于建立发展以自身为中心的朝贡体系。这使妈祖信仰的影响进一步扩大，其"护国庇民"的功绩亦口耳相传，广为人知。据《湄洲屿志略》记载，明代郑和曾多次亲临或派人到湄洲妈祖庙祭拜妈祖，恭请妈祖分灵出使海外。永乐元年"钦差太监郑和往西洋，水途遇风，祷神求庇，遂得安归。奏上，奉旨差官诣湄洲屿致祭，赏其族孙宝钞五百贯。是年，差内官张悦、贺庆送渤泥国王回，舟中危急，祷神无恙，

归奏，奉旨差官致祭。是年，差内官尹璋往榜葛剌国公干，水道多虞，祝祷屡有显应，回朝具奏，遣太监郑和、太常寺卿朱焯驰传旨湄山致祭，加封'护国庇民妙灵昭应宏仁普济天妃'"。[3] 此后朝臣出使外国，皆致祭妈祖。

郑和船队在出洋前与安全归来后，都会祭拜妈祖，数次在停留地点修建天妃庙。福州多处天妃庙的兴建都与其有关，如长乐广石天妃庙，"庙之宜，旧传自永乐内监下西洋创焉"，[4] "位于文石山，建于明永乐七年（1409）太监郑和往西域取宝……在此设祭开船"。[5] 明宣德六年（1431）春，郑和最后一次出使西洋前夕再次修建天妃庙。《天妃灵应记》碑详细记录了郑和前六次下西洋的经过和天妃神迹。这印证了妈祖信仰对古代中国的海外交往具有重要影响。

明清时期妈祖信仰的兴盛，亦与册封琉球使臣有关。明洪武二十五年（1392），朱元璋赐闽人三十六姓移居琉球。这些闽人漂洋过海，经常遭遇狂风巨浪，只能祈盼妈祖保佑。于是，琉球国王在那霸创建了天妃宫，确立妈祖信仰在琉球王国的合法地位。据《使琉球录》记载，当使臣在途中遇到风浪时，"舟人无所庸力，但大

1 （宋）丁伯桂：《艮山顺济圣妃庙记》，载中华书局编辑部《宋元方志丛刊》第 4 册，中华书局，1990，第 4015 页。
2 沈瑜庆、陈衍等：民国《福建通志》总卷九，《坛庙·福州府》，1938 年刊本。
3 蒋维锬、周金琰：《妈祖文献史料汇编·著录卷下编》第二辑，第 497 页。
4 殷梦霞、贾贵荣主编《国家图书馆藏琉球资料续编》（上册），北京图书馆出版社，2002，第 127 页。
5 佚名：《乐广石志》，1980 年福建省图书馆抄本。

呼天妃求救"。[1] 待风平浪静之后，册封使臣陈侃感叹："当此风涛中而能保我数百民命，真为奇功矣，当为之立碑，为之奏闻于上。"[2] 使船到达琉球后，正使要恭请妈祖登岸，随行人员跟随其后，把妈祖神像安奉在琉球宫庙中，以供当地官民共同瞻仰祭祀。完成使命后，使臣也要先迎请妈祖神像登船，妈祖文化成为国家对外交往活动的重要内容。

明清时期册封琉球使臣不仅在航海途中要祭祀妈祖，在开洋之前也必须祭拜妈祖。其设祭开洋处主要有长乐广石天妃庙、怡山院天后宫、福州水部门外的河口天妃宫。王应山《闽都记》卷五记载："长乐广石为册封琉球使者开洋处，尤极崇奉。海上往还，有谕祭文，神援舟功烈最著也。闽人渡海，风波危急，吁叩于神，有红光显异，或燕、雀、蜓、蝶翔集舟中，则无虞矣。"[3] 明嘉靖四十一年（1562）郭汝霖《广石庙碑记》又载，广石庙经过成化七年（1471）、嘉靖十三年、嘉靖三十七年三次重修后，册封琉球的使臣在此设祭开洋。[4]

万历六年（1578），萧崇业在筹备出使琉球期间，要求长乐县（今长乐区）地方官筹资维修广石天妃庙，竣工后萧崇业亲撰《重修广石庙碑记》。[5] 怡山院天后宫也是册封琉球使臣设祭的重要地点。康熙年间，汪楫等人受命出使琉球时，"星驰赴闽，于二十二年六月二十日谕祭海神天妃于怡山院"[6]，乾隆二十二年（1757）册封使全魁、周煌奏准祭祀天后，"嗣后谕祭天后祈报文二道，书明天后封号即怡山院天后宫，举行祭事"。[7] 官方的重视无疑促进了妈祖信仰的兴盛。

二　促进商业贸易顺利开展

妈祖信仰在促进古代河海贸易发展中发挥了重要作用。北宋时期，福建沿海商贸发达，海运繁忙。但因造船航海技术所限，海难事故频发，能够拯救海难的妈祖自然备受人们尊崇。"商舶尤借以指南，得吉卜而济，虽怒涛汹涌，舟亦无恙。"[8] 当

1　（明）陈侃、萧崇业、夏子阳：《使琉球录三种》，《台湾文献丛刊》第287种，台湾银行，1959，第56页。

2　（明）陈侃、萧崇业、夏子阳：《使琉球录三种》，《台湾文献丛刊》第287种，第57页。

3　（明）王应山：《闽都记》卷五，《郡城东南隅·闽县》，《中国方志丛书》第71号，台北成文出版社，1967，第29页。

4　（明）陈侃、萧崇业、夏子阳：《使琉球录三种》，《台湾文献丛刊》第287种，第105页。

5　（明）陈侃、萧崇业、夏子阳：《使琉球录三种》，《台湾文献丛刊》第287种，第105页。

6　（清）汪楫：《册封疏钞》，载黄润华、薛英编《国家图书馆藏琉球资料汇编》上册，北京图书馆出版社，2000，第871页。

7　沈瑜庆、陈衍等：民国《福建通志》总卷九，《坛庙·福州府》，1938年刊本。

8　林庆昌：《妈祖真迹》，中山大学出版社，2003，第103页。

时"妃庙遍于莆,凡大墟市,小聚落皆有之"。[1]同时,妈祖信仰还伴随着闽商足迹向浙、沪、苏、鲁等临海港口传播。宋宣和四年(1122)海商们集资创建山东蓬莱阁天后宫和长岛显应宫;绍兴二年(1132)又集资创建宁波天后宫和杭州天后宫;庆元二年(1196)福建海商在刺桐港创建了泉州天后宫;嘉熙六年(1242)创建天津卫天妃宫。到南宋后期,妈祖行宫已经遍布我国沿海各地,不但航海者和广大商人十分尊崇妈祖,普通百姓也对其敬仰有加。

商人队伍的日益壮大拓展了妈祖文化传播的空间。福建盛产荔枝、龙眼、蔗糖等农产品和陶瓷、工艺品、棉麻布、铁农具等手工业品,这些都是当时海上贸易的紧俏物品。南宋之后,随着经济重心南移,官方鼓励出海贸易,与中国通航的主要国家和地区有新罗、高丽、日本、琉球和交趾、占城、缅甸、暹罗、阇婆、苏门答腊、真腊、三佛齐等,远达中南半岛、阿拉伯半岛等地。商人们越洋过海,多有不测,妈祖便成为广大海商的精神依托,这也得到官方的认可。

元代建政后,推行积极的对外贸易政策,泉州刺桐港迅速成为东方第一大港,与其通航的国家和地区众多。当时"蕃诸之入中国,一岁可以往返,惟大食(阿拉伯半岛)必二年而后可"。[2]前往阿拉伯半岛的福建商船,需途经占城、罗斛、真腊,到三佛齐中转。再取道凌牙斯加,进入印度洋,航行到马八儿或故临住冬。次年,再乘季风航行2个月,才能到达巴士拉港。这条贸易航线路途远,风浪大,海难事故频繁发生,广大海商多祭拜祈求妈祖保佑。

明清之际,海商出海通番,舟船之上多置妈祖神像,焚香祷告,祈求航程平安。福州河口太保境内有一处重要的天后宫,即球商会馆,初建于清道光三年(1823),道光十九年在旧址上拓宽修建。内有石碑曰:"道光十九年七月十五日,据太保铺琼水球商、天后宫董事赵广利、郑玉和、李开茂、丁允中等禀称:切利等生理贸易、航海往来,全赖天后神灵庇阴。"[3]由此可见,清代商人对妈祖十分尊崇。

妈祖在商业领域庇护商民的事例不仅表现在远洋海商的对外贸易上,也反映在国内商人沿河沿江的贸易中。清代商人的行业组织"郊"中多供奉妈祖为保护神,设炉主轮流主持郊务。台湾鹿港的泉郊成立于清乾隆时期。陈培桂于《淡水厅志》记述:有郊户焉,或赎船,或自置船,赴福州、江浙者曰北郊,赴泉州者曰泉郊,亦称顶郊,赴厦门者曰厦郊,统称为三郊。共设炉主,有总有分,按年轮流以办郊

1　(宋)廖鹏飞:《圣墩祖庙重建顺济庙记》,载蒋维锬《妈祖文献资料》,福建人民出版社,1990,第1页。

2　朱维幹:《莆田县简志》,方志出版社,2005,第263页。

3　傅衣凌:《福州琉球通商史迹调查记》,载《傅衣凌治史五十年文编》,厦门大学出版社,1989,第237页。

事。[1] 商人们出资兴建的妈祖庙，成为商人议事的场所。

三　妈祖信仰对古代河海漕运的影响

漕运作为古代物资调度的重要手段，对维系国家安全与社会稳定起着重要作用。早在宋高宗南渡之后，为漕运方便，船商在舟山群岛设库建仓，建立中转站。时闽、粤船户信奉天后，为求航行平安，便在舟山群岛建庙供奉妈祖。

13世纪中期元朝建立后，南北漕运物资调度成为困扰政府的难题。至元十九年（1282），忽必烈命熟悉南北海路的朱清、张瑄和总管罗璧等人在今上海崇明、江苏太仓一带督造平底船装运漕粮，从刘家港出发，海运到天津海河口，再由陆运抵达大都。史载："元统四海……由海道上直沽达燕都，舟车攸会，聚落始繁，有宫观，有接运厅，有临清万户府，皆在大直沽。"[2] 这次尝试开辟了海上漕运的新路。至元十五年，朝廷加封妈祖为"天妃"，并在海运北上终点敕建"东庙"。从此，元、明、清三朝首都物资供给的海运及大运河的安全畅通，舟工行船者多仰仗妈祖女神庇佑。海上漕运要经历极大风险，妈祖信仰成为他们克服艰险的精神力量。元朝晋封妈祖为"天妃"，把她与国家的安全联系起来，使妈祖信仰顺着漕运之路迅速传播开去。刘家港是当时江南漕运和海运的集结地，据郑元祐《重建路漕天妃宫碑》所记：若夫路漕灵济宫，则尤典礼尊崇者也。盖海舟岁当春夏运，毕集刘家港，而路漕实当港之冲，故天妃宫之在路漕者，显敞华丽，实甲它祠。国家致重漕饷，既开漕府于吴，岁每分江浙省宰臣一人督运。

为答谢妈祖保佑漕运的顺利进行，元政府多次进行规模浩大的祭典。朝廷下旨："国朝漕运，为事最重，故南海诸神，有功于漕者皆得祀。唯天妃功大号尊，在祀最贵。"[3] 至顺四年（1333）、至正九年（1349）、至正十一年、至正十三年，朝廷都派特使自北而南，逐一祭拜天妃庙，感谢天妃护漕功德。元朝先后5次对妈祖敕封，将神格上升为"天妃"。规定漕运之前必须先祭拜妈祖。广州、漳州、泉州、福州、温州、明州、台州、绍兴、杭州、苏州、昆山、天津等港口城市就是在这一时期修建乃至扩建妈祖庙，作为官府祭祀妈祖之用的，妈祖成为这些城市的重要信仰。

大运河和海路漕运的成功是元代政治、经济发展的基础，其中的重要文化推动力就是妈祖信仰。元代对海运漕粮的依赖造就了妈祖在国家祭祀体系中的特殊地位，

1　陈培桂：《淡水厅志》，台北"国防研究院"，1968，第297页。

2　王小敏：《草原与海洋的对接——由天津·元明清天妃宫遗址博物馆说起》，《内蒙古日报》2013年9月2日，第12版。

3　蒋维锬：《妈祖文献资料》，第45页。

漕运沿线重要地方均置有妈祖庙，国家每年于漕运初发时或在漕粮顺达后遣使代祀，这一传统为明清政府所沿袭。

清道光四年（1824）秋汛，黄河暴发特大洪流，殃及洪泽湖决口，苏北饱受涝灾，导致运河淤积。朝廷决定从江苏试行漕粮海运。道光六年，江苏巡抚陶澍在沙船初次开行时，率下属致祭妈祖天后，祈保平安。清代后期大规模的漕粮海运前后延续80余年。[1]

四　维持社会安定

妈祖作为海神，不仅在庇佑使臣出航、商民河海贸易以及护佑漕运等方面起到保驾护航、安定民心的作用。随着社会发展与时间的推移，妈祖信仰的功能逐渐拓展，在社会治理中也发挥了重要作用。妈祖不仅成为官军平定叛乱的守护神，其宫庙也成为宣讲政策、教化人心的场所，妈祖宫庙作为基层民众的重要集会地点，一度是官府发布告示政令的地方，在一定程度上充当政府与民众间沟通交流的媒介。

妈祖信仰地位的提升不仅与其在风浪艰险中护佑官民的功绩息息相关，还被赋予了浓厚的助战功能。郑成功攻打荷兰殖民者，收复台湾时，曾经把妈祖作为"护军神"。清初，福建水师提督施琅受命攻台时，专程到湄洲妈祖庙举行隆重的妈祖祭典仪式，以鼓舞士气。清廷统一台湾后，对妈祖一再加封，这使得妈祖信仰地位不断提升。康熙至乾隆年间，台湾岛内发生数次大规模起义，朝廷先后派提督施世骠、总兵蓝廷珍和大学士福康安等将领率兵入台平暴，都借助了妈祖神威。暴动平息后，他们均奏请朝廷褒封妈祖。位于台湾府城（今台南市）的西定坊港口海安宫，中殿主祀天后妈祖，后殿祀观音大士，由郊商金永顺、苏万利、李胜兴等于乾隆元年（1736）创建。[2] 乾隆五十三年福康安平定林爽文事件时，委由知府杨廷理修缮。并由乾隆皇帝赐"佑济昭灵"匾，福康安献"恩溥天池"匾，列入祀典，依例春秋致祭，朔望之日，府县官皆须诣庙行香。这些官员对妈祖的祭祀除对天上圣母慈德形象表示崇敬之意，亦不无笼络当地人继续协助官军维持社会秩序的寓意。

嘉庆五年（1800）十月二十九日，册封琉球使团航行至温州北杞山时，遇上海贼。李鼎元在日记中记下"惟时日将暮，风甚微；恐贼乘夜来袭，默祷于天后求风"。[3] 可以看出，当时整个使团为求航行顺利，莫不祈祷于海神妈祖，以求一帆风

1　清代漕粮海运首次始于道光六年(1826)，结束于宣统三年(1911)，共计举行61次，前后长达86年，参见倪玉平《清代漕粮海运与社会变迁》，上海书店，2005，第503~513页。

2　〔日〕相良吉哉:《台南州祠庙名鉴》，台湾日日新报社台南支局，1933，第27页。

3　殷梦霞、贾贵荣主编《国家图书馆藏琉球资料续编》（上册），第802页。

顺,顺利完成任务。

在嘉庆十八年(1813)所立的"重兴鼓浪屿三和宫记"中,又记载了妈祖助水师提督王得禄平定起义的事迹:

> 窃惟天心丕显,群瞻霄汉之光;帝运遐昌,共丽车书之统。故河神效顺,海若输诚,而圣母之昭昭灵应,尤不啻有桴鼓之捷、风草之征。余盖尝于吾身亲见之也。自昔年由邑庠招集义勇剿捕林逆,蒙恩擢用。嗣因蔡、朱二逆猖獗,亲带舟师追捕,于嘉庆八年间收抵三和宫前修葺战舰,见庙廊之就敝,顿起募建之思,冀神听可通,默许重兴之愿,由是舟师所向,屡立微勋,累至水师提军。己巳秋,渠魁扑灭,海氛以次底定,蒙恩晋封子爵,赏戴双眼花翎。回思向日祈祷之诚,其昭应真有历历不爽者矣。神光既普,庙貌宜新。谨捐廉俸,鸠工庀材,而行户巨商亦各喜檀施,共襄盛举,今已落成矣。但见栋宇垣墉,崇闳坚致。西来山色千重,翠黛拥雕梁;东向波光万顷,琉璃辉宝座。此余所以酬圣母之恩。而明明对越,惕惕凝械,余心终有不能自已也。时嘉庆癸酉孟冬之月。
>
> 钦命提督福建全省水师军务、统辖台澎水陆官兵、世袭二等子王得禄谨志。乡进士陈选知县 王圭璋书丹。[1]

《厦门志》记载:三和宫,在鼓浪屿三坵田,祀天后。[2]更早的《鹭江志》则记载:前临海,后负山,小舟直抵其下。[3]嘉庆八年王得禄担任金门镇左营游击时,其战船就曾停泊于三和宫前修葺,当时他看见三和宫稍有破毁,发愿整修三和宫。只是军务倥偬,耽搁下来。待王得禄已累功至福建水师提督时,方想起当年的心愿未了。回想这些年来的经历,颇有履险如夷又都能转危为安之感,实觉有赖妈祖护佑。于是捐出银两,邀集各郊行共襄盛举,将三和宫妈祖庙修葺一番。王得禄捐修妈祖庙是希望借由天上圣母妈祖的神威显应,能让"河神效顺,海若输诚";至于"由是舟师所向,屡立微勋,累至水师提军",更明确表达了建立一番功业后的虔诚心态。

妈祖信仰在助战功能之外,还承担着解决庄民纠纷;设立义渡、公示庙产、杜绝纷争、维护家族内部团结等功能。

---

1 今虽鼓浪屿三和宫已毁,此碑系摩崖石刻,尚存于鼓浪屿三坵田港附近山壁。参见徐明德《清代水师名将王得禄传略与年谱》,杭州大学出版社,1991,第92页。

2 周凯:《厦门志》,台湾省"文献委员会",1993,第67页。

3 薛起凤:《鹭江志》,厦门大学出版社,2004,第178页。

（一）解决庄民纠纷

乾隆二十五年（1760），台湾凤山县笃嘉庄、龙渡庄、盐树脚、三张廊四庄因灌溉引水发生纠纷。凤山县淡庄等处的庄稼均引河水灌溉，源头共出一条，分为三支。乾隆二十五年十二月，笃嘉庄民刘予长等称其引水被盐树脚庄民霸绝，凤山县官府勘查后发现溪面横宽六丈，做出如下批复：应以一丈为砌石立界之地，其余五丈作十份平均分配。内笃嘉、龙渡两庄应归二丈，计得四份；盐树脚、三张廊等各庄应归三丈，计得六份。为杜绝龙渡、笃嘉、盐树脚、三张廊等庄佃户在内山源头私开圳道，挹彼注兹、分泄图私，凤山县府在此勒石永禁，石碑存于屏东县里港乡大平村双慈宫（天后宫）。除此之外，凤山县正堂在碑文最后规定各庄"每年捐谷四石，奉祀天后圣母香油之资"[1]表明官府对妈祖信仰的崇奉。官府希望以妈祖信仰为号召，督促各方恪守协定以平息事端。在妈祖庙发布公文，意在凸显官府遵从神意、秉公执政的形象。

（二）设立义渡

台湾凤山县地区夏、秋多雨，渡河人员众多，民众多缺乏划桨行船技术。有鉴于此，雍正八年（1730），凤山县港西里民众倡议设立义渡，不收来往人等铜钱，并存谷7石。此7石谷交与街众放收利息，视此后盈余情况购置产业。此外，参与设立义渡的民众商议，每年纳谷4石，作为天后圣母的香油钱。乾隆二十四年，凤山县港西里赖攀云等32人发起倡议，要求恢复并延续雍正年间在此地设立的义渡。[2]

义渡作为官府与民众共同参与的公益事业，与妈祖福济众生的博爱内涵是一致的。官府将义渡碑置于妈祖庙，借助这一场所将义渡通知广而告之。信众设立义渡后，将收取的4石谷作为祭祀妈祖的香油钱，这表现了信众对妈祖的崇敬。由此事可以窥见清代官府、民众和妈祖神明三者的良性互动，官府借助妈祖信仰实现对民众的有序管控，民众则因官府对妈祖信仰的支持和鼓励服从管理，这一良性关系奠定了官民和谐关系和地方社会有序发展的基础，妈祖信仰也得到发展和广泛传播。

1　见《台湾文献丛刊》第 218 种，《台湾南部碑文集成》（四）。碑存屏东县里港乡大平村双慈宫（天后宫），高 152 厘米，宽 72 厘米，砂岩。原碑缺题。示告者为凤山县知县王瑛曾；批示者为台湾府知府余文仪，与王瑛曾同年莅任。碑文卢尔德嘉《凤山县采访册》《台湾私法物权编》俱录之。

2　见《台湾文献丛刊》第 73 种，《凤山县采访册·义渡碑》。碑存屏东县里港乡大平村大平路双慈宫（天后宫）左壁，高 140 厘米，宽 68 厘米，砂岩。正书 14 行，行 36 字。

（三）公示庙产，杜绝纷争

同治二年（1863），台湾发生戴潮春起义，凤山县各庄民曾三次从官出征，官府为遇难者建造祠宇，设立死事者牌位，设六角头轮流值年祭祀。祭祀费在十八庄中凑捐。为使祭祀能够永续，主事者置办田产，作为未来祭祀经费来源。为杜绝田产为后人剥夺，引发纠纷，由李升兴立契，黄再择作为中人，李誉如作为代书人，签订契约，确立义祠亭田产情况。[1]此碑存放于屏东天后宫内，反映了当地官民对于妈祖公正严明神性的认可，并借助妈祖信仰的神力，预防相关民事纠纷。实际上，清代台湾妈祖庙内存放公示番租、祀田、庙产情况石碑的做法非常常见。例如，同治七年三月初五日，淡水同知严金清立《大甲义学租谷谕示碑》，对大甲巡检署旧设义学租、德化社番租的田亩坐落、界址、佃户姓名等内容勒石碑示。此碑在大甲镇，立于该镇妈祖庙镇澜宫右厢。[2]同治八年九月，淡水同知富乐贺为出示晓谕征收交纳事，立《德化社番租谕示碑》。此碑在大甲镇，立于该镇妈祖庙镇澜宫前右侧。[3]

（四）颁布禁令，维持秩序

同治六年，广东籍举人余春锦上报称，寓居台湾的广东人每逢省亲、乡试时，多从旗后、东港配船回原籍地。他在咸丰八年（1858）、十年搭船渡参加乡试时，屡屡被各处汛口私抽勒索银物，经据情禀请示禁在案。加之汛口官员又萌发贪念，前后效尤，任勒无度：或造私刑酷禁，或将行李抢散，致使关津多阻，客旅难行。因而余春锦等人上报请求示禁勒石，以杜后患。是年五月，台湾安平水师协镇府副将萧瑞芳、台湾海防南路理番分府同知杜，严行示禁，申明嗣后有粤籍绅民由该口买舟内渡，以及就内搭船来台，务须查明住址何处、往来何由，果无夹带禁物，立即放行；毋许籍端勒索，阻滞行踪。此示之后，再敢苛索勒抽，一经查出，或被告发，即从严究办，决不姑宽。该绅民等亦不得夹带违禁货物，致干查究。其各凛遵，毋违，特示。[4]此示禁碑存于高雄市旗后天后宫，反映妈祖庙在清代官府管控地方社会、发布示禁政令中所扮演的角色。

以上台湾各地妈祖庙所存石碑内容，大多为官府颁布的有关民众的民生问题，

---

1 见《台湾南部碑文集成（三）·义祠亭碑记（同治十一年）》。按：碑存屏东县屏东市天后宫，高122厘米，宽77厘米，花岗岩。

2 见《台湾文献丛刊》第151种，《台湾中部碑文集成》。碑高120厘米，宽73厘米；砂岩。字迹尚明，但每行字数不齐。给示人，当为淡水同知严金清。

3 见《台湾文献丛刊》第151种，《台湾中部碑文集成》。碑高143厘米，宽72厘米，砂岩。下端字迹剥泐殆尽；上端有"碑记"二大字，楷书。给示人，当为淡水同知富乐贺。

4 见《台湾文献丛刊》第218种，《台湾南部碑文集成（四）·严禁勒索以肃口务示告碑（同治六年）》。按：碑存高雄市旗后天后宫，高112厘米，宽71厘米，砂岩。示禁者为安平水师协副将萧瑞芳及台防同知杜（名未详）。

清代地方官府之所以将颁布的行政禁令、示谕等行政条令勒石立于各地妈祖庙内，是因为妈祖庙作为民间信众的祭祀场所，人员流动量较大，这样一来，条令的颁布才得以有效扩散。官府借用妈祖信仰为其有效治理当地社会服务。

综上所述，妈祖信仰的"护国庇民"特征主要体现在庇佑册封使臣出行、促进商业贸易顺利开展、对河海漕运航程的庇佑以及维系社会安定等方面。自宋至清，历代统治者有感于妈祖信仰的巨大社会功用，前后数十次予以褒封。在官民互动的造神行动中，妈祖成为对中国社会发展最具影响力的神灵之一，成为维系官方与民间关系的纽带。妈祖宫庙一度成为地方政府发布行政指令的场所，在维护地方秩序方面发挥着重要作用。

妈祖信仰在获得官方屡次褒封的过程中确立了其正统地位，透过妈祖信仰发展传播的历程，可以窥见古代中国社会的诸多面相。中国册封使臣冒着巨大风险频繁出使，是长期存续于东亚地区的朝贡体系的缩影。这不仅是古代中国在"华夷之辨"观念下处理对外关系的方式，也反映出东亚各国加强交流、寻求和平的努力，作为长期存在于东亚地区的秩序准则，朝贡体系对人们的文化观念、行为模式影响深远。

妈祖信仰在河海贸易中的推动作用再现了古代中国海商行船走海的艰难境况。我们今日津津乐道的"海上丝绸之路"正是由成千上万不畏艰险、祈求妈祖庇佑的船商们开辟的，商贾的贸易往来促进了物品、人员的流通，其范围甚至一度拓展至非洲，为东亚乃至世界海上贸易圈的形成做出了重要贡献。

妈祖对河海漕运的作用关系到国家物资的调配运输。这不仅是帝国得以运行的基础，也关系到沿河、沿海城市的发展。自南向北，与漕运相关的各个城市都不同程度地受到妈祖信仰的影响。直至今日，从不同地区社会经济的发展状况仍然能寻觅到当年漕运带来的影响。

妈祖信仰的助战与维护社会安定的功能则超出了单纯的海神信仰的范畴，是其信仰力量的扩展。这也从侧面反映出妈祖信仰受到政府重视，一度成为政府笼络民心、号召群众的有效手段之一，是沟通官民关系的桥梁。

妈祖信仰的形成与传承归根结底是经济社会发展的产物。全国各地妈祖宫庙大多数出现在岛屿、港口、商埠、集市周围，甚至在对外贸易管理机构市舶司周边也大多建有妈祖宫庙。妈祖信仰的历史演变过程，既反映了平民百姓对妈祖大爱精神的普遍认同，也折射出中华优秀文化传承的历史缘由；既存在广大妈祖信众的心理作用，也体现历代执政者的政治需要；既包含社会群体生产活动的逐利成分，也是中国古代经济社会发展的必然产物。今天妈祖信仰已成为世界非物质文化遗产，将妈祖信仰"护国庇民"的特征及巨大影响力与国家战略相结合，在新时代进一步增强广大民众对妈祖文化的认同感，是我们应当努力的方向。

四

地理与图像

民国《申报地图》的编制出版与文化政治*

■ **李　鹏**（陕西师范大学西北历史环境与经济社会发展研究院）

在近现代中国地图学史上，1930年代由"申报馆"发行的《申报地图》，被日后地图史学界誉为"代表了民国时期科学制图的水平"。[1] 无论是从地图内容，还是从制图工艺、图绘精度来说，该图都达到了当时的世界先进水平，不仅是中国传统编图范式的一次重大突破，更成为其后编制各类中国地图的权威范本。然而，需要说明的是，这套被后人名为《申报地图》的地图出版物，实为内容有别、时间不同、形式各异的申报版地图出版物的统称与泛指，具体包括《中华民国新地图》（1:2000000）、《中国分省新图》（1:3000000）与《中华民国地形挂图》（1:3000000）等三种地图。[2] 目前，学术界对上述三种《申报地图》的研究，多注重从科技史的角度，分析其绘制技术与数据处理的内部特征。[3] 然而，从出版史与文化史的角度，探寻《申报地图》文本内容、流通阅读与社会影响，当前的研究尚付之阙如。有鉴于此，笔者结合上述"内部理路"与"外部理路"两种模式，以期能有效阐释《申报地图》文本编制、流通与利用的文化政治意义。

一　《申报地图》编制与出版的缘起

关于《申报地图》编制与出版的背景

*　本文系2019年陕西省社会科学基金项目（立项号：2019H003）与2019年陕西师范大学"中央高校基本科研业务费专项资金项目"（批准号：19SZY804）阶段性成果。

1　喻沧、廖克：《中国地图学史》，测绘出版社，2010，第392页。

2　陈潮：《中国近现代地图史略》，参见陈潮《图情六十年》，中国地图出版社，2004，第328~329页。

3　徐红燕：《地质调查所在中国地图学史上的重要贡献：以〈申报地图〉为例》，参见徐红艳《数字参考咨询与地学文化研究》，知识产权出版社，2013，第129页；孙关龙《〈中华民国新地图〉及其编制者之一曾世英先生》，《中国科技史料》1990年第2期。

与动机，须从当时上海申报馆 60 周年庆典活动谈起。创刊于 1872 年的上海《申报》，是近代中国发行时间最久，也是最具影响力的中文报刊。民初以降，特别是 1912 年史量才接手申报馆以来，[1]《申报》在全国的发行量逐年上升，1912 年为 7000 份，1920 年是 3 万份，1926 年即突破 14 万份，创造了《申报》的黄金时代。1932 年为申报馆成立 60 周年，作为《申报》总经理的史量才很早就萌生了借此契机进行社内改革的愿望。[2] 为此，申报馆自 1930 年开始，就以"《申报》60 周年庆典"为中心，"以积极之行动，努力于本报之改进，努力于应负之责任，不徘徊、不推诿、不畏缩，尽我绵薄，期有以自效，是为本报同人深自体念后最大之决心"。[3]

在诸多纪念活动中，有一项重要活动就是编制与出版《申报地图》。早在 1930 年秋，史量才就与地质学家丁文江商定，仿效英国《泰晤士报》纪念报庆而编制《泰晤士地图集》的先例，由申报馆出资，经时任地质调查所所长翁文灏同意，提供该所丰富的藏图资源，成立"申报馆中国地形图编纂会"，由曾世英、方俊等具体负责，从事不同版本《申报地图》的编制与出版活动。[4] 对此，史量才为《中华民国新地图》作序称：

《申报》既确定方针，将廓大为群服务，会六十周年且至，集同志谋所以纪念，或请设边疆旅行团，丁先生文江曰："诚欲从事边疆调查乎？一、图，二、籍，斯为主要，籍无论已，顾安所得精且塙之地图者？权轻重，较缓急，盍先事制图乎？吾国自清康乾后，局部测绘，有之，汇合以成全国精图，殆犹未也。其先事制图便。"则皆曰："善！"议以决，时民国十九年秋也。

量才之赞许丁先生建议，微意尤别有在。量才少而受学，长而执教且十年，确认史地二科，凡人生基本观念之所以确立，与夫爱群爱国心之所由培成，胥于二者是赖。而地理尤负特殊使命，盖文与理二大科别，得此不啻置邮而通之也。放言之，凡夫天然之盈虚消长，地形之迁变，山川之形胜，人物之分布，庶汇之蕃昌，政区之画析，水陆空之交通

1　史量才（1880～1934），中国近代报业家，江苏松江人。1908 年出任《申报》主笔，1912 年任总经理。1922 年后成为当时中国最大的报业巨头。因主张民主，抨击集权，反对内战，倡言抗日，遭国民党当局嫉恨，于 1934 年被国民党特务暗杀。章太炎曾亲撰《史量才墓志铭》，赞其"白刃交胸，而神气自如，斯古之伟丈夫矣"。参见夏征农、陈至立主编，熊月之等编著《大辞海·中国近现代史卷》，上海辞书出版社，2013，第 545 页；卞孝萱、唐文权编著《民国人物碑传集》，凤凰出版社，2013，第 287～288 页。

2　上海图书馆编《近代中文第一报：〈申报〉》，上海科学技术文献出版社，2013，第 38、39 页。

3　《本报六十周年纪念宣言》，《申报》1931 年 9 月 1 日。

4　陈潮：《中国近现代地图史略》，参见陈潮《图情六十年》，第 328 页。

建设，凡所以贡献于文教，武备，与夫修学，施政，治事，复谁如其亲切且远大者？又岂仅教科为然？量才所认识地图之重且要如此。顾怀此有年，而无以自效。丁先生者，地质学专家也，偕其同志创设地质调查所，分其余力，搜集地图，无古今中外，巨幅片楮，凡力所能致，无不收采。苟丁先生而肯任此者，量才积年之愿望偿矣。乃语丁先生：刷印，发售，所不敢辞。编制，舍先生又奚属者？丁先生既约定其同志翁先生文灏、曾先生世英相与慨然承诺，而吾图遂成。[1]

从上述记载来看，史量才在申报馆六十年的庆典活动中，起初并未安排相关地图的绘制与出版计划，而是试图组建边疆旅行团等活动。然而，最终确定编制与出版《申报地图》的方案，最关键的人物就是丁文江。正是在他的极力举荐之下，史量才与申报馆才改变了起初的计划，进而将重新编制全国新版地图集作为庆典活动的组成部分。需要解释的是，丁文江为何会在此时向史量才提出这一建议？申报馆为何要选择与地质调查所合作？这就需要联系丁氏个人的学术生平，以及民国时期地质调查所的学术取向做出回答。

丁文江（1887~1936），江苏泰兴人，著名地质学家，1908年入英国格拉斯哥大学，学习地质学与动物学。1911年回国后，于1916年创办中央地质调查所，1922年参与创办中国地质学会，1923年与张君劢发起一场"科学与玄学"之争，在民初知识界影响极大，是中国近代地质学的主要启蒙者之一。[2]

正是在从事地质学的研究实践中，丁文江对当时中国地图的不妥之处有了切身的体会。在1932年他写给《独立评论》一篇题为《地无三尺平：雍正以前的地图（新旧驿道）》的文章中，就指出：根据他1911年考察西南地区的亲身经历，无论是武昌舆地学会，还是商务印书馆出版的中国地图集中，基本上是以清初地图测绘的数据，不仅缺少地形资料，也没有标明人迹罕至的西南自然地理特征，甚至连当时云贵驿道的变化也没有反映出来。[3]

在这篇文章中，丁文江对中国地图的不精确性，愤慨道：

> 武昌舆地学会的图就是所谓胡文忠公地图，是根据乾隆年的大内舆图翻刻的。大内舆图虽是

---

1 丁文江、翁文灏、曾世英：《中华民国新地图》"序言"，申报馆，1934。

2 有关丁文江生平的介绍，参见胡适《丁文江传》，东方出版社，2009；宋广波编著《丁文江年谱》，黑龙江教育出版社，2009。

3 〔美〕费侠莉：《丁文江：科学与中国新文化》，丁子霖等译，新星出版社，2006，第31页。

在乾隆年刻的，实际是用康熙年间天主教教士所测的图做蓝本的，并未加以丝毫修正。新驿道是雍正七年改的，图是康熙年间测的，当然不会相符合的。所可怪的是，这是云贵两省的大道，每年来往的士大夫不在少数，竟没有人发现图的错误！因为不但是武昌舆地学会的图如此，所有商务印书馆的"最新"中国地图，和英、德、法、日文的一百万分之一的图都是如此！一条贯通两省的驿道，在图上错误了二百多年，没有人发现，足见我们这二百多年地理学的退步。[1]

1932 年，丁文江在另一篇题为《误人的地图》的通讯中再次发声：

地图不真确的误人，要用地图旅行的人方才知道。……平心而论，如武昌亚新地学会出版的地图总还算不错。因为地图这样东西，不是可以编的，是要测量的。有了实测的、缩尺大的地图做底本，才能编出普通用的小缩尺的地图来。各书店所出版的地图，都是用乾隆

大内舆图作底本的。……到了今日已经根本不能适用。何况许多编地图的人连大内舆图的原本都没有见过。这些人你抄我、我抄你，自然越抄越错误了！[2]

由此可见，丁文江在其首次西南考察的 20 年后，即于申报馆 60 周年庆典之际，提出重新编制中国地图集的建议，不仅是出于其在研究实践中的实际需要，更在于希望借地图编制这一具体活动，推动科学地理学在中国的成长与发展。追本溯源，丁氏重新编制中国地图集的愿望与计划，在其主持中央地质调查所工作的时候就有所行动。

1916 年，中央地质调查所成立伊始，就开始从事地质图等专题地图的调查与测绘工作。例如，1919 年，由翁文灏编制的《中国地质约测图》，比例尺为 1 ：6000000，是首张中国地质全图；1920 年，由叶良辅等完成的《北京西山地质图》，比例尺为 1 ：100000，是中国首张野外实测的比例尺地图，开创中国野外制图的先河。1924 年，由谭锡畴等测绘的《北京—济南幅、太原—榆林幅、南京—开封地质图》，比例尺为 1 ：1000000，是中国首次按照国际分幅编制的小比例尺地图。[3]

1 丁文江:《地无三尺平：雍正以前的地图（新旧驿道）》,《独立评论》第 6 号，1932 年 5 月 26 日。

2 丁文江:《误人的地图（通讯）》,《独立评论》第 19 号，1932 年 9 月 25 日。

3 徐红燕:《地质调查所在中国地图学史上的重要贡献：以〈申报地图〉为例》，参见徐红艳《数字参考咨询与地学文化研究》，第 129 页。

此外，中央地质调查所还利用一切机会和条件搜集各类地图资料而成为当时中国最丰富的地图资源中心之一。据统计，1949年中科院接受地质调查所的人员与资产清单中，就列出有中外地图102665幅，足证地质调查所所藏地图种类之全、数量之大、规模之富。[1]可以说，中央地质调查所地图资料的收藏与利用，以及专题地质地图的编制与刊印，不仅为中国地图出版事业的发展做出了突出贡献，更为申报馆开展《申报地图》的编制工作奠定了良好的基础。

二 《申报地图》的编制过程与内容特色

按照丁文江的计划，新成立的"申报馆中国地形图编纂会"，由申报馆出资，负责地图编辑、印刷与出版费用，中央地质调查所则提供人才、技术与图书资料，具体负责编图事务。根据当时双方签订的合同，甲方为史量才（代表申报馆），乙方为丁文江、翁文灏、曾世英，由黄炎培作为证人，合同规定期限为两年，要求在申报馆60周年时完成图集的编绘与出版，

编图每月所需费用由申报馆按月汇给，每月2000元；稿酬在图集出版后按销售数量分期支付，为图集总收入的15%。值得注意的是，如此高的编图经费与作者稿酬，在当时地图出版业中是非常罕见的。[2]

就具体分工而言，则由丁文江与史量才敲定总体原则，翁文灏把握制图进程，曾世英具体负责数据采集与地图绘制工作。翁文灏（1889~1971），留学比利时鲁汶大学，获地质学博士学位。1912年回国，后来接替丁文江担任中央地质调查所第二届所长，是当时中国国内最负盛名的地质学家之一。[3]曾世英（1889~1994），1918年毕业于苏州工业专门学校，后任职于华北水利委员会，自1930年至1946年在中央地质调查所任技正，其间曾赴欧美考察制图技术，是当时难得的地图技术人才。[4]可以说，无论是知识背景，还是学术声望与人才构成，《申报地图》的编辑团队都堪称一时之选。换言之，能够有效利用申报馆充足的资金，以及中央地质调查所的人才、技术与图书资源，集天时、地利、人和为一体，这都是《申报地图》日后享有大名的优势所在。对此，曾世英坦言：

地图编纂，必先有距离方

1　中科院办公厅档案处档案：49-2-26。参见张九辰著《地质学与民国社会：1916—1950》，山东教育出版社，2005，第65页。

2　孙关龙：《〈中华民国新地图〉及其编制者之一曾世英先生》，《中国科技史料》1990年第2期。

3　有关翁文灏之生平，参见李学通《翁文灏年谱》，山东教育出版社，2005。

4　胡毓钜主编，中国测绘学会地图制图专业委员会、中国地图出版社地图科学研究所编《中国地图学年鉴1990》，中国地图出版社，1991，第171页。

向，而轮廓始定，有高下曲折，而地形始明。凡此原素，皆数字的，非文字的，故必先有精确之测量，详尽之纪录，而图可成，初非悬揣臆造，所能得者也。我国地图，近年来虽屡有施测，然坊行诸图，类仍以大清一统舆图为蓝本，或则从而增删之，各地间距离方位之数值，既未能订正，山高水深之概念，复无所表示……特欲求距离方向之订正，山高水深之表示，政府方面固已有陆地测量之施行，并制成图若干，中外学术团体及建设机关，亦有种种勘测，制有图幅，均可作根据。但前者图幅繁多，且非易得。后者零星杂散，罗致为难。且即使材料完备，编纂印刷，所费浩大，非一二私人，所能担任。地质调查所图书馆以十余年之精力，搜藏图籍至富，适申报馆欲以地图纪念其六十周年，本图遂得材料之供给，财力之资助，而完成焉。[1]

（一）《中华民国新地图》的编制与出版

作为诸版《申报地图》的重中之重，《中华民国新地图》无疑是申报馆中国地形图编纂会出版计划的主打地图出版物。此图于 1930 年秋由"丁文江先生创其计划，申报馆诸君助其成功，编辑绘制则曾世英先生实任其工作"。[2] 此后，曾世英又邀请方俊先生参与此事，又物色了十多位绘图员，依靠北平地质调查所丰富的地图资料，夜以继日地展开编绘工作。[3] "自民国十九年冬始编，其间且编且制版，至二十二年冬，全图始获杀青，工可谓巨矣。"[4] 总共费时两年有余，编成后的《中华民国新地图》（封面见图 1），比例尺大部分为 1：2000000，边远地区则为 1：4000000，彩色，一册，8 开本，图廓 34cm×24cm。[5] 于 1934 年由日本小林株式会社制印地图，中华书局印刷厂印制序言、索引等文字部分，并装订成册，署名为丁文江、翁文灏、曾世英等三人。

就具体内容而言，按照《中华民国新地图》地图目次，分幅详叙如下：

一、政区总图 二、地文总图 三、交通总图 四、气象

1　丁文江、翁文灏、曾世英编《中华民国新地图》，"编纂例言"。

2　翁文灏：《中华民国新地图序》，参见丁文江、翁文灏、曾世英编《中华民国新地图》，第 3 页。

3　杜祥明、孙冬虎：《回顾曾世英先生勤勉求实的学术生涯》，参见《曾世英纪念文集》编辑组编《曾世英纪念文集》，中国地图出版社，1996，第 10 页。

4　史量才：《中华民国新地图序》，参见丁文江、翁文灏、曾世英编《中华民国新地图》，第 1 页。

5　北京图书馆善本特藏部舆图组编《舆图要录》，北京图书馆出版社，1997，第 53 页。

图1 申报馆《中华民国新地图》封面

图（中国气候区域图、每月平均
气温图、每月平均雨量图、每月
平均降雨日数图、全年平均等雨
量区域图、全年平均等气温区
域图、四季风向及台风途径图）
五、重要城市及农户分布图；语
言区域图 六、矿产分布图（各省
铁矿储量比较图、各省煤矿储量
比较图）七、农产分布图（田地
分布图、水田分布图、农户分布
图、稻之分布图、小麦分布图、
小米分布图、高粱分布图、玉米
分布图、甘薯分布图、花生分布
图、大豆分布图、棉花分布图）
八、人文详图（黑龙江）九、地
文详图（黑龙江）十、人文详
图（外蒙古、黑龙江、察哈尔、
辽宁、吉林）十一、地文详图
（外蒙古、黑龙江、察哈尔、辽
宁、吉林）十二、人文详图（黑
龙江、吉林）十三、地文详图
（黑龙江、吉林）十四、人文详

图（外蒙古、察哈尔、宁夏、绥
远、山西）十五、地文详图（外
蒙古、察哈尔、宁夏、绥远、山
西）十六、人文详图（绥远、察
哈尔、山西、热河、河北、辽宁、
吉林）十七、地文详图（绥远、
察哈尔、山西、热河、河北、辽
宁、吉林）十八、人文详图（辽
宁、吉林）十九、地文详图（辽
宁、吉林）二十、人文详图（青
海、甘肃、宁夏、绥远、陕西）
二十一、地文详图（青海、甘肃、
宁夏、绥远、陕西）二十二、人
文详图（绥远、宁夏、甘肃、陕
西、山西、察哈尔、河北、河南、
山东）二十三、地文详图（绥远、
宁夏、甘肃、陕西、山西、察哈
尔、河北、河南、山东）二十四、
人文详图（河北、山东、辽宁、
江苏）二十五、地文详图（河北、
山东、辽宁、江苏）二十六、人
文详图（青海、甘肃、陕西、西
康、四川）二十七、地文详图
（青海、甘肃、陕西、西康、四
川）二十八、人文详图（甘肃、
陕西、山西、河南、安徽、四川、
湖北）二十九、地文详图（甘肃、
陕西、山西、河南、安徽、四
川、湖北）三十、人文详图（河
南、山东、湖北、安徽、江苏、
浙江）三十一、地文详图（河南、
山东、湖北、安徽、江苏、浙江）
三十二、人文详图（西康、云南）

三十三、地文详图（西康、云南）
三十四、人文详图（西康、四川、云南、贵州、广西、广东、江西、福建）三十五、地文详图（西康、四川、云南、贵州、广西、广东、江西、福建）三十六、人文详图（四川、贵州、湖北、湖南、广西、广东、江西、福建）三十七、地文详图（四川、贵州、湖北、湖南、广西、广东、江西、福建）三十八、人文详图（湖北、江西、安徽、浙江、福建）三十九、地文详图（湖北、江西、安徽、浙江、福建）四十、人文详图（云南、贵州、广西）四十一、地文详图（云南、贵州、广西）四十二、人文详图（贵州、云南、广西、广东、湖南）四十三、地文详图（贵州、云南、广西、广东、湖南）四十四、人文详图（湖南、广西、广东、江西、福建）四十五、地文详图（湖南、广西、广东、江西、福建）四十六、人文详图（新疆、外蒙古、甘肃）四十七、地文详图（新疆、外蒙古、甘肃）四十八、人文详图（外蒙古、黑龙江、新疆、甘肃、宁夏、绥远、察哈尔、热河、山西、河北）四十九、地

文详图（外蒙古、黑龙江、新疆、甘肃、宁夏、绥远、察哈尔、热河、山西、河北）五十、人文详图（新疆、甘肃、青海、西藏、西康）五十一、地文详图（新疆、甘肃、青海、西藏、西康）五十二、重要城市图（安东、龙江、沈阳、长春、永吉、万全、归绥、北平、大同、阳曲、大连、青岛、滨江、旅顺、葫芦岛、威海卫、洛阳、皋兰、东海、烟台、历、泰安、蚌埠、天津、开封、郑县、长安）五十三、重要城市图（上海、无锡、镇江、南京、铜山、成都、安庆、武汉、镇海、鄞县、杭县、龙溪、永嘉、九江、闽侯、吴县、南昌、岳阳、巴县、贵筑、思明、香港、苍梧、邕宁、南海、番禺、昆明、琼山、汕头、拉萨）。[1]

从上述分幅地图目录看，全套图集由全国总图、省区地图（分幅图）、城市图、地名索引四大部分组成，一改过去多依赖地图文字解说的图集结构模式。可以说，《中华民国新地图》作为近代中国地图出版史上"一个空前的成就"[2]，其最重要的特征就是创新了地图集的体例结构，初步形成了全国性地图集甚至国家地图集的基本结

1 丁文江、翁文灏、曾世英编《中华民国新地图》，"地图目次"。

2 洪思齐：《书评：〈中华民国新地图〉（申报馆六十周年纪念）》，《清华学报》1936 年第 2 期。

构模式。

其中，在全国总图方面，《中华民国新地图》编委会邀请傅斯年、赵元任、竺可桢、张心一、谢家荣、侯德封等著名专家、学者，分别标绘语言、气象、农产和矿产等专题性全国总图，综合了多学科的研究成果，以求全方位表现当时中国的自然与社会文化状况，"引起国人整个国家之观念"。[1] 特别是赵元任编制的我国方言分布地图，至今都堪称绝唱。[2] 在省区地图（分幅图）方面，则多采用矩形分幅的形式，且人文、地文图（如图 2 所示）分开，分别为 22 幅。"人文图表示省区之划分，城村之分布，交通之路线……地文图表示山岳之高下，海洋之深浅"[3]，既便于不同区域之间人文和地文特征的相互比较，又使同一区域之内人文与地文内容可以两相对照。[4] 城市图组则绘出国内各大、中市街图 61 幅，多为插图形式，末附地名索引 37190 条。如此，全国总图与分幅图、城市图；普通地图与专题地图；地文图与人文图诸种类型无不具备；再加上详细的地名索引，图文并茂，彼此之间相得益彰，

对后世影响近半个世纪之久。[5]

除去创新地图集结构体例之外，《中华民国新地图》还在制图方法与技术革新上实现了对传统地图学的变革与超越，大大提高了图集内容的精确度和科学性，成为推动中国地图编绘与出版业迈向现代化的扛鼎之作。[6] 其具体标志有三：一是选择科学的投影方法；二是广泛搜集实测数据，订正地理方位；三是采用最新的分层设色法标识地形起伏状况。

首先，《中华民国新地图》在投影方法的选择上颇为讲究，全套图集按照不同图幅的要求，分别采用了不同的投影方式。应该看到，在中国传统舆图学的绘制理念中，往往视大地为平面，而非球体，以"计里画方"之法"施之一隅之地，道里准望，尚可略准，而用之一省一国乃至一洲之地，则距离与方向无法两全"。[7] 因此，"欲以球形曲面表示于一纸平面，惟有用适当几何投影"。然而，西方制图投影之法传入中国，虽始于康乾时期内府舆图的测绘，但其图中采用的梯形投影与墨卡托投影，多使地形面积表示失真，"前者失之东西偏

---

1 丁文江、翁文灏、曾世英编《中华民国新地图》，"编纂例言"。

2 陈述彭：《地图学与地名学的先驱（代序）》，参见曾世英著《曾世英论文选》，中国地图出版社，1989，"序言"第 2 页。

3 丁文江、翁文灏、曾世英编《中华民国新地图》，"编纂例言"。

4 杜祥明、孙冬虎：《回顾曾世英先生勤勉求实的学术生涯》，参见《曾世英纪念文集》编辑组编《曾世英纪念文集》，第 11 页。

5 喻沧、廖克：《中国地图学史》，测绘出版社，2010，第 392~393 页。

6 徐红燕：《地质调查所在中国地图学史上的重要贡献：以〈申报地图〉为例》，参见徐红艳《数字参考咨询与地学文化研究》，第 129 页。

7 翁文灏：《中华民国新地图序》，参见丁文江、翁文灏、曾世英编《中华民国新地图》，第 3 页。

隅，后复失之南北互异，皆非善法"。[1] 自晚清以来，中国出版的诸多地图集，往往采用西方经纬度投影与计里画方相互杂糅的"双重网格法"，更是相互矛盾，彼此失真。

为摆脱传统地图投影的错讹，曾世英与方俊商定后，决意按照《中华民国新地图》不同图幅的要求，分别采用全新的投影方式，以增强地形标识的科学性。如在省区地图（分幅图）中，多采用变形程度较小的圆锥形投影法，好处是"径按经纬画分幅段，既免重复，而记载并不减少"，[2] 其缺点是仅在小范围内误差较小，故只能适用于省区分幅地图中。与此相反，在全国总图中则采用亚尔勃斯（今译：阿尔伯斯）投影，其优点是根据中国疆域的位置选定标准纬线，从而使图上所示面积与实地面积相等，图上各点之间在方向和图形上失真较小。唯一的缺点是没有现成的投影表，只有靠方俊先生重新进行详细的投影计算。[3] 对此，翁文灏评价道：

旧图更无善法，近时纷出之教科地图，大抵袭取现成图籍，割裂迁就用之，其依据投影方法，因地制宜，自行制绘者益寡。此图力矫此弊，应用二种投影方法。

总图用亚尔勃斯投影法，其主要优点在各部分方向不失（经纬线常正交），故形势逼真，面积不变，故图上面积相等者，其所代表之实地面积亦等。而且所用标准纬度，系就中国疆域之位置自行创制者，故比例所差为数减至极小，分图则用多圆锥投影，此法各地可以通用。[4]

其次，广泛搜集实测数据，用天文测定的经纬点订正地理方位，进而统一比例尺大小标准，也是《中华民国新地图》的主要成就之一。

在编绘过程中，曾世英先后参考地质调查所收藏的各省测量局与水利机关绘制的 7700 多幅实测地图，以及出自俄、英、德、法等国 1500 多幅有关中国各地的实测地图，作为编制《中华民国新地图》的依据。据曾氏统计，这些实测地图大致可分为五类：一是比例尺在 1：50000 以下地形图，计有 1100 幅；二是比例尺在 1：50000~1：100000 的地形图，计有 2300 幅；比例尺在 1：100000~1：200000 的地形图，计有 3100 幅；比例尺在 1：200000~1：1000000 的地形图，计有 560 幅；比例尺在 1：1000000 及其以上

1 翁文灏：《中华民国新地图序》，参见丁文江、翁文灏、曾世英编《中华民国新地图》，第 4 页。
2 丁文江、翁文灏、曾世英编《中华民国新地图》，"编纂例言"。
3 孙关龙：《〈中华民国新地图〉及其编制者之一曾世英先生》，《中国科技史料》1990 年第 2 期。
4 翁文灏：《中华民国新地图序》，参见丁文江、翁文灏、曾世英编《中华民国新地图》，第 4 页。

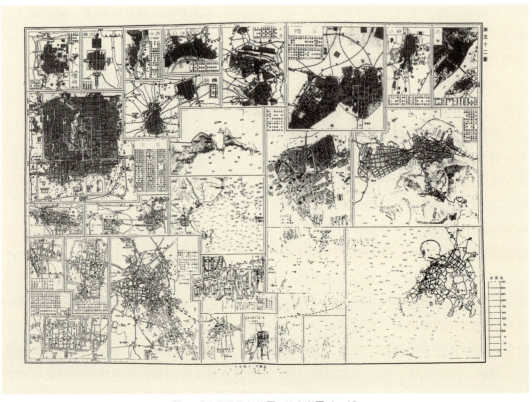

图 2 《中华民国新地图·地文详图（35）》

的地形图，计有 670 幅。[1] 然而，这些地图来源各异，精粗不一，体例混杂，更因缺少实测经纬度和三角网控制，彼此之间难以拼接。[2] 在曾世英的领导下，编绘人员对上述地图逐一进行鉴别、考证，同时广泛"搜集各地经纬度数测量之成绩，上溯清初旧书，博考近时游记，更征及中国地质调查局、印度测量局等尚未出版之新材料，计得有经纬度数可稽之地点一千数百处"。[3] 在此基础上，编辑组成员利用这批地图和经纬点，"考证其测量方法，较量其先后异同，以选定其地理位置"[4]，并追索各地的高程数据，进一步订正海拔，进行《中华民国新地图》的地形数据调整工作。对此，曾世英先生就谈道：

1　丁文江、翁文灏、曾世英编《中华民国新地图》，"编纂例言"。

2　杜祥明、孙冬虎：《回顾曾世英先生勤勉求实的学术生涯》，参见《曾世英纪念文集》编辑组编《曾世英纪念文集》，第 11 页。

3　孙关龙：《〈中华民国新地图〉及其编制者之一曾世英先生》，《中国科技史料》1990 年第 2 期。

4　翁文灏：《中华民国新地图序》，参见丁文江、翁文灏、曾世英编《中华民国新地图》，申报馆，1934，第 3 页。

地图轮廓，必先有距离方向而后可定……惟距离方向表示方法不一，惟以经纬度为最适。盖一地质经纬度既经测定，则不仅该地在地球面上所处至位置明确，且近而临邑，远迄异邦，凡其经纬度数值为已知者，则其间之距离方向，俱可推算而知。……本图编纂之先，以搜罗各地新测经纬点为首要工作。惟清初以帝王之提倡，颇能以全国为单位，作有计划之测量，此后则各地之测定，既无政府一贯计划，大部复出外人代谋。如以整个版图为标的，殊觉各区定点，稀密尚不合制图之需要，但较之旧图依据材料，则精确多矣。[1]

同时，鉴于"中国通行地图，类多按省分幅，视省区之广狭，定缩尺之大小"[2]，使得不同图幅之间难以拼合，对比复杂的弊端。曾世英在编绘《中华民国新地图》的过程中，尽量统一图集中的比例尺标准，并考虑中国不同地区之间的复杂差异，决定采用东、西不同省区采用两套比例尺标准：东部省区人烟稠密，资料丰富，故采用较大比例尺，即1：2000000；西部省区（主要是蒙、藏、新、康地区）人烟稀少，资料不多，则采用较小的比例尺，即1：5000000。全国总图则采用1：15000000的比例尺，城市图则多为1：100000。[3] 如此，既能照顾到不同类型地图与不同地域地图的差异性，又有利于用区域与同类型地图之间的相互拼合与比对，可谓一举两得。

再次，在地形标识上，《中华民国新地图》最先采用"分层设色"从表现方法，形象展示了中国三级阶梯的地理大势。

有关地形高低起伏的标识，一直是地图编制的重要内容。在中国传统舆图学中，往往详于画水而拙于画山，多采用笔架山符号标识山脉走向，蜿蜒满纸却无法辨识地势高低与川原广狭。自近代西方地图学传入中国后，先后有晕滃法（俗称为"毛毛虫"）、晕渲法与等高线来标识地形地貌，然始终不能完美展现地形与地貌特征的起伏错落。[4] 为此，曾世英综合不同类型地图绘法的优劣，决意采用等高线与分层设色相互结合的方法，用以显示不同地势由低到高的变化，使各类地貌状况一目了然。具体方法如下：

1　丁文江、翁文灏、曾世英编《中华民国新地图》，"编纂例言"。

2　丁文江、翁文灏、曾世英编《中华民国新地图》，"编纂例言"。

3　孙关龙：《〈中华民国新地图〉及其编制者之一曾世英先生》，《中国科技史料》1990年第2期。

4　张佳静：《地图晕滃法在中国的传播与流变》，《中国科技史杂志》2013年第4期；《西方等高线法在晚清时期的传入与发展》，《中国科技史杂志》2015年第4期。

由海平面起至海拔四百公尺间之区域，用绿色表示，其间复于五十及二百公尺处，划分三段，设色由深而浅，表示地形由低而高，其所以用绿色者，以示利于农田也。海拔四百公尺至七百公尺为一段，七百公尺至一千公尺为又一段，一千公尺以上，每五百公尺为一段，设色用棕色，地形愈高设色愈深，亦即见人民生活愈艰，至终年积雪不消之处，则用白色，冰川用蓝色网线。此外每图上复附一高度表，以示设色与地形高低之关系，再于紧要地点，加注阿拉伯数字，表示该地超出海平面之高度，以公尺计，海中之阿拉伯数字为深度，亦以公尺计。[1]

由此可见，《中华民国新地图》采用等高线与分层设色来标识地形地貌特征的做法，山岳、高原、丘陵与盆地皆一目了然，第一次完整展示中国由高到低的三级阶梯地势特征，从根本上扭转了当时人们对中国自然地势的认识，进而打破了传统中国的"龙脉"学说，"独于中文地图中开一纪元……一洗往昔对于地形之误解，以促进国人对于祖国之认识"。[2] 换言之，此法使得《申报地图》能比较真实、全面地反映中国地势的起伏特征，"关心国事者亦可以藉此图略知祖国的真面目"[3]。该法堪称近代中国地图出版史上的一次技术革命！

尽管《中华民国新地图》在编制过程中费尽心力，其编图质量之高、内容之富、体例之新，都在当时中国地图出版界独步一时，但印刷出版过程却是一波三折，颇为艰辛。在 1931 年 5 月绘出首批图稿后，申报馆即开始招商承印，先是找到商务印书馆，但该馆提出雕刻地图铜版人力有限，只能一年刻印一图，这样的效率即使仅印行省区舆图就需要 20 多年的时间，故只得作罢。后又找到国民政府财政部印刷厂，还是不予接受。无奈之下，只得前往日本寻找专门印刷地图的工厂。最后在东京找到一家名叫小林又七的地图印刷厂，采用铜版印刷，最后再运回国内装订成册发售。[4] 此图出版之后，在当时学术界造成了极为广泛的影响，甚至有学者专门撰写长达万字的书评文章，赞其是当时中国自制舆图中，"头一个集此二百余年大成，使它普及于一般学术界的（地图集）"。[5]

1　丁文江、翁文灏、曾世英编《中华民国新地图》，"编纂例言"。

2　翁文灏：《中华民国新地图序》，参见丁文江、翁文灏、曾世英编《中华民国新地图》，第 7 页。

3　洪思齐：《书评:〈中华民国新地图〉（申报馆六十周年纪念）》，《清华学报》1936 年第 2 期。

4　孙关龙:《〈中华民国新地图〉及其编制者之一曾世英先生》，《中国科技史料》1990 年第 2 期。

5　洪思齐：《书评:〈中华民国新地图〉（申报馆六十周年纪念）》，《清华学报》1936 年第 2 期。

（二）《中国分省新图》的内容与特色

与此同时，由于编成后的《中华民国新地图》"其幅较巨，值较昂也"。[1]1932年，在完成《中华民国新地图》的编绘任务后，史量才又向丁文江建议，决定再搞一个缩编本，"以供学校青年与夫一般国民之采用"。[2]于是，曾世英、方俊在《中华民国新地图》的基础上删繁就简，于1932年冬即编成《中国分省新图》（见图3），并于次年8月16日正式出版。[3]作为缩编版的《中国分省新图》，一册，彩色，图廓26.5cm×21cm，图凡31幅（包括总图7幅，分省图24幅），基本沿袭了大开本《中华民国新地图》的编制原则，但在制图体例上多有创新。如《中华民国新地图》母本是经纬度分幅，幅面较宽，注记详细；而《中国分省新图》则按照省界各自成幅，比例尺稍小，内容较为简略，且先行问世，供一般参考之用。[4]值得注意的是，在图集内容结构方面，《中华民国新地图》仅有总图与分省与两个系列，缺乏城市图与专题图，完全放弃了图后附说的旧图形式。

此举虽然引起一些保守人士的不满，但对此，丁文江批评道：

图3 《中国分省新图》第五版封面
（图片采自空愁居）

中国通行的地图，图之外附有说明有表解，我们没有。有一位在《大公报》上批评的说"普通地图末后附有各种表解……此图一概废除，但于卷首增分类图数幅，所得恐未必能偿所失"。这个问题我们曾详细地考虑过。地图有说明是中国旧有地图的特色，是世界通行的地图所没有的。如果图的缩尺和投影是准确的，印刷是清楚的，符号是明显的，根本用不着说，用不着解。旧图之所以有说，是因为非说不

1　丁文江、翁文灏、曾世英编《中国分省新图》，申报馆，1933，"序言"。

2　丁文江、翁文灏、曾世英编《中国分省新图》，"序言"。

3　杜祥明、孙冬虎：《回顾曾世英先生勤勉求实的学术生涯》，参见《曾世英纪念文集》编辑组编《曾世英纪念文集》，第10~11页。

4　北京图书馆善本特藏部舆图组编《舆图要录》，第54页。

明的原故。例如某处到某处多少里，旧图缩尺和投影不准，或是根本没有缩尺和投影，只好列之于说。新式的地图，读者尽可随时照缩尺自己去量，用不着再用《方舆纪要》式的文章，或是统计表来帮助它。我们并不是说图以外不需再有说明地理的文章，但是这是做地理教科书，或是地理论文的人的事，不必附在地图里面的。[1]

需要说明的是，相比于《中华民国新地图》，此图的印刷出版更有一番故事。当时申报馆的同人也打算将此图交给日本小林印刷厂印刷，一则驾轻就熟，二则费用不高。但曾世英认为长期在印刷技术上依赖外国不是长久之计，应该通过实践在国内培养自己的印刷技术力量。最后大家一致决定，由中华书局印刷厂印制，当第一版正式出版时，印刷质量出乎意料的好，受到各界的表扬。此后，中华书局印刷厂即以印刷地图精美而见长，一直延续至今。[2]

正是在良好印刷技术的保证下，《中国分省新图》一经出版，即风行海内外。如第一版印刷 5 万册，不到半年就销售一空。第二版随即于 1934 年 2 月再次发售，印数又是 5 万册，仍然供不应求。1936 年 8 月，曾世英等对此前两版中的错误界限做了修改，增加了"立体模型图""磁针等偏差线图""土壤分布图"等，印数又是 5 万册。1939 年又发行第 4 版（见图 4），首列"欧亚地形图"，并对分省地图多有修改，印数又是 5 万册。仅上述四版，发行量就超过 20 万册，足见此图在当时地图市场上的影响力。抗战胜利后，曾世英、方俊等又参照美国航空测绘与日本对东北、台湾测绘

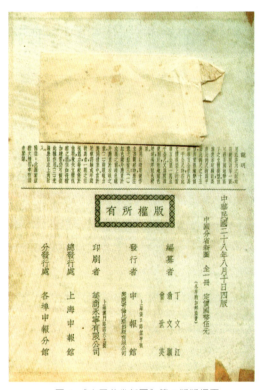

图 4 《中国分省新图》第 4 版版权页

---

1 丁文江：《再版〈中国分省新图〉序》，参见欧阳哲生主编《丁文江文集》（第 1 卷），湖南教育出版社，2008，第 131 页。

2 孙关龙：《〈中华民国新地图〉及其编制者之一曾世英先生》，《中国科技史料》1990 年第 2 期。

之新资料进行订正，于 1948 年 7 月发行第 5 版，反映了抗战后中国的最新形势。[1] 在第五版序言中，翁文灏赞誉此图：

> 《中国分省新图》系为纪念申报六十周年而作，初版刊于民国二十二年。其图地位准确，高度分明，参考周详，色泽显著，风行一时，屡经重版，以供读者。至二十八年印至四版，时印抗战方殷，需用虽多，未及续印。自第四版至今已将十年，于村申报诸君念版图至应珍重，前功不宜中停，不惜巨资，商得曾世英、方俊二君搜集资料，编纂绘制，成此第五版新图。……以二君任此新版之纂制，自可望有成绩。回忆湖南邹代钧因襄洽边务，而致力于欧洲制图方法，厥后代有传人，亚新之图于斯滥觞。申报馆纪念地图，则由丁文江以地质制图之情绪，创其始基，今复以曾、方二君之努力，成此新册，后先相绳，自为吾国图学史上足可纪念之事迹。[2]

（三）《中华民国地形挂图》的编制与发行

在《中华民国新地图》《中国分省新图》的基础上，曾世英、方俊等又编制了一幅《中华民国地形挂图》，初步构成了《申报地图》系列的基本框架。这幅《中华民国地形挂图》，1939 年出版，一幅分切四张，彩色，图廓 137cm×178.6cm，比例尺为 1：3000000，分层设色，全面展示了中国地势三级阶梯的自然划分。[3] 尽管此图图廓巨大，但编图者不仅考虑到读者的阅读感受，更配置了一套地名索引（如图 5 所示），这样图文互注，读用两便，颇可补充前两种《申报地图》的不足。对此，曾世英等如是说：

> 这幅挂图，实宽达一公尺八公寸，高达一公尺四公寸，虽嫌稍大，但悬挂实如底边离地六公寸，则顶边离地两公尺，以普通身材论者，仰读俯阅，所有线画注记，应可分辨，如尚有困难，可用廓大镜助读。另附索引，亦可减轻寻觅地点的困难。[4]

因此，从性质上讲，这幅挂图就是按照《中华民国新地图》与《中国分省新图》

1　北京图书馆善本特藏部舆图组编《舆图要录》，第 54 页。

2　翁文灏：《中国分省新图第五版序》，参见丁文江、翁文灏、曾世英、方俊《中国分省新图》（战后订正第五版），申报馆，1948，第 1 页。

3　北京图书馆善本特藏部舆图组编《舆图要录》，第 64 页。

4　《中华民国地形挂图编纂余言》，参见中国地形图编纂会《中华民国地形挂图地名索引》，第 1 页。

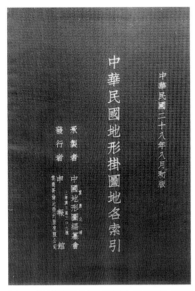

图 5 《中华民国地形挂图地名索引》封面

一贯的体裁与方法编制的地形总图。在此图的左下方还有如下说明："版权所有——《中华民国地形挂图》附索引一册，定价十元。承制者：中国地形图编纂会（重庆北碚）；发行者：申报馆（上海汉口路309号）、美商哥伦比亚出版有限公司；印刷者：美商永宁有限公司（上海澳门路469号）；总发行处：上海申报馆；分发行处：各地申报分馆。"[1]

关于此图编制之特色，在《中华民国地形挂图编纂余言》中，曾世英等写道：

> 由于直觉的观察，编者以为挂图的功用，大体可分作两类：一类是使读者举目一望，就知地

理大势，故于地形的表示，不求详尽，但求扼要；不求比例准确，但求眉目清晰。譬如河道的宽窄，尽可夸大失真；地势的高下，不妨浓抹淡描，凡是便利远观的方法，皆可采用。一般教学应用的挂图，大都属于这一类。还有一类是注意地形的详尽，精确；供从政、研究、读书、阅报时的参考。普通的册页式地图，优点虽多，但因篇幅所限，相邻的区域，常有散见数页，失却联络，阅读困难。如将同样材料，以整幅容纳，悬挂壁间，则一地一省的阅读，既与册页相同，全域全国的观察，也不失其联系。诸凡利于细读的记号，都尽量收容，便于远观的表示，也不妨并纳。这幅地图的编纂目的，即倾向于后一类。[2]

由此可见，曾世英等编制《中华民国地形挂图》的缘起，就是希望在《中华民国新地图》与《中国分省新图》的基础上，进一步采用全面直观的挂图体裁，从整体上表现中国的地形起伏与山川形势，以利于普通民众的观感与使用。然而，此图杀青出版之日，史量才已遭国民党特务暗杀，故《中华民国地形挂图》的编制与出版，

---

1 中国地形图编纂会:《中华民国地形挂图》，申报馆，1939，"出版说明"。

2 《中华民国地形挂图编纂余言》，参见中国地形图编纂会《中华民国地形挂图地名索引》，申报馆，1939，第1页。

堪称史量才以图报国之志的继承与延续。其子史泳赓不仅积极为此图奔走，更为此图作序说明其编制缘起：

先君量才尝有言曰："人爱其群，民爱其国，情理使然也。情由天赋，理待启迪；启迪之者，纵则上追历史，示以先民披荆斩棘，缔造加薪，俾晓然于吾族吾身之所庇；横则博识地理，示以国际畛域分明壁垒森严，俾晓然于吾族吾身之所立。自此历史地理之基本认识，于是爱群爱国观念，油然生之矣。"及先君之从事报业，既欣然自慰曰："报章今日之历史，亦普遍之教育也。"复谆谆语报社诸君子曰："主要之纪述，于事务详其原委，于地务详其版图，庶几为读者基本认识之一助云。"复于馆务余绪，更谋贡献社会之道；爰于《申报》创刊五十周年纪念之际，刊行《最近之五十年》，就最近之五十年之史实，作综合之文献。及六十周年纪念，则刊行《中华民国新地图》及《中国分省新图》。实测细绘，开中国地图之新纪元。二图一史，并为学术界所珍重。厥后分省新图再版者四，每版辄视人文之演进而增补修订。是以时

阅八年，迄今犹可信为最能适应时代之完善地图。惟是二图，皆取册页体裁，于案头检阅考覆，为至便也。若乃巍巍禹域，莽莽神州，抚之一瞬，尽收眼底，则有待于整幅全图。泳赓无似，秉承先志，爰拟编绘《全国地形挂图》。二十五年冬，求教于翁文灏咏霓先生，提纲挈领，倍承指导；复请曾世英、方俊、周宗俊三先生主持其事。地图之表见地形者，以对象之为立体球形，非若平面绘画，得以凑合而成；短长比例，经纬角度，皆属别成结构，必须另行擘画，故挂图虽承民国新图与分省新图二书之后，然就编绘言之，犹创作也。经年而蒇事，会逢抗战军兴，人事播迁，不遑宁处，迄今于兹，始克告成。杀青之日，为志如此。

中华民国二十八年二月 史泳赓[1]

由此可见，单就《中华民国地形挂图》的编制意义而言，其不仅是对《申报地图》系列的补充与发扬，更超越了内容简单的教学地图，详细展示了大型全国地形挂图的特色，无疑是抗战时期中国地图出版事业的一项壮举。

1　史泳赓：《中华民国地形挂图序》，参见中国地形图编纂会《中华民国地形挂图地名索引》，"序言"。

三 《申报地图》出版的文化政治意义

毫无疑问,在近代中国地图史上,《申报地图》系列堪称经典中的经典,佳作中的佳作,具有里程碑式的意义。

(一)《申报地图》在近代中国地图史上的重要地位

有学者从科技史的角度,详细总结了《申报地图》有七大成就与贡献:一是在中国首次采用地形分层设色法,取代了当时流行的"毛毛虫"式的"龙脉"表示法;二是地图技术的革新,引起了对我国地势认识的根本性变革;三是搜集经纬度天文测量成果和当时的各种实测地图,进而纠正了旧图上的一些不正确的地理方位,订正了海拔,提高了地图的正确性与实用性;四是投影选择恰当,使地图的平面图形、面积等不失真地反映实际;五是注重比例尺的统一;六是在国内开创了图集后附地名索引的先例;七是创立了中国地图集结构的新体例。可以说,《申报地图》是我国现代地图集的先驱,开创了我国地图学界进入现代行列的新纪元,故其影响极为深远。[1] 对此,丁文江先生就坦言道:

我们三个人都不是地理学家,都不是中学教员,我们不过是懂得地图,测过,绘过,读过地图的人。我们认为通行的地图至今还根据康熙年的测量做底图,是一件很可笑的事。因为近三十年来外国图不计外,就是中国陆地测量局所测的详图,已经有相当的材料,可以利用。所以采用编制《中华民国新地图》的发起。我们的贡献在地形与基点(经纬度)的比较可信,此外都是余事。大的《中华民国新地图》如此,缩印的分省图也是如此。我们不但没有"打倒一切"的意思,并且也没有轻视旁人的态度。我们只希望以后同行的诸君,少讲些龙脉,少画些笔架,使得中国青年渐渐的了解地形是怎样一回事,我们已很满意的了。别的图也许有别的用处,例如中国通行的图后表解也许可以帮助学生们考试时抄录之用,但我们只希望做成一本略进一步的中国地图罢了。[2]

正是由于"编制精益,描绘细致,参考周详,内容丰富"[3],《申报地图》系列自公开出版以来,每版的发行量动辄达到数万

---

1 孙关龙:《〈中华民国新地图〉及其编制者之一曾世英先生》,《中国科技史料》1990 年第 2 期。

2 丁文江:《再版〈中国分省新图〉序》,参见欧阳哲生主编《丁文江文集》(第 1 卷),第 131 页。

3 沙学浚:《关于〈中国分省新图〉说几句话》,《方志月刊》第 7 卷第 6 期,1934 年。

册，逐渐赢得广大知识阶层的交口赞誉，这与一般地图出版物形成了鲜明的对比。如张其昀就称赞："《中华民国新地图》之完成为一绝大贡献，可与世界进步之地图并列而无愧色"，《申报地图》"印刷精美，校订精审，出版以来风行海内外，洵于中国地图辟一新纪元"。[1] 黄国璋亦认为"此图在中国图学界里，确已划了一个新纪元"。[2] 沙学浚称赞《申报地图》"在中国地图史上，是空前巨制"。[3] 洪思齐亦评价说："(《申报地图》)集地质调查所许多位制图专家与技术员的力量……无疑的，它在中国自制地图中是一个空前的成就。"[4] 周有光亦评价道：

> (《申报地图》)不仅内容新颖，而且索引完备。它有三种地名索引：四角号码索引、部首索引和罗马字索引。把罗马字索引放进地图，在当时是创举。更可喜的是把《分省图检视表》放在硬封面的背后，寻找图幅，一翻就得。这个小小的创意，把效率观念引进了不知效率的古老中国。这两部地图，我多次失去，又多次重购，解放以后又在旧书店再次买来，至今珍藏在我的手边。[5]

需要说明的是，《申报地图》不仅受到国内学术界的重视，国外学人亦给予高度评价，当时英美诸多重量级的地学期刊均刊登了专门书评。如英国皇家地理学会的 *Geographical Journal*（地理杂志），美国纽约地理学会的 *Geographical Review*（地理评论）就曾多次刊发专文，评价《申报地图》不仅"全部制作技术都是高水平的"[6]，还是"迄今为止最为可靠的"中国地图集。[7] 因此，《申报地图》不但能够风行一时，而且还是坊间各类地图的重要依据，国内外以它为蓝本或受它影响的中国地图集，据不完全统计达 40 余种版本。[8] 甚至在解放初期出版的地图，都注明国界根据全面抗战爆发前《申报地图》

1　张其昀：《中国近代地图学之成绩》，《方志月刊》第 8 卷第 9~10 合期，1935 年。

2　黄国璋：《丁文江等合编〈中国分省新图〉》，《图书评论》第 2 卷第 4 期，1933 年。

3　沙学浚：《关于〈中国分省新图〉说几句话》，《方志月刊》第 7 卷第 6 期，1934 年。

4　洪思齐：《书评：〈中华民国新地图〉（申报馆六十周年纪念）》，《清华学报》1936 年第 2 期。

5　周有光：《晚年所思》，江苏文艺出版社，2012，第 109 页。

6　Reviews. Cartography: Chung-Hua-Min-Kuo Hsin Ti-Tu (A New Atlas of China), *The Geographical Journal*, 1936, vol, pp. 87: 177-178.

7　Reviews. New maps of The chinese Provinces, *The Geographical Journal*, 1937, vol.89, pp.277-278.

8　王庸：《中国地图史纲》，生活·读书·新知三联书店，1958，第 109 页。

绘制。这种影响还延至新中国成立以后，1957 年 8 月，由中国地图出版社出版、曾世英为总设计兼主编的《中华人民共和国地图集》，就是在《申报地图》的基础上设计的。[1]

（二）《申报地图》与民族主义传播

《申报地图》出版之际，正值日军大举侵华之时，抗日救亡运动风起云涌，该图集也就成为弘扬爱国主义精神的好教材。对此，史量才在为《中华民国新地图》作序时这样写道："兹图始创，大好金瓯，无恙也。今则东北烟尘，由辽吉黑而热河，长城内外，敌骑横行，失地之还，不知何日，人民之荡析流离，不知何所。斯图也，幸获告成，乃转使我泫然不忍披览，其有览此美丽河山，因而益激发其爱国心，奋袂以图桑榆之复，斯则我中华国族之光，而非吾人所敢分功于尺寸也已。"[2] 同时，在《中国分省新图》序言中，史量才又感慨道："丁、翁、曾三先生之编制《中华民国新地图》，前后历二年有半，又半年而此图脱稿。起视神州，风云变色。辽吉黑何在？热河何在？长城坏矣，国运如线。回忆吾图初下笔时，金瓯固完好也。敬语读者，

其各修乃知能，淬乃心志，吾中华民族精神，一日不死，则必有还我河山之一日。"[3] 换言之，面对日本帝国主义的入侵，史量才正是借《申报地图》的出版，希冀以此激发民众的爱国救国之心，其悲愤激励之情由此可见一斑。

正是源于地图背后所表达的浓厚爱国情怀，《申报地图》有力促进了知识阶层的国家认同。对此，周有光先生就回忆说："（《申报地图》）使人耳目一新，引起了一阵中国地图热。我和同辈青年，由此对中国地图有了新的认识，曾先生的大名深印在我们心中……人民看图思国，振臂高呼：还我河山！"[4] 与此同时，《申报地图》还有极为深远的政治影响。1936 年 4 月 9 日，在西安事变前夕，张学良将军为团结抗日，由洛川飞抵延安，将他珍藏的一本《申报地图》送给周恩来，并语重心长地说："共同保卫中国！"[5] 无独有偶，在今天的西柏坡党中央所在地纪念馆内，至今仍悬挂着《中华民国地形挂图》；在重庆梅园新村纪念馆内，也陈设着周恩来同志使用过的《中国分省新图》，充分说明了《申报地图》对中国人民民族独立与解放事业所做出的独特贡献。

---

1 杜祥明、孙冬虎：《回顾曾世英先生勤勉求实的学术生涯》，参见《曾世英纪念文集》编辑组编《曾世英纪念文集》，第 13 页。

2 史量才：《中华民国新地图序》，参见丁文江、翁文灏、曾世英编《中华民国新地图》，第 2 页。

3 丁文江、翁文灏、曾世英编《中国分省新图》，"序言"。

4 周有光：《晚年所思》，第 108 页。

5 吴天遥：《刘鼎和西安事变》，《人物杂志》1989 年第 2 期。

结 语

综上所述,《申报地图》的三大系列——《中华民国新地图》《中国分省新图》《中华民国地形挂图》的成功编制与出版,无疑在近代中国地图史上有着重要的里程碑意义。在近代中国社会维新、救亡图存的背景下,伴随西方新式出版、印刷技术的传播,以雕版印刷技术为支撑的传统地图编制与出版活动逐渐式微。新式地图编制与出版业以近代印刷技术为基础,地图编制与出版主体逐渐从官方向民间转换,初步建立起地图编绘、出版与发行的流通体制,有效加快了新式地图的出版与传播速度。这期间,以《申报地图》的编制与出版为标志,进一步提升了地图编制与出版的专业化、职业化水平,在晚清以降的多民族国家建构的地理想象中,极大地推动了近代中国的知识与制度的转型,进而深深嵌入社会文化变迁的脉络之中。

从某种意义上讲,正是在《申报》总经理史量才先生"出版救国"理念的支持下,这项有益的文化事业才得以陆续完成,进而形成空前的《申报地图》系列,其扶持、赞助之功断不可忘!正是在它的编制者丁文江、翁文灏、曾世英、方俊等人的辛苦努力下,加上他们科学严谨的态度,《申报地图》才跻身于当时地图出版界第一流地图出版物之列,展现了20世纪30年代中国科学制图学的水平,他们的苦心孤诣之功更不可忘!它的编制机构——"申报地形图编纂委员会",也在新中国成立后改组为国营新华地图社,成为中国地图出版社的主要前身,使得我国地图编制与出版事业得以继续下去,其承前启后之功亦不可忘![1]

1　陈潮:《申报地图与史量才》,参见陈潮《图情六十年》,第 375~376 页。

古籍中所见"黄河全图"的谱系整理研究[*]

■ 孔庆贤　成一农（云南大学历史与档案学院）

以往中国古代舆图的研究多集中于绘本地图，而对大量古籍中作为插图存在的地图缺乏应有的重视。在这些以插图形式存在的地图中，"黄河全图"具有一定的代表性。它们在明清时期的古籍中长期延续，既存在一致性，又不断发生着变化。本文主要对从古籍中搜录的 22 幅"黄河全图"的谱系进行梳理和研究。

一　问题的提出

以往有关"黄河图"的研究，就研究对象而言，主要集中在绘本黄河图和少量的石刻地图（如刘天和的石刻《黄河图说》），缺少对古籍中刻本"黄河图"的关注；就研究的内容而言，多数偏向于对"黄河图"基本状况的介绍、成图年代的考证，以及"黄河图"与河政之间的关系研究，而对"黄河图"谱系的研究则相对较少。

事实上，在众多存世的古籍中收录有大量作为插图的地图，"仅就《景印文渊阁四库全书》《四库全书存目丛书》《续修四库全书》《四库未收书辑刊》和《四库禁毁书丛刊》的统计来看（除去上述丛书中重复收录的古籍），收录的地图就有 5000 多幅"。[1] 这些收录于古籍中以插图形式存在的地图，因其精美程度难以与绘本地图相比，也因其显然缺乏"准确性"和"科学性"而为以往的地图研究者们所忽视。但是，这些地图也有其自身存在的价值，它们在很大程度上代表了当时社会上所能看到和使用的地图。

本文拟在前人既有的研究基础上，从《景印文渊阁四库全书》《四库全书存目丛书》《续修四库全书》《四库未收书辑刊》和《四库禁毁书丛刊》入手，选取其中具

---

* 本文系国家社会科学基金重大项目"中国国家图书馆所藏中文古地图的整理与研究"阶段性成果（16ZDA117）。

1 成一农：《"十五国风"系列地图研究》，《安徽史学》2017 年第 5 期，第 18 页。

有明显谱系关系的 22 幅"黄河全图"作为研究对象，结合前人研究成果，对这 22 幅"黄河全图"的谱系关系做进一步的梳理和研究。在厘清它们各自之间的渊源关系基础上，尝试揭示一些中国古代地图绘制的规律，概括中国古代地图绘制的一般特点，展示古籍中作为插图存在的刻本地图在中国传统舆图研究领域中的发展空间和特殊价值，从而更好地为下一步的研究服务。

需要说明的是，本文中的"黄河全图"主要是指表现黄河从河源到入海口的黄河全程图。[1] 具体到本文的研究中，根据地图名称的不同，这些"黄河全图"又大致可分为两大类，即"黄河全图"与"漕河全图"（在中国古代，由于黄河的泛滥和治理与漕运密切相关，因此在一些"漕运图"中也绘有黄河，即黄河与运河并行绘于一幅图上，本文姑且称之为"漕河全图"）。

二 古籍中收录"黄河全图"的基本情况及其谱系

以下是从《景印文渊阁四库全书》《四库全书存目丛书》《续修四库全书》《四库未收书辑刊》和《四库禁毁书丛刊》中搜集到的"黄河全图"。

需要说明的是，就目前的研究来看，对古籍中作为插图存在的地图的成图年代

的断定是非常困难的。此外，收录地图的古籍，其成书时间不能够作为断定地图成图年代的依据，而只能作为该地图绘制时间的下限。由于本文选取的这些"黄河全程图"大都是明清时期绘制的，其成图年代较为接近，且图面内容也基本一致，为了研究的需要，本文大致将这些"黄河全图"按照收录地图的著作的成书时间来排列。而对于同一部书的多个版本中的同名地图，本文则主要以最清晰版本中的地图作为梳理对象。（由于刻版的原因，某些地图不甚清晰）此外，由于众所周知的原因，本文收录的"黄河全图"必然不全。

古籍中出现的"黄河全图"共 22 幅，如表 1 所示。其中，《汇辑舆图备考》中的"黄河源图"和《图书编》《八编类纂》[2] 中的"河源总图"两幅图，它们虽然命名为"河源图"，但实际上都是"黄河全图"。刘隅的《治河通考》和吴山的《治河通考》中分别收录的"河源图"与"黄河图"，则恰好能够拼接成一幅完整的"黄河全图"。

如上所言，根据地图名称的不同，表 1 所示的 22 幅"黄河全图"可以分为两大类："黄河全图"17 幅和"漕河全图"5 幅。经过比较研究，我们能够发现上述这两类地图在各自所属的地图之间在绘制内容上存在较大的相似性，同时在不同地图中又有一些细微的差别。因此，通过上述两类

1　李孝聪：《黄淮运的河工舆图及其科学价值》，《水利学报》2008 年第 8 期，第 948 页。

2　《八编类纂》中原图无图名，此处为笔者依据《图书编》所加，因《八编类纂》中"八编"其中一编即是章潢的《图书编》。

编号	地图名称	收录地图的著作	著作的版本
1	河源图	明刘隅撰，《治河通考》	《续修四库全书》史部第 847 册，上海图书馆藏嘉靖十二年顾氏刻本
	黄河图	明刘隅撰，《治河通考》	
2	河源图	明吴山撰，《治河通考》	《四库存目丛书》史部 221 册，北京大学图书馆藏明嘉靖刻本
	黄河图	明吴山撰，《治河通考》	
3	河源总图	明章潢撰，《图书编》	《文渊阁四库全书》子部 968~972 册
4	河源总图	明陈仁锡撰，《八编类纂》	《四库禁毁书丛刊》子部 2 册，北京大学图书馆藏明天启刻本
5	黄河图	明郑若曾撰，《郑开阳杂著》	《文渊阁四库全书》史部 584 册
6	黄河图一	明罗洪先撰，《广舆图》初刻本	《续修四库全书》史部第 586 册，著录为胡松刻本，但从内容来看，《舆地总图》中未画出长城，应当为国家图书馆藏明嘉靖初刻本
	黄河图二	明罗洪先撰，《广舆图》初刻本	
	黄河图三	明罗洪先撰，《广舆图》初刻本	
7	黄河图	明张天复撰，《皇舆考》	《四库存目丛书》史部 166 册，北京大学图书馆藏明万历十六年张天贤遐堂刻本
8	黄河图	明何镗撰，《修攘通考》	《四库存目丛书》史部 225 册，北京师范大学图书馆藏明万历六年刻本
9	黄河图	明焦竑选、陶望龄评、朱之蕃注《新镌焦太史汇选中原文献》	《四库存目丛书》集部 330 册，清华大学图书馆藏明万历二十四年汪元湛等刻本
10	黄河图	明王圻、王思义辑，《三才图会》	《四库存目丛书》子部 190 册，北京大学图书馆藏明万历三十七年刻本
11	黄河图	明程百二撰，《方舆胜略》	《四库禁毁书丛刊》史部 21 册，北京大学图书馆藏明万历三十八年刻本
12	黄河图	明王在晋撰，《通漕类编》	《四库存目丛书》史部 275 册，华东师范大学图书馆藏明万历刻本
13	黄河源图	清潘光祖、李云翔撰，《汇辑舆图备考》	《四库禁毁书丛刊》史部 21 册。北京师范大学图书馆藏清顺治刻本
14	黄河图	明吴学俨等撰，《地图综要》	《四库禁毁书丛刊》史部 18 册，北京师范大学图书馆藏明末朗润堂刻本
15	黄河图	明陈组绶撰，《存古类函》	《四库禁毁书丛刊》子部 19 册，北京大学图书馆藏明末刻本
16	黄河图	清朱约淳撰，《阅史津逮》	《四库存目丛书》史部 173 册，中国科学院图书馆藏清初彩绘钞本
17	黄河	清汪绂撰，《戊笈谈兵》	《四库未收书辑刊》10 辑 7 册，清光绪二十年刻本
18	全河图	明潘季驯撰，《河防一览》	《文渊阁四库全书》史部 576 册
19	全河漕图说	明王鸣鹤撰，《登坛必究》	《四库禁毁书丛刊》子部 34、35 册，北京大学图书馆藏明万历刻本
20	全河漕图说	明茅元仪撰，《武备志》	《四库禁毁书丛刊》子部 25~26 册，北京大学图书馆藏明天启刻本
21	全河总图	明朱国盛撰、徐标续撰《南河志》	《四库存目丛书》史部 223 册，浙江图书馆藏明刻本
22	黄河总图	清崔维雅撰，《河防刍议》	《续修四库全书》第 847 册，据南京图书馆藏清康熙刻本影印

表 1　古籍中出现的 22 幅"黄河全图"的基本情况

地图各自的比较研究，我们大致可以确定它们之间的源流关系。

（一）黄河全图

在 17 幅"黄河全图"中，根据图中所绘黄河的形状和绘制内容，又可细分为 2 类：

第一类包括：刘隅《治河通考》"河源图""黄河图"（见图 1），吴山《治河通考》"河源图""黄河图"（见图 2），《图书编》"河源总图"（见图 3）和《八编类纂》"河源总图"（见图 4）。

这 4 幅图的图面内容基本上是一致的，都描绘了黄河从河源到入海口的全部流程。具体来说，这一类地图的图面内容有几个值得注意的地方：其一，河源部分被画成了三个湖泊相连的形状，分别标注"星宿海""一巨泽""二巨泽"；其二，图中黄河的河道均大体呈平直的带状，忽略了"几"字形的河套段黄河，描绘的并非黄河的实际路径；其三，黄河河道在荥泽县孙家渡以下分为多派，下游河道则在徐州、邳州、泗州 带与运河合并于淮安府

图 1　刘隅《治河通考》"河源图""黄河图"

图 2　吴山《治河通考》"河源图""黄河图"

图 3　《图书编》"河源总图"

图 4　《八编类纂》"河源总图"

安东县入海；其四，图中着重表现了从修武县到金乡县这一段黄河北岸河道上的大量堤坝等水利工程设施，并以黑色的粗实线表示。

通过对比，上述4幅"黄河全图"在除一些具体的地理要素和绘制手法两个方面略有不同之外（如山、树木的表现形式、河流的粗细、堤坝的颜色以及河流波浪的纹饰等方面），主要的图面内容基本一致，由此推测四者应该存在很大的渊源关系。

考其成图年代，刘隅的《治河通考》刻版时间是在1533年，则其书中收录的"河源图""黄河图"的绘制时间下限即为1533年。"又命前御史刘隅氏辑河书，开封顾守锋刻板。毕，登良策，可稽而法焉"[1]，此为嘉靖癸巳（1533）春二月辛巳，崔铣为刘隅《治河通考》所作的序。吴山的《治河通考》也有这篇序言，且其篇末还附有吴山的自序（刘隅《治河通考》后也有这个序），其中有言："近时所刻《治河总考》，疏遗混复，字半讹舛。其肇作之意固善，惜其未备晰也。乃命开封顾守符、下谪许州判官刘隅重加辑校，从分序次……"[2]从这段序言来看，《治河通考》当是刘隅在吴山的授意下完成的，且是在《治河总考》的基础上重新辑校而成的。其实，据程学军先生的考证，这两个版本的

《治河通考》，本就是同一本书，当是"明吴山修，刘隅纂"。[3]查阅资料，《治河总考》共4卷，由车玺撰，陈铭续撰，笔者所见目前存世最早的版本是上海图书馆收藏的正德十一年（1516）刻本，收录于《四库存目丛书》史部第221册。该版本目前仅存第3、4两卷，其中并无"黄河图"与"河源图"，其他两卷是否有"黄河图"和"河源图"就不得而知了。由此，推测《治河通考》的成书时间应该在正德十一年至嘉靖十二年之间。

基于上述分析，我们可以认为：1533年前后出版的刘隅和吴山的《治河通考》中的"黄河图"与"河源图"是这类"黄河全图"中最早的，其次是1613年章潢《图书编》中的"河源总图"，最后是1626年《八编类纂》中的"河源总图"。

《图书编》和《八编类纂》都是类书，是在辑录各种书籍中相似的一类材料的基础上汇编而成的。且《图书编》："是编取左图右书之意，凡诸书有图可考者，皆从辑而为之说"[4]，再从《图书编》收录的"黄河总图"的形状和内容来看，推测该图可能是刘隅（或吴山）《治河通考》中"黄河图"与"河源图"的翻版。至于《八编类纂》中的"河源总图"，《八编类纂》的"八编"其中一编就是章潢的《图书编》，

1　（明）刘隅撰《治河通考》，上海图书馆藏嘉靖十二年顾氏刻本，《续修四库全书》，上海古籍出版社，2013，第1页。

2　（明）吴山撰《治河通考》，北京大学图书馆藏明嘉靖刻本，《四库全书存目丛书》，齐鲁书社，1997，第608页。

3　程学军:《〈治河通考〉考》，《农业考古》2014年第6期，第156页。

4　（清）永瑢等撰《四库全书总目提要》卷一百三十六，子部·类书·类二，中华书局，1965，第1155页。

因此该图可能就是陈仁锡直接抄自《图书编》中的"河源总图"。

第二类包括:《郑开阳杂著》"黄河图"（见图5）、《广舆图》初刻本"黄河图"（见图6）、《皇舆考》"黄河图"（见图7）、《修攘通考》"黄河图"（见图8）、《新镌焦太史汇选中原文献》"黄河图"（见图9）、《三才图会》"黄河图"（见图10）、《方舆胜略》"黄河图"（见图11）、《通漕类编》"黄河图"（见图12）、《汇辑舆图备考》"黄河源图"（见图13）、《地图综要》"黄河图"（见图14）、《存古类函》"黄河图"（见图15）、《阅史津逮》"黄河图"（见图16）、《戊笈谈兵》"黄河"（见图17）13幅图。

这类图描绘的亦是黄河从河源到入海口的黄河全程。从图面内容来看，这13幅"黄河全图"所绘内容基本一致。具体到细部来说，这类图有以下几个值得注意的地方：其一，在图的左上角黄河河源上方有两条近似平行的河流"瓜黎河"与"黑河"，旁边标注有西域的地名，如"玉门关"等；其二，黄河河源总体呈三个湖泊相连的形状，分别标注："星宿海""阿脑儿""二巨泽"；济河的河源则大体呈葫芦状；其三，黄河下游自孟津以下全淮阴段，河道分成了多派，其中有两条河道绘制较粗，并绘有波浪纹饰，当是黄河主干道；其他的河道则绘制较细，呈白色无纹饰，下方河道的旁边还有"金末黄河""元

图5 《郑开阳杂著》"黄河图"

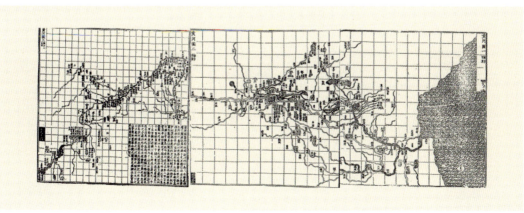

图6 《广舆图》初刻本"黄河图"

图 7 《皇舆考》"黄河图"

图 8 《修攘通考》"黄河图"

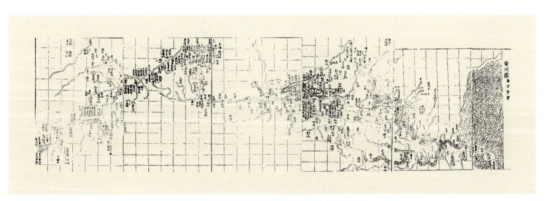

图 9 《新镌焦太史汇选中原文献》"黄河图"

图 10 《三才图会》"黄河图"

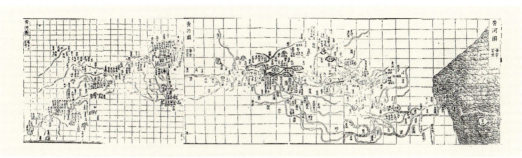

图 11 《方舆胜略》"黄河图"

图 12 《通漕类编》"黄河图"

图 13 《汇辑舆图备考》"黄河源图"

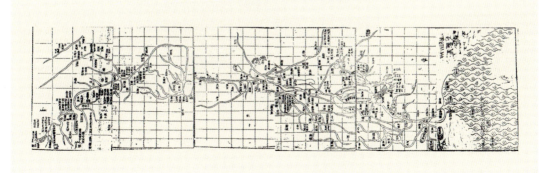

图 14 《地图综要》"黄河图"

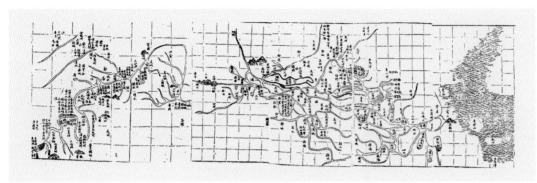

图 15 《存古类函》"黄河图"

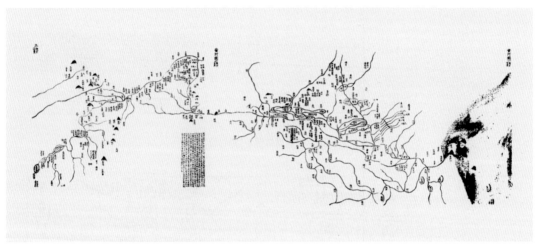

图 16 《阅史津逮》"黄河图"

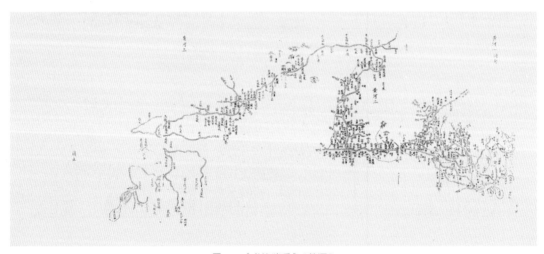

图 17 《戊笈谈兵》"黄河"

末黄河""正统间黄河"等注记；此外，在广武至葵丘部分的河段还有大量的堤坝等黄河水利河工设施，并以黑色实线突出表示，"淮阴"和"宝应"的下方还绘有"白马湖""□射湖"和"射□湖"三个较大的湖泊；其四，黄河于安东县金城镇入东海，在东海中还绘有山、岛屿等地理要素。（此处介绍的这一类"黄河全图"的图面内容主要以《郑开阳杂著》"黄河图"为主）当然，除上述四点外，这13幅"黄河全图"还有它们各自的特点，这些将在下文做具体的介绍。

在这13幅"黄河全图"中，年代最早的应该是《郑开阳杂著》中的"黄河图"。考其成图年代，《郑开阳杂著》"黄河图"中出现的最晚的一个时间点是"嘉靖十四年"即1535年（《广舆图》及之后的系列"黄河全图"都出现了这一时间点），说明该图绘制的时间上限最早当是在1535年后（图中"嘉靖十四年新筑"标注在一处堤坝旁，只有堤坝已经筑成了，绘图时才可能标注于图上）。虽然《郑开阳杂著》是在清康熙年间才编撰出来的，但从《四库全书总目提要》的记载来看，《郑开阳杂著》中的各卷都是在之前单独成书的，《郑开阳杂著》中的"黄河图"出自《黄河图议》，成一农的研究也认为："《广舆图》中的'黄河图'与《郑开阳杂著》中《黄河图议》中的地图极为近似"[1]；此外，成一农还从罗洪先和郑若曾两人的经历和学识角度进一步做了证明，得出"罗洪先绘制《广舆图》时参考了郑若曾绘制的地图和撰写的文字材料的可能性更大一些"[2]的结论。而罗洪先的《广舆图》初刻本最早是在1555年刻版的，因此推测《郑开阳杂著》中的"黄河图"其刻版时间应该在1535~1555年。

年代稍晚一点的是1555年前后，罗洪先《广舆图》初刻本中的"黄河图"。《广舆图》"黄河图"之后附有《古今治河要略》，这与《黄河图说》碑上的《古今治河要略》是一致的。王逸明先生在《1609年中国古地图集——〈三才图会·地理卷〉导读》一书中也对《广舆图》"黄河图"进行了探讨，他认为："《广舆图》初刻本抄自刘天和的石刻《黄河图说》"[3]，"同时又在《黄河图说》的基础上修改过，只是修改得不彻底，《广舆图》'黄河图'还是受到了《黄河图说》的误导，如他把那些凌乱的堤坝也照抄了下来，沁河画得和刘图一样长。"[4]结合《郑开阳杂著》"黄河图"来看，《广舆图》"黄河图"很有可能是在参考刘天和《黄河图说》和《郑开阳杂著》"黄河图"的基础上改绘而成的。当然，郑图和罗图之间也存在很多差异，如：《广舆图》

1　成一农：《〈广舆图〉史话》，国家图书馆出版社，2017，第49页。

2　成一农：《〈广舆图〉史话》，第49~50页。

3　王逸明编《1609年中国古地图集——〈三才图会·地理卷〉导读》，首都师范大学出版社，2010，第107页。

4　王逸明编《1609年中国古地图集——〈三才图会·地理卷〉导读》，第111页。

"黄河图"在图面上多出了一段对河源进行解释的图说,即《黄河图叙》(这段文字首见附于《郑开阳杂著》"黄河图"之后,此处当是罗洪先将其摘录并标于图幅之上的,《广舆图》"黄河图"之后的很多同类地图上也有这段文字,或标于图上,或附于图幅之后);图幅有所缩小(由《郑开阳杂著》"黄河图"的10幅缩减为《广舆图》"黄河图"的3幅);此外罗图上还使用了方格网,也即应用了"计里画方"[1]的绘图方法等。

《广舆图》初刻本出版后影响很大,在之后的短短数年时间里,及至清末都刊行了许多不同的摹刻本[2]。很多古籍在引用地图时大都抄录《广舆图》初刻本或是其摹刻本。因此,在《广舆图》之后就形成了一系列以《广舆图》为代表,并与《广舆图》有很大承袭关系的地图序列。具体而言,1557年《皇舆考》中的"黄河图"、1578年《修攘通考》中的"黄河图"、1596年《新镌焦太史汇选中原文献》中的"黄河图"、1609年《三才图会》中的"黄河图"、1610年《方舆胜略》中的"黄河图"、明万历年间《通漕类编》中的"黄河图"、明末《存古类函》中的"黄河图"、1633年《汇辑舆图备考》"黄河源图"、1645年《地图综要》中的"黄河图"、清

初《阅史津逮》中的"黄河图"以及1894年《戊笈谈兵》中的"黄河"都是属于受到《广舆图》"黄河图"影响的地图。

这11幅《广舆图》系列的"黄河全图"中绘制的黄河形状及图中的主要地理要素基本都与《广舆图》初刻本中的"黄河图"一致,但在不同的图中又存在一些具体的差异:如《修攘通考》《通漕类编》和《阅史津逮》中的"黄河图"与《广舆图》"黄河图"一样,在图的左下角部分有对河源进行注释的文字,其他图则没有;《三才图会》《修攘通考》《阅史津逮》中的"黄河图"与《汇辑舆图备考》"黄河源图"、《戊笈谈兵》中的"黄河",图上没有方格网;此外,在黄河下游河道的粗细、弯曲程度以及图面注记的多少等方面,各幅图之间也不尽相同。当然,这些差异也有可能是受到地图刻版印刷的影响。

《广舆图》之后,年代最早的应是《皇舆考》中的"黄河图"。该书最早于嘉靖三十六年(1557)出版(此处用的是万历十六年张天贤遐堂刻本,当是嘉靖三十六年本的一个翻刻本)。该书中的"黄河图"附在"卷十一·九边"之下,因此图中并无对"黄河图"的具体介绍和解说。而据《四库总目提要》记载:"其自序云:'文襄桂公《舆地图志》、宫谕念庵罗公《广舆

---

1 关于罗图是否使用了"计里画方"的方法,具体参见成一农《"非科学"的中国传统舆图——中国传统舆图绘制研究》,中国社会科学出版社,2016。

2 成一农:《〈广舆图〉史话》,第129页。

图》、司马许公《九边论》，词约而事该。故往往引三家之说冠于篇端。'"[1]《皇舆考》应该是参考了《广舆图》的。且该书初次刻版的时间与《广舆图》初刻本出版的时间仅相隔了 2 年，因此《皇舆考》在汇编过程中参考《广舆图》的可能性是很大的。

年代稍晚一点的是《修攘通考》中的"黄河图"。该书是"万历六年（1578）假借何镗（浙江丽水人，嘉靖二十六年进士）之名刊刻的，其中收录了一部《广舆图》，这一版本的《广舆图》名为《广舆图纪》，各图图名也有所更改，而且删去了图后的文字表格，没有日本、琉球两国，也没有桂萼和许论的《九边图论》的文字"[2]。由此观之，《修攘通考》中收录的《广舆图纪》当是《广舆图》的另外一个版本，是根据《广舆图》初刻本改绘而成的，只是在图名上有所删改而已，其他部分则大致与《广舆图》初刻本一致。基于此，我们就可以认为《修攘通考》中的"黄河图"也是在参考《广舆图》"黄河图"之后改绘而成的。

然后是《新镌焦太史汇选中原文献》中的"黄河图"。该书的作者焦竑是明代著名的藏书家，其一生著录颇丰。《中原文献》就是其代表作之一，该书收录于《四库全书》集部中的总集类。总集一般是指多人著作的合集，因此《中原文献》很可能就是焦竑从前人的著作中将一些重要的内容摘录出来汇编而成的。且该书中的"黄河图"收录于《中原文献通考·卷一》之下，另外还有一幅《九边图》。全书仅此二图，推测当是摘录自之前的某一本书，而根据地图的内容来看，其抄录的地图应当是《广舆图》的某一版本。

之后是 1609 年《三才图会》中的"黄河图"。《三才图会》中的"黄河图"与前面几幅"黄河图"在绘制内容上基本一致，只是在图上删去了大段的文字注记和方格网，并在空白处增加了一些山脉的形状符号。王逸明先生的研究认为："《三才图会》中的'黄河图'抄自《广舆图》中的'黄河图'"[3]。他的理由是："《三才图会》中'黄河图'的原图说'古今治河要略'抄自《广舆图》的翻刻本，翻刻本抄自初刻本，而初刻本又是从《黄河图说》上抄录下来的。"[4]此外，刘天和《黄河图说》碑上"古今治河要略"有一句为"无已，吾宁引沁之为愈尔，盖劳费正等，而限以斗门"[5]，《广舆图》初刻本错抄为"无已，吾宁引沁

1　（清）永瑢等撰《四库全书总目提要》卷 72，史部·地理类，第 636 页。

2　成一农：《〈广舆图〉史话》，第 64 页。

3　王逸明编著《1609 年中国古地图集——〈三才图会·地理卷〉导读》，第 8 页。

4　王逸明编著《1609 年中国古地图集——〈三才图会·地理卷〉导读》，第 107 页。

5　王逸明编著《1609 年中国古地图集——〈三才图会·地理卷〉导读》，第 106 页。（注：此为王逸明先生根据《黄河图说》碑的拓片改正的）

之为愈尔，盖劳费正艺，而限以斗门"。[1]
这处错误是从《广舆图》初刻本开始的，
《三才图会》因袭了《广舆图》初刻本的错
误。因此，从这一方面来说，二者之间是
存在一定联系的。再者，《三才图会》是
类书，其内容基本是对自它之前出版书籍
的摘录，而且在《广舆图》初刻本出版
到《三才图会》出版之前的这50多年时间
里，仅《广舆图》的翻刻本就有6种之多，
还有一些与《广舆图》有源流关系的书也
已出版。因此，《三才图会》在编撰过程
中都可能看到过这些书，并有可能在作者
个人的主观意识下对其中某些地方进行了
修改，从而形成了《三才图会》中的"黄
河图"。

《三才图会》出版一年之后，也就是
1610年，出现了《方舆胜略》。《方舆胜
略》"黄河图"与《广舆图》"黄河图"在
内容和形状上基本一致，只是少了图面上
的图说，二者之间最明显的区别在于《方
舆胜略》"黄河图"的河源被绘成了葫芦
状。该书的开篇部分有徐来凤撰写的序言，
其中说道："适程进甫之兄幼舆者，挟《方
舆胜略》从新安惠顾。余展读，卒业划。
然啸曰：'有是哉！留心兴务者乎？大都是
编泛《广舆图》，所编摩《一统志》而损益

之者也。'"[2] 由此观之，《方舆胜略》"黄河
图"也当是在参考《广舆图》"黄河图"的
基础上改绘而成的。

接下来是万历年间出版的《通漕类编》
中的"黄河图"。该图的河源呈白色、长条
状（也可能是刻版印刷的问题），并有大段
对河源进行解释的文字注记。该书中"凡
例"部分有一条名为"《通漕类编》引用的
书籍"的条目，其中记载《通漕类编》引用
过的书籍就有40多种，《皇舆考》《广舆图》
《河防一览》《登坛必究》[3]等都位列其中。通
过比较，能够发现《通漕类编》"黄河图"
的形状和所绘内容与《皇舆考》中的"黄河
图"基本相似。由此，我们可以确定《通漕
类编》中的"黄河图"参考《皇舆考》中的
"黄河图"的可能性是最大的。

再然后是1633年《汇辑舆图备考》中
的"黄河源图"。该图的绘制较为粗糙，黄
河的基本形状走样很大，并且删去了方格
网，图上也没有图说，也未绘制出黄河流
入的大海。关于《广舆图》与《汇辑舆图
备考》的关系，李孝聪教授有过探讨，他
认为："潘光祖的《汇辑舆图备考全书》是
根据《广舆图》的材料有所增损而成的。"[4]
任金城先生也认为："吴学俨等人的《地图
综要》、潘光祖的《舆图备考》等都显然

1　（明）罗洪先撰《广舆图》初刻本，国家图书馆藏明嘉靖刻本，《续修四库全书》，上海古籍出版社，2013，第505页。

2　（明）程百二撰《方舆胜略》，北京大学图书馆藏明万历三十八年刻本，《四库禁毁书丛刊》，北京出版社，1997，第108页。

3　（明）王在晋撰《通漕类编》，华东师范大学图书馆藏明万历刻本，《四库全书存目丛书》，齐鲁书社，1996，第249~250页。

4　刘新光、李孝聪：《状元罗洪先与〈广舆图〉》，《文史知识》2002年第3期，第34页。

是以《广舆图》为蓝本，仅大量增加了文字说明部分而已。"[1] 不过最早提出这一观点的应当是王庸先生。[2] 且在该书的目录后，还附有《汇辑舆图备考》采录的书目，其中就有《方舆胜略》《正皇舆考》《广皇舆考》《广舆记》[3] 等一些与《广舆图》存在密切联系的书籍。综合上述几个观点，我们可以确定《汇辑舆图备考》中的"黄河源图"是以《广舆图》"黄河图"为基础改绘而成的。再者，《汇辑舆图备考》是一部类书，从这个角度来看我们就不难理解该书中"黄河图"与《广舆图》"黄河图"之间存在的联系了。

接着是1645年《地图综要》中的"黄河图"。该图的河源大致呈葫芦状，图上没有图说。李孝聪教授的研究认为："明末吴学俨、朱绍本、朱国达、朱国幹等人编制的《地图综要》，从编次和图式分析来看，所有地图不仅都以《广舆图》为蓝本，甚至能够看出是以《广舆图》万历钱岱刻本为基础粗略绘制而成的"[4]；如前所述，任金城先生也持类似的观点。由此观之，《地图综要》中的"黄河图"就是根据《广舆图》万历钱岱刻本中的"黄河图"改绘而成的。

然后是明末《存古类函》中的"黄河图"。该书作者为崇祯年间的陈组绶，他还有另外的一部地图集——《皇明职方地图》，该图集是继《广舆图》之后一套较好的地图，但其"不过是在《广舆图》的基础上作了增补修订而已"[5]。一般而言，就一位学者的研究来说，其前后的著作之间一般都存在很大的继承性，因此《存古类函》中的"黄河图"在绘制过程中很有可能就继承了《皇明职方地图》的一些绘图数据和思想。而《皇明职方地图》又是在《广舆图》的基础上改绘的，因此《存古类函》也可能间接地受到了《广舆图》的影响。当然，《存古类函》还是一部类书，从这个角度来看，该书中的"黄河图"参考《广舆图》"黄河图"也就不足为奇了。

再次是清初《阅史津逮》中的"黄河图"。该幅"黄河图"绘制较为简略，图面注记较少，并且删去了方格网，但在图面下方又增加了图说。该书的提要部分有言："是书以阅史不谙地理，无由识其形势，乃考订往牒，正其舛讹，各绘以图。"[6] 由此观之，该书的作者也应该是在参考大量之前图书的基础上改绘的"黄河图"。因此，

1　仟金城：《〈广舆图〉的学术价值及其不同的版本》，《文献》1991年第1期，第130页。

2　王庸编《中国地理图籍丛考》，商务印书馆，1940，第21页。

3　（清）潘光祖撰、李云翔续撰《汇辑舆图备考》，北京师范大学图书馆藏清顺治刻本，《四库禁毁书丛刊》，北京出版社，1997，第464页。

4　李孝聪：《欧洲收藏部分中文古地图叙录》，国际文化出版公司，1996，第156页。

5　刘新光、李孝聪：《状元罗洪先与〈广舆图〉》，《文史知识》2002年第3期，第34页。

6　（清）朱约淳撰《阅史津逮》，中国科学院图书馆藏清初彩绘钞本，《四库全书存目丛书》，齐鲁书社，1997，第513页。

《广舆图》及其上述所言各书也当是该书作者参考和考证的"往牒",《阅史津逮》"黄河图"与这些书籍中的"黄河图"有所关联也在情理之中。

最后是《戊笈谈兵》中的"黄河"。该书作者汪绂的生卒时间为1692~1759年,因此该书的成书时间也应当在这一范围内。但是,由于该书早年未能刊行,直到光绪二十年(1894)才刊印,因此将其放到了这一谱系的最后部分。《戊笈谈兵》是一本有关兵书精要图籍的汇辑和评论,收录于子部兵家类。因其为图籍的汇辑,收录之前流传的地图也就很自然了,而"黄河全图"无疑是之前流传地图中的一个重要专题;再加上黄河自古就是险要之地,是兵家必争之地,因此该书收录"黄河全图"也很好理解。此外,该书中的"黄河"收录在卷四《宇内舆图第六笈》中,有序言云:"余家世好古,又承先太傅之后,凡夫天文、地舆皆旧有藏书……又以国朝因革或与明殊,爰于友人博,借今本又搜断简印,以旧闻参互改订,以著是笈。"[1] 从这段序言以及该图与上述的"黄河全图"在图面内容上存在的相似性来看,"黄河"也应该是在参考之前书籍中"黄河图"的基础上改绘而成的。再从"黄河"的总体形状来看,该书所参考的书籍或者说在绘制"黄河"时所参考的书籍当以《广舆图》系列为主。

(二)漕河全图

根据图面所绘内容,我们大致也可以将古籍中收录的5幅"漕河全图"分为两类:

第一类包括:《河防一览》"全河图"(见图18)、《登坛必究》"全河漕图说"(见图19)、《武备志》"全河漕图说"(见图20)以及《南河志》"全河总图"(见图21)4幅图。

这类地图以《河防一览》中的"全河图"为代表,它们都有一个明显的特点:即忽略了实际情况,而将黄河与运河平行绘制在同一幅地图上。[2] 但是,黄河与运河也并非始终排在一起:黄河始于河源星宿海,到了延安河附近才绘制运河;而当运河到达宝应县(今属江苏)时,黄河已到入海口,因此宝应县以下又只绘出了运河,运河则到"浙省"钱塘江止。稍有不同的是,《南河志》"全河总图"中的运河到瓜洲扬子江就没有了,比起其他3幅图缺少了从扬子江到"浙省"钱塘江这一段的运河。

比较4幅图,我们能够发现它们所表现的黄河的基本情况是一致的。图面描绘的内容大致是:"黄河从星宿海河源经青海、甘肃、宁夏、内蒙古、陕西、山西、河南、江苏,在徐州与运河交汇,在淮安附近分流夺淮,经江苏云梯关入海;运河北起北京,自榆河、沙河、白河,穿黄河、淮河、长江,终至浙江钱塘江。"[3] 图上着重

---

1 (清)汪绂撰《戊笈谈兵》,清光绪二十年刻本,《四库未收书辑刊》,北京出版社,1997,第513页。

2 成一农:《"非科学"的中国传统舆图——中国传统舆图绘制研究》,第207页。

3 "中华舆图志编制及数字展示项目组"编著《中华舆图志》,中国地图出版社,2011,第172页。

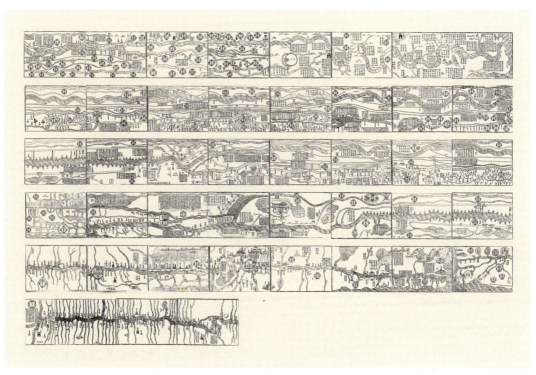

图 18 《河防一览》"全河图"（观图方向：从右往左）

强调了黄河、运河的河工水利，特别是黄河在徐州以下到入海口这一段河道内的河工水利，并且在每个水利河工设施旁都有大量的文字注记，绘制内容较为详细，当是一幅黄河、运河的水利河工图。4幅地图之间的差别仅限于地理要素之间存在的些许差异，如黄河的表现形式、河道的粗细、波浪的纹式等，以及图面上文字注记的多少等方面。

《河防一览》"全河图"目前存世有多个版本，其中最重要的有三个：一是收藏于中国国家博物馆的绢本彩绘《黄河运河图》，是潘季驯于1590年治河告竣后所绘的工程草图；二是立石于山东济宁总河衙署内的《全河图》图碑（国家图书馆藏有全碑拓片一幅，著录为《河防一览图》），是潘季驯在万历十九年（1591）离任时刻绘的；三是潘季驯《河防一览》一书中根据前者所绘的刻本图。[1] 本文使用的"全河图"当是潘季驯的《河防一览》一书中根据山东济宁总河衙署内的《全河图》图碑摹绘的刻本图。这幅图开创了明后期到清初这一段时间内，将黄河与运河绘制在同一幅图内的先例。

1　"中华舆图志编制及数字展示项目组"编著《中华舆图志》，第173页。

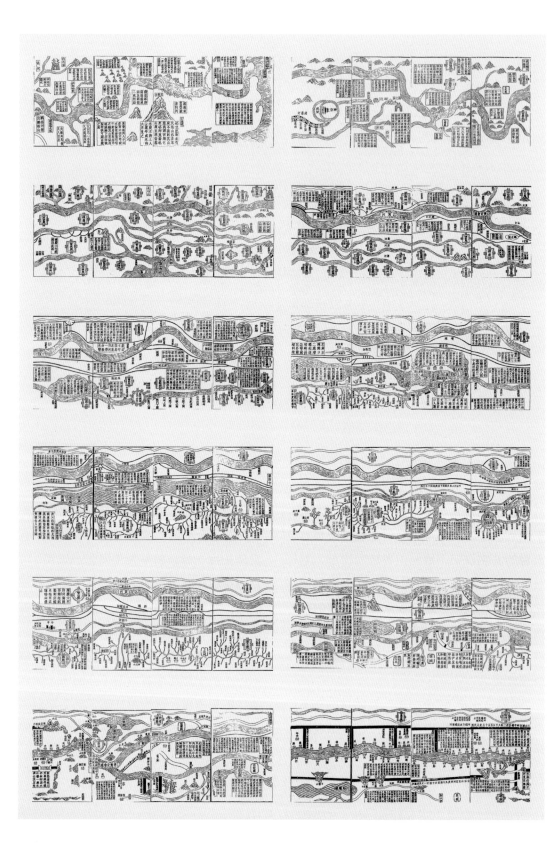

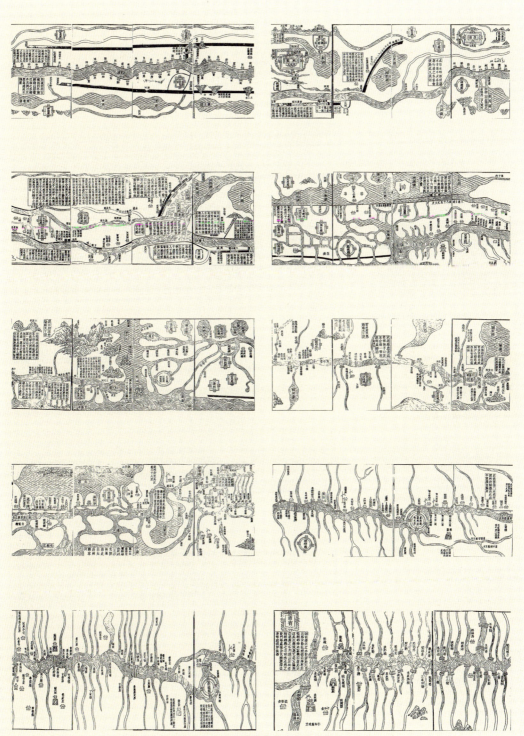

图 19 《登坛必究》"全河漕图说"（观图方向：从右往左）

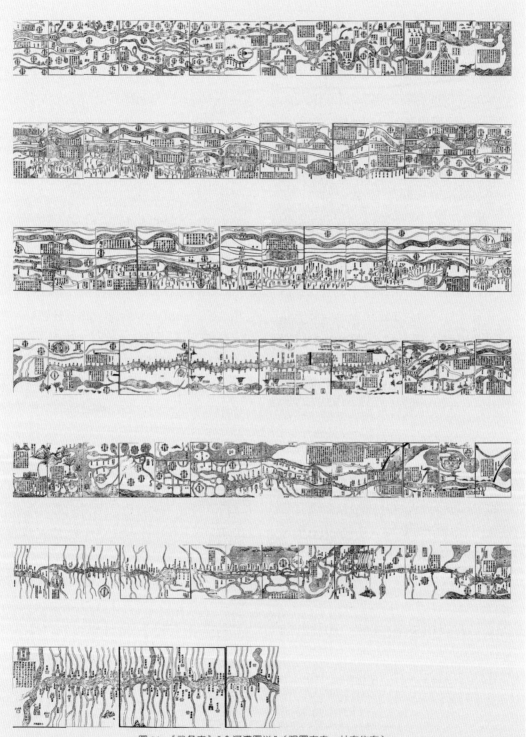

图 20 《武备志》"全河漕图说"（观图方向：从右往左）

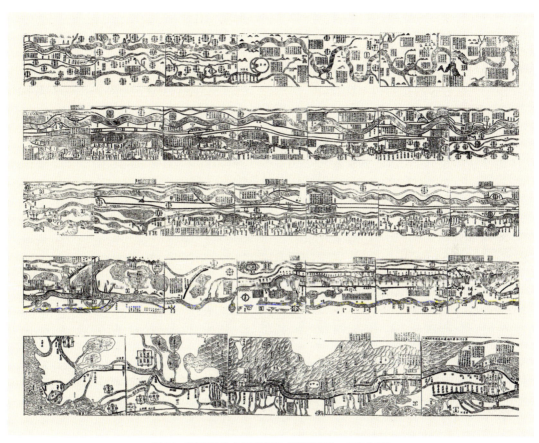

图 21 《南河志》"全河总图"（观图方向：从右往左）

年代稍晚的是 1599 年成书的《登坛必究》中的"全河漕图说"，接着是 1621 年《武备志》中的"全河漕图说"，最后是 1625 年《南河志》中的"全河总图"。《登坛必究》与《武备志》都是兵家类的书，历代都将黄河视为天然的屏障、战略要地，黄河的河防、河政和水利建设也是历代王朝关注的重点，因此这类书收录"漕河全图"并不奇怪；《南河志》则是地理类的书籍，自然也注重黄河河道的古今变迁、山川形变等，因此收录该图也很自然。从这个角度来看，我们就不难理解这三部书都收录这类图的原因了。

第二类为《河防刍议》中的"黄河总图"（见图 22）。

该幅"黄河总图"是单独描绘黄河从河源星宿海到云梯关入海口的"黄河全图"，与《河防一览》"全河图"中的"黄河"一致，但图上并无"运河"。该图在河源至潼关这一部分有众多的文字注记，潼关以下文字注记较少，但该图有一个明显的特点，即着重突出了黄河流经地区的城市和山脉，以及下游部分众多的河堤水利工程设施。

图 22 《河防刍议》"黄河总图"（观图方向：从右往左）

关于《河防刍议》"黄河总图"与《河防一览》"全河图"的关系，《河防刍议》的作者崔维雅认为："潘季驯河防《权书》有总图而无分图，言筑堤而不言引河。然顶冲激汛，堤不能塞，法有时而穷，非疏导不足以分其势，杀其怒"[1]，于是"故长图不能尽，而分图以晰之"。[2] 由此观之，《河防刍议》中的"黄河总图"应该是崔维雅从《河防一

1 （清）崔维雅撰《河防刍议》，据南京图书馆藏清康熙刻本影印，《续修四库全书》，上海古籍出版社，2013，第102页。

2 （清）崔维雅撰《河防刍议》，第102页。

览》"全河图"中将"黄河"单独摘录出来绘制而成的。另外,从时间上来看,《河防刍议》成书于康熙中期,书中"黄河总图"的绘制也有可能是受到了康熙中后期将黄河图与运河图分开来绘制的趋势所影响而造成的。基于此,我们大致可以认为《河防刍议》"黄河总图"有可能就是依据潘季驯的《河防一览》"全河图"改绘而成的。

余 论

综上所述,古籍中收录的22幅"黄河全图"的传承关系如表2所示。

当然,以上对古籍中收录的22幅"黄河全图"谱系关系进行的梳理主要还是依据它们在图面内容上的相似性和一些其他因素展开的,这种方法具有较大的主观性。

表 2 古籍中收录的 22 幅"黄河全图"谱系

黄河图		
黄河全图		漕河全图
《郑开阳杂著》"黄河图"	吴山(刘隅)《治河通考》"河源图""黄河图"	《河防一览》"全河图"
《广舆图》初刻本"黄河图"	《图书编》"河源总图"	《登坛必究》"全河漕图说"
《皇舆考》"黄河图"	《八编类纂》"河源总图"	《武备志》"全河漕图说"
《修攘通考》"黄河图"		《南河志》"全河总图"
《新镌焦太史汇选中原文献》"黄河图"		《河防刍议》"黄河总图"
《三才图会》"黄河图"		
《方舆胜略》"黄河图"		
《通漕类编》"黄河图"		
《汇辑舆图备考》"黄河源图"		
《存古类函》"黄河图"		
《地图综要》"黄河图"		
《阅史津逮》"黄河图"		
《戊笈谈兵》"黄河"		

但限于古籍中地图本身的复杂性和当前的研究水平，本文亦只能据此做一些简要的探讨。而要想确定地图之间是否确实存在谱系关系，还有待于新材料的挖掘和基于这些材料基础之上的理性分析和严密的逻辑论证来实现。

从时间上来看，就上述古籍中收录的22 幅"黄河全图"而言，大部分地图的刻版时间都集中在 16 世纪中叶前后，只有少部分是清代才刻版的。而在这之前，也就是 16 世纪以前，现存的古籍中基本上没有出现过（或者说基本没有留存下来，元代王喜的《治河图略》除外）专门的以黄河为主要绘制对象的专题性黄河图。相反，这些"黄河全图"却在明朝中后期及至清末得以长期延续和流传并不断发生变化。

结合明朝中后期到清代这一时期的历史来看，16 世纪中后期出现了大量以黄河为主要绘制对象的专题性黄河图，当是与这一时期频繁的黄河水患密不可分的。据杜省吾先生所著《黄河历史述实》一书中的考证，明朝中后期自 1535 年黄河于赵皮寨决口到1601 年河决商丘萧家口的这 60 多年间，黄河决口就多达 15 次，平均每 4 年就有 1 次，

这应该算是黄河历史上决口最为频繁的一段时期了。黄河频繁的决口不仅给明王朝造成了巨大的经济损失，而且由此引发的饥荒、流民等社会问题甚至一度威胁到了国家的安全。基于此，明、清两代都特别重视对黄河水患的治理，而对黄河河道的治理则成为其中最为重要的内容。明、清两代，国家都设置了专门的治河机构并委派大臣对黄河河道进行治理。当此之时，伴随着国家对黄河河道的治理，以黄河为主要表现对象的"黄河全图"也就应运而生了。

然而，在这些以黄河为主要对象的专题"黄河全图"出现后，由于中国古代绘制新的地图较为困难，尤其是在民间，因此，很多书在引用地图的时候基本上都是抄录之前书籍中的地图。稍有不同的是，有的书在抄录前图的基础上会略加修改，有的则直接不改。而在一幅新的地图绘制出来后，由于没有人有能力去完善它，再加上传播翻刻过程中越传越走样，就使得这些相似的地图之间也出现了很多不同之处。这也正是我们今天能够通过比较这些地图之间的差异，来梳理它们之间的源流谱系关系的原因所在。

晚清测绘革新影响下的
地方水利积弊调处 *
——以光绪《牟山湖志》《江阴沙洲圩田图》为案例

■ 邹赜韬（上海大学历史系）

社会史视域下的中国水利史研究源流绵长，至今仍处"方兴未艾"的成长阶段。[1] 历史上各地都或多或少地出现过"以水为中心"的社会关系动态，其中又以形式多种、内涵丰富、波及甚广的"水利纠纷"占得头筹。[2] 纵观学界对"纠纷"领域的中国水利社会史考察，有关作品的主体思路多属基于利益两造"言语"[3] 表达而重现、解构矛盾。[4] 这类探索的史料凭据大体聚焦在地方文书（含契约账册、碑刻公文等），如此虽在"一隅"中掘进颇深、新意迭现，但研究的问题意识却难免于日复一日的"量增"中渐趋稀释。不得不承认，当下的水利社会史，尤其是水利纠纷的社会史研究已然呈现一些人文学者所忧惧不已的"碎片化"现象。[5] 如何消融"碎片化"

---

* 本文曾在"水与文明：人类命运共同体视野中的历史探索"国际学术研讨会上宣读，承蒙与会专家指导。《形象史学》专家对本文提供了重要的修改意见，特此一并致谢！

1 Yijie Zhuang, Mark Altaweel, *Water Societies and Technologies from the Past and Present*, London: UCL Press, 2018.pp. 1-14.

2 行龙：《以水为中心的山西社会》，商务印书馆，2018，第 9~12 页。

3 张俊峰：《泉域社会：对明清山西环境史的一种解读》，商务印书馆，2018，第 6~9 页。

4 此处"言语"有较为丰厚而多元的内涵。首先，它是利益双方就水利纠纷展开论辩的言辞（记录）；其次，它在绝大多数情况下也是一种经过"胜利者"意志校订的权力宣示；又如在某些条件下，双边围绕水利纠纷展开的论争会套用一些习俗、成例，从而是习惯"言语"与现实"言语"的复调。从历史研究中水利纠纷的叙事来看，这些"言语"情节跌宕起伏，确实有益于"讲好故事"。但是将之置于社会学的范式，尤其是在矛盾事实尚难廓清之前提下进行相关社会关系议论着实是"雾里看花"。过度"着迷"于这些对话性质的"言语"，不断地仅更新演员（史料、场景）而"重演"同一部戏最终会导致科学历史研究向一般修辞工作的退化。参见张文涛《超越现代与后现代史学——评韩震、董立河的〈历史学研究的语言学转向〉》，《史学理论研究》2009 年第 3 期，第 151~156 页。近来较为成熟的作品基本因循这一思路，参见胡其伟《水利纠纷的省际博弈——以清代苏鲁运河流域为例》，《历史地理》2018 年第 1 期，第 151~159 页；耿金《建构与解构：明代浙东湖水纠纷中的利益表达——以上虞皂李湖为中心的考察》，《史学月刊》2017 年第 4 期，第 13~26 页；黄永豪《争水与争地——湖南大通湖天祜垸个案研究》，《历史人类学学刊》2013 年第 1 期，第 89~114 页；邓永飞《近代洞庭湖区的湖田围垦与水利纠纷——以沅江白水溇闸提案为例》，《历史人类学学刊》2007 年第 1 期，第 137~176 页。

5 章清：《"碎片化的历史学"：理解与反省》，《近代史研究》2012 年第 5 期，第 7~12 页。

对水利纠纷社会史创新的"冰冻"？矛头似乎并不该指向个案与"地方"，而应当对准水利社会的叙事。我们亟须在水利纠纷肇端、演化、调节、化解的"矛盾生命史"中寻觅"权"与"事"之外的新要素。[1] 以此为契机，将法治史、科技史、宗教史等新要素有机介入历史时期水利纠纷叙事，从而强化"水权"的实在感、丰富"水事"的故事性、完善"水利社会组织逻辑"的通路。[2]

笔者近来在检阅史料时偶然寓目了两份晚清（光绪）年间的稀见史料。一是现藏宁波市图书馆的光绪二十五年（1899）《牟山湖志》，二是现藏台北图书馆的光绪六年《江阴沙洲圩田图》（全称《江阴沙洲新承买各圩弓口图》，以下从缩略）。[3] 两者从地缘角度评判相去较远，且《牟山湖志》是湖域方志文本，而《江阴沙洲圩田图》则另属农业调查资料。然而由于两者均依赖晚清地图测绘新技术完成，且均被用于（或言旨在）以地图证据服务地方水利纠纷的调和，我们认为将其置于同一场域讨论是适宜、有益的。两份材料所反映的"测绘变革作用于地方水利积弊调处"现象，或可在技术社会史的思维激励下促使研究者对历史上水利矛盾之调解做出一定认知更新。[4] 同时，两个案例的探讨也可旁及一个近代社会史研究的焦点议题：近代变局中的"器""道"之辨是否仅显现在"技术发展改变物质生活"的单个层面？近代的"器"之变是否急遽且深刻地规训，乃至重塑了某些社会关系？[5] 笔者期待小文的爬梳、初步思考能对此有所发覆。

一 需求：传统水利矛盾调和的支应不济

历史时期水利纠纷的调处素来为所管辖职能部门视作水利事业的重中之重。而水利

1 高升荣：《明清时期关中地区水资源环境变迁与乡村社会》，商务印书馆，2017，第1~8页。

2 近来有一批水利社会史学术成果开始尝试自"营力"视角出发，关注不同作用力对水利纠纷调处的影响。参见王伟、赵健彬《明代赵州东晋湖水利纠纷与法律介入——基于〈赵州东晋湖志〉的考察》，《云南民族大学学报》（哲学社会科学版）2017年第5期，第115~122页；赵新平、靳茜《明清至民国水利与村际关系——以晋北崞县阳武河为例》，《福建论坛》（人文社会科学版）2017年第4期，第123~129页；胡其伟《行政权力在水利纠纷调处中的角色——以民国以来沂沭泗流域为例》，《中国矿业大学学报》（社会科学版）2017年第3期，第29~36页；冯贤亮《"锦灰堆"：明清江南坍涨地之变迁与地方社会》，《江南大学学报》（人文社会科学版）2017年第3期，第58~67页；张景平、王忠静《干旱区近代水利危机中的技术、制度与国家介入——以河西走廊讨赖河流域为个案的研究》，《中国经济史研究》2016年第6期，第156~174页。

3 在中国水利历史研究的常识里，圩田更多被视作水利问题，其农业色彩则相对较淡。参见庄华峰《古代长江下游圩田志整理与研究》，安徽师范大学出版社，2014。考虑到圩田生产与水域之间存在紧密交融，因而我们承袭这一传统，把《江阴沙洲圩田图》当作一种水利文献予以解读，特此说明。

4 〔日〕仓桥重史：《技术社会学》，王秋菊译，辽宁人民出版社，2012，第1~9页。

5 陈卫平：《器道升替：中国近代进化论的历程》，《学术界》1997年第1期，第18~24页。

纠纷处置之进展绝非一了百了，实则难以逃脱波折反复的宿命。[1] 促使早先水利矛盾调处失效的首要诱因便是利益主体对旧制度破坏欲超过了旧制度的承压极限，或者是在问题范畴上新的利益主体诉求突破了旧制度的能动性边界。由此，历史时期水利纠纷调解中的传统"支应不济"现象固然有其时间属性（机制自"有效"渐变成"无效"），但更多的关注目光应当投向作为时间属性背书的深层问题：为什么会出现旧水利调解机制无从满足新矛盾诉求，有无特殊要素的加入致使矛盾发生了某些质变，最终引发旧制度的崩解？[2] 本节我们首先尝试概览江阴沙洲圩田、余姚牟山湖案例中传统水利矛盾调和的"支应不济"现象。

江阴沙洲的圩田居处江海之间，不时遭受恶劣水文、气象条件干扰、吞噬。光绪年间江阴地方志如此评价沙洲圩田的生产状况："圩田患潦，沙洲患风潮，三者无灾即为有年。"[3] 艰苦的农作水、田环境驱使江阴沙洲圩田所有者与国家税收机器相抗衡，力求以最低面积额度造册，降低成本支出。江阴地方官员将圩田所有者此类"偷梁换柱"的数字游戏贬斥为"沙民攘夺之风"。自开垦之初，江阴沙洲圩田的所有者"攘夺"的势头就从未削减。清代输沙量见长带来了江阴沙洲圩田保有量的激增，于是乎在嘉、道年间"攘夺"纠纷愈演愈烈：

> 以腹地离江较远，涨坍不及，每界丈量时恐滋纷扰，只将濒江涨坍之处照旧列入丈册，便民之意至周也。至新涨沙田，嘉庆十七年（1812）议准，每滩一亩，缴银八钱，归民升科执业。道光八年（1828），巡抚陶澍奏明凡有新涨沙地，官为召佃征租，解司发充，通省水利公用。旋经御史许于十九年奏准，将八年以前缴价有案者，准作民业。八年以后，如有新涨者，即勘明，有碍水道，即行铲除；无碍水道，官为召佃输租。[4]

从引文表述的"腹地""濒江"的农田空间区分来看，当时地方政府给出的沙洲圩田计亩、征税方案确已在一定程度上做出了让步。方志明确将这一政府之退却解释为"恐滋纷扰"，这说明在清代江阴沙洲圩田的纠纷调处中，地方政府并不处于优势位

1　余浩然：《水利兴修与共同体形成——三十年来的研究与回顾》，《江南大学学报》（人文社会科学版）2018年第4期，第38~43页。

2　袁年兴、钟玉霞：《社会变革中国家治理面临的结构性挑战——"社会中的国家"的视角》，《上海行政学院学报》2019年第2期，第62~68页。

3　（清）卢思诚修（光绪）《江阴县志》，卷四，清光绪四年（1878）刻本。

4　（清）陈延恩等修（道光）《江阴县志》，卷四，清道光二十年（1840）刻本。

置，以至于为了"保太平"而甘愿割舍部分经济利益。[1] 不过哪怕只是在"澥江"一隅，江阴沙洲圩田（如图1所示）面积的实际增势也足以唤起地方政府的强烈控制欲，这已然非嘉庆十七年的赋税格局所能尽揽。为此，政府希望通过清丈新涨圩田来补益嘉庆十七年"归民升科执业"后圩田增量之数据缺失。这一点自然与百姓希冀在赋税土地之外悄然增扩无税田土以增收的期待背道而驰。官民冲突因此更为凸显。所以即便后来通过追认道光八年前已纳入税收轨道的圩田属私，暂时平息了圩田农民之愤怒，但地方官们也清醒意识到这仅是"因时权宜之计"。[2] 此处一切矛盾的纠结所在仍是决定税收情形的田亩数，可以"权宜"的是"什么计、什么不计"，至于"怎么计"，则或使最终计算结果"失之毫厘，差之千里"。而"怎么计"恰恰又是当时"权宜"方案中语焉不详，且传统舆图技术难以服众的。正是在这样的需求语境中，江阴沙洲圩田纠纷的解决只能"翘首以盼"新的、更精确的测量技术来给出之于利益两造皆更可信的结果。

牟山湖是浙东地区重要的交通枢纽、

图1　江阴北岸圩田航测照片（1934年）
（匿名：《江阴备案圩田航测照片》，《地政月刊》第25期，1934年8月，第7页）

农业水源复合功能湖泊。[3] 清代地方政府较为重视牟山湖的水利营建，针对两项主要功能分别"浚湖修闸以利农田，栽柳筑塘以便行旅"。[4] 被垦辟的经历远较江阴沙洲圩田开发史来得久远。早在宋皇祐年间（1049~1054），当地就已针对牟山湖不断被农事侵占的矛盾而设置了季节性巡查护水队伍："每年三月至七月，植利人户轮差七人巡湖，专管盗湖。为田如不觉察，每盗种一亩，每人罚钱三百文。"[5] 历史上牟山湖局域修废反复无常，明清时期更是上演了湖区"只退不进"的消亡惨剧。当地

1　晚清民国存在地方"弱政府"现象。参见张百顺《弱政府背景下的商人组织与制度塑造：以天津检查准备金案为中心》，《城市史研究》2017年第1期，第87~99页。

2　（清）卢思诚修（光绪）《江阴县志》卷四，清光绪四年（1878）刻本。

3　《牟山湖志》所收一则乾隆年间布告称："余姚西上虞接境有新湖约长十有余里，内湖外港为宁绍通衢。向铺路石渡，人行走湖内蓄水灌湖万顷，以资民食，攸关非细。"（第1490页）

4　（清）光绪《牟山湖志》，宁波市图书馆藏光绪二十五年（1899）刻本。此据宁波市人民政府地方志办公室整理《宁波历代专志选刊》（一），宁波出版社，2017年影印本，第1490页。

5　（清）邵友濂纂（光绪）《余姚县志》卷十六，清光绪二十五年（1899）刻本。

世家大族为一己之利垦拓湖域之行为俨然成了农业社会、百姓的公害。万历十六年（1588）的《复牟山湖碑记》感慨道：

> 夫何嘉隆以来豪暴射利大占，升课虎视猬集，俨无湖也。夫占一亩之湖，约耗民田数十亩；占一顷之湖，约耗民田数千亩。嗟嗟安忍此万灶之害，以为一家利哉？[1]

占湖为田对牟山湖的侵蚀固然是"重头戏"，不过在清中叶往前，牟山湖还面临其他影响的交织困扰。首先是百姓出于一己私利而偷盗堤石。乾隆三十九年（1774）的一则布告向我们讲述了17~18世纪牟山湖沿岸刁民盗窃湖堤石料引发风险之情况："兹被就地棍徒偷掘路板，拖船放牛，损坏塘堤，坍塌不堪。行人多失足之虞，乡民无旱涝之备。远近患之，莫能修复，已有百年矣。"[2]怀揣类似盗石的动机，牟山湖沿湖农户之"盗水"亦是屡见不鲜。同时，牟山湖沿岸堰体的工程模式也为平民"盗水"提供了方便：当地的坝体出于方便旱季出水考虑，多"上堰泥筑，下堰石砌"，因而极易扒开缺口。[3]多重矛盾共同蚕食着本就水

量入不敷出的牟山湖，日益加深"水尽湖废"之巨大威胁。

时至晚清，牟山湖农田侵湖的速度已然惊人：在有士绅人为干预的前提下，彻底整饬后仅短短二十余年就"而葑淤，而侵占又不觉诸弊迭生"。[4]屡治未成的牟山湖萎缩不止，这直接威胁到周边大量良田存续的命脉。更何况，此时残存的牟山湖已是附近汝仇湖、余友湖湮废后仅剩的"独苗"：

> 凡兰风、东山、开元、烛溪、云柯、孝义六乡所赖以荫田者，牟山湖实为命府也。使徒溶于一时而不作经久之计，千钧一发不诚可虑哉！[5]

"屡禁不止"的内因是"禁"的疲软。一方面，诚然士绅作为地方公共权力的代言人只能在有限范围内行使"公义"，强制力的缺位导致为丰厚经济利益所诱的开垦者全然不顾士绅倡导，继续我行我素[6]；但是在另一方面，"禁"之所以难以达到预期效果，恐怕"禁"自身的逻辑链条也逃脱不了责任。倘若"禁"建基于并不牢靠、流于粗泛的浅层判断，则自然缺少公信力，

1　（光绪）《余姚县志》卷十六。

2　《牟山湖志》，第1490页。

3　《牟山湖志》，第1484页。

4　《牟山湖志》，第1472页。

5　《牟山湖志》，第1482页。

6　尹玲玲、王卫：《明清时期夏盖湖的垦废变迁及其原因分析》，《中国农史》2016年第1期，第122~129页。

也无从谈及规训社群行为。[1] 至此，以更直观、精准且易于标识的形象资料来确认牟山湖水体覆盖，并有效设立保护范围便已成必要。如同上述江阴沙洲圩田遇到的治理困境一般，晚清牟山湖问题的治理"破局"企盼着新测量技术的推广应用。恰在同时，"西学东渐"刺激了中国测绘技术的更新迭代。使用新技术的地方水利图应运而生，它们悄然而又迅速地开启了历史遗留水利矛盾的解决新可能。

二 窗口：晚清测绘嬗变缔造的地方水利图新貌

晚清中国的测绘技术发生了翻天覆地的剧变。墨卡托投影[2]、等高线标识[3]、晕滃符号[4]等西方近代测绘标准方法相继输入中国并落地生根。近代"科学通才"邹伯奇（1819~1869）所著《测量备要》较为系统地传播了"经纬测绘""摄影测量"等先进测绘手段、理念。邹伯奇的工作极大地推动了晚清中国测绘事业的近代化进程。尤其是"摄影测量"的推广，更是直接实现了微观尺度精细地形测绘的效果优化。[5] 同、光年间（1862~1908），晚清测绘近代化的发展与大型行政用图之制作密不可分：从同治初年江南地区的地形测绘[6]，到插入《钦定大清会典》的舆图[7]，古代舆图服务行政便利的传统得到了完好之承袭。而官方实力的参与直接助推先进测绘技术的应用铺开：这些技术不仅自"全国总图""区域大图"向局地细节图辐射，并且也衍生出了政区、地形、军事等基础图以外的新图类。正是在这一背景中，大比例尺的地方水利图乘势而起，在光绪年间已别开生面。[8]

那么，晚清测绘嬗变究竟在哪些方面上刻画了地方水利图的新面貌呢？通过细致研读代表性图像资料，我们尝试归纳出三项明显变化。现逐一说明如下。

变化一是新型地方水利图将传统水利图内常见的以"里"计程切换为"长—阔—浚（深）"三维坐标。同时，新水利图也将自然河依据流向、汇（分）流之改变，人为切分出水利管理用的若干"河段"。譬如《观音寺前河图》（见图3）的

1　Douglas A. Schuler: *The Effectiveness of Market—Based Social Governance Schemes:The Case of Fair Trade Coffee*, Business Ethics Quarterly, Vol.21, No.1 (2011), pp.133-156.

2　张佳静：《墨卡托投影在晚清的应用与传播》，《广西民族大学学报》（自然科学版）2013年第2期，第30页。

3　张佳静：《西方等高线法在晚清时期的传入与发展》，《中国科技史杂志》2015年第4期，第424~440页。

4　张佳静：《地图晕滃法在中国的传播与流变》，《中国科技史杂志》2013年第4期，第485~501页。

5　廖运章：《邹伯奇科学论著遗稿〈测量备要〉新探》，《广州大学学报》（自然科学版）2015年第1期，第95页。

6　王一帆、张佳静：《同治初年江南地区地形测绘研究》，《中国科技史杂志》2016年第2期，第174~188页。

7　谢小华：《光绪朝各省绘呈〈会典·舆图〉史料》，《历史档案》2003年第2期，第37~59页。

8　王慧：《从画到图：方志地图的近代化》，《社会科学报》2019年3月7日，第5版。

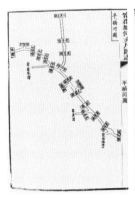 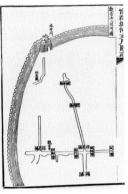  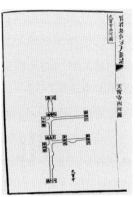

图 2　光绪《平桥河图》　　　图 3　《观音寺前河图》　　图 4　雍正《泰顺县志河图》　　图 5　光绪《天宁寺西河图》
（《宁郡城河丈尺图志》，　（《宁郡城河丈尺图志》，　[（清）朱国源修《（雍正）泰顺　（《宁郡城河丈尺图志》，
第 1730 页）　　　　　　第 1730 页。）　　　　县志》，清雍正七年（1729）刻　　第 1738 页）
　　　　　　　　　　　　　　　　　　　本。见天一阁博物馆编《天一
　　　　　　　　　　　　　　　　　　　阁藏历代方志集刊》，第 353 册，
　　　　　　　　　　　　　　　　　　　国家图书馆出版社，2017，
　　　　　　　　　　　　　　　　　　　第 228 页]

注记如此描述："共长五里，宽十尺，皆浚深八尺。"[1] 从平面到三维的计量变化为河道（湖域）整饬奠定了更扎实的资料基础。"深"概念的建立标志着相关舆图对水利功能性的重视逐渐盖过往昔尤重的表意性。

变化二是水道 / 水域的描摹不再高度抽象、化约，注重以几何形态表现水体的空间结构。我们任意从清中叶的雍正七年（1729）《泰顺县志》中摘出了一幅反映当时水利图一般样态的舆图（见图 4）。总结该图对水道的表现，如下两个特征尤为突出：第一，"填充"了水流波纹的河道除流向、相对位置等方位信息尚可识别外，其径流宽度、河道形态变化均不得而知。但是这些在图 2、3 的光绪《宁郡城河丈尺图志》中并未缺漏，尤其是与图 5《天宁寺西河图》对照更是可见两者"由艺术化描绘到精细化勾勒"之显著差异。

变化三是彩色颜料用于绘图的形式发生了迁移。一些行政用水利图中的彩绘不再单纯服务视觉审美，追求"色彩缤纷"效果，而是真正具备了严肃的指示功能（如图 6 所示）。设色是中国传统水利舆图，特别是高端咨政、形象工程类水利图常见的绘制手段。[2] 图 7 是据传道光年间修定的《黄河防险图》，属中央河防事业支持下完成的扫埽堤岸工事图。[3] 仔细观察图 7，我们可以发现：纵使《黄河防险图》系统地

1　（清）光绪《宁郡城河丈尺图志》，国家图书馆藏光绪辛巳年（1881）刻本。此据宁波市人民政府地方志办公室整理《宁波历代专志选刊》（一），第 1725 页。

2　华林甫：《德国柏林庋藏晚清华北舆图的价值》，《历史地理》2015 年第 2 期，第 301~316 页。

3　关于清代黄河图绘制的官方属性，参见席会东《清康熙绘本〈黄河图〉及相关史实考述》，《故宫博物院院刊》2009 年第 5 期，第 104~126 页。

运用了多重彩色颜料，但这些色彩均未承担专门的图像表意职能。尤其是之于河段水利意义非凡的关键工程——堰，《黄河防险图》也未能以同一、精细符号予以表示，而是借用了粗糙、定位飘忽的文字注记。

在新型测绘引导下制成的水利图中，这些弊病得到了大幅度扭转。譬如《江阴沙洲圩田图》中以嫩绿色表示"草滩"，以蓝灰色代表"港汉"（见图6）便是有别于传统舆图中"设色为丽"之创新。同时，在部分水利用图中甚至出现了规范的坐标、图例使用。譬如《牟山湖志》中一湖

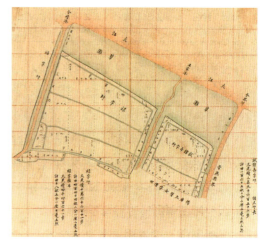

图6 《江阴沙洲圩田图》彩图举隅
[（清）《江阴沙洲新承买各圩弓口图》，台北图书馆光绪六年（1880）本，第6页]

图7 《黄河防险图》节选
[（清）《黄河防险图》，台北图书馆藏清道光年间（经折装）绘本]

域图（见图8）就在图旁附着了罗盘针形态的"东、南、西、北"四向坐标（见图9）。该图又建立了以"＝""▬""▬▬"对应桥、堰及"旧闭今开者"（水利工程撤销）之符号系统。[1] 如此操作较为完备地实现了舆图信息表达理性化的目标。

新型水利图的进展除却上述几项"写形"技术跨越，亦于地方新型水利图数量的剧增上有所体现。这一现象在水利议题较受重视、新型测绘影响较深刻的江南地区格外明显。仅就笔者寓目的晚清文献而言，不计本文已引素材，又有《浙西横桥

---

1 《牟山湖志》，第1476页。

图 8 《牟山湖志》附图的　　　图 9 《牟山湖志》附图的
　　　新型图例　　　　　　　　　　新方位坐标

（《牟山湖志》，第 1476 页）　　（《牟山湖志》，第 1476 页）

堰水利记》（1898）[1]、《上虞五乡水利纪实》
（1908）[2] 等地方水利文本在图像绘制中引
入了新型测绘因素。新型水利图的日臻成
熟、快速扩张为创新地方水利积弊整治打
开了一扇窗。那么，地方水利治理何以把
握住这一机会？下节中我们就回归牟山湖、
江阴圩田案例，尝试在"窥一斑而知全豹"
之视野中回答新型水利图与地方水利积弊
处置间的"应用之问"。

三　应用：牟山湖与江阴圩田
　　　治理中的新型测绘

　　图像是固定证据的重要媒介，以"图"
为凭来处置纷争是中国水利史源远流长且高

度纯熟的重要手法。[3] 晚清测绘变革促使部
分地方水利图发生嬗变，这一"新貌"很快
被水利纠纷调处工作所采纳。特别是在一
些"宿怨"式的水利矛盾化解中，新型地方
水利图很快找寻到了较大的施展空间。本文
立足的《牟山湖志》《江阴沙洲圩田图》分
别象征着两种新型水利图应用类别：前者是
针对公共资源（水域）的保护，后者意在明
确私人田产、确立税收根据。本节我们就
尝试依据两份史料中收录的图像、舆图描
述（介绍）来检视两者各自的要领、运作方
式，并着重挖掘其受惠于新型测绘的具体
向度。

（一）《牟山湖志》的"以图护水"

　　前文中我们已然重现了明清时期牟山
湖面临的严峻"湖—田"矛盾形势。在前
文演绎的牟山湖冲突案情里，我们不难发
现：反对围垦者无论群体如何变动、时代
怎样嬗变均处在官方权威的羽翼保护下。[4]
在中国古代水利纠纷，特别是用水纷争中，
政府出具的官方裁断有不可替代的规范意
义。比如明代余姚与上虞交界的夏盖湖，
就曾因为上虞修方志时所表达的水权分配
不被余姚方面接受，而酿出两地的旷日争

1　（清）王凤生撰《浙西横桥堰水利记》，光绪二十四年（1898）刻本。

2　（清）虞金鼎撰《上虞五乡水利纪实》，光绪三十四年（1908）柯庄谦守斋刻本。

3　张俊峰：《金元以来山陕水利图碑与历史水权问题》，《山西大学学报》（哲学社会科学版）2017 年第 3 期，第 102~108 页。

4　"国家"是水利社会史研究中一个方兴未艾的焦点。参见张俊峰《明清中国水利社会史研究的理论视野》，《史学理论研
究》2012 年第 2 期，第 97~107 页。

图 10 《牟山湖水利图》
（《牟山湖志》，第 1490 页）

讼。[1] 但是，受制于官府公文的行为程式，建基于微观水利场景之政府裁断往往流于空疏，难以压覆争议。如何避免政府威权在细节缺位中丧失执行力？这一设问既是地方政府的关怀所在，更是利益攸关者，尤其是属地士绅的集体心病。所幸晚清新型测绘为地方水利矛盾调解送来了优化的证据支持。《牟山湖志》便利用基于实测的新型水利图（如图 10 所示），较为透彻地廓清了地方护水行动里政府威权的防范对象。

请看《牟山湖水利图跋》对此所做的诉说：

> 湖边私占滩田，已于光绪廿一年经六乡公董禀县立案请示。即将已查出私田五十余亩尽行铲复，

禁止续垦。并内外窑户侵占湖边泥场，逐块丈量编号绘图……各窑户无所迁徙，因此暂时从权，逐一绘图注明丈尺。庶界限已清，并以绝后来续添私占之望。[2]

图跋中此段言论说明《牟山湖水利图》的要旨是"绝后来续添私占之望"，而确立这些"私占之望"属不正当举动的，正是"六乡公董禀县立案"——来自属地政府的威权（行政命令）。由此可见，《牟山湖志》及其所录《牟山湖水利图》确实充当了官府护水决心与政策落地之间的关键角色。不过在此我们不禁要问：何以《牟山湖水利图》能达到新形势下司法裁判所需的更高精度呢？这还要从其制作流程讲起。

《牟山湖志序》交代了《牟山湖志》附图（绘制详情见表 1）的测绘经过：

> 盖中翰夙承中议君指示，精测量、算学，其地多亲历而周度之。而哲嗣伯南、伯真两文学又能相助，为理检校、录缮，不一一假手于人。故厥志所载致为详核，俾后之览者得有所考，以续前人偻瀋之功；得有所据，以杜后日侵占之渐，则斯志之为裨

1 （明）颜存仁修（嘉靖）《余姚县志》，卷五。见天一阁博物馆编《天一阁藏历代方志汇刊》，国家图书馆出版社，2018，第 316 册，第 583~586 页。

2 《牟山湖志》，第 1492~1493 页。

表1　《牟山湖志》附图清绘详情一览		
负责人	**事项**	**目的**
严弨（"功于绘"）	（一）照牟山湖周围丈量。 （二）已铲私田并私占窑场逐一编号注明	摸清牟山湖的水域状况、对侵占湖泊旧案进行证据固定
严弨	湖水所到之处，接绘河图。照邑志所载，逐细访查（各河）	在水系整体逻辑指引下重新认识牟山湖的水动力状态
严弨	诸堰有今昔异名者，有今改为闸者，有今改车坝者，皆下通潮汐，勘历详明	了解牟山湖各出水口的现实情况，为保护湖水提供客观依据
严弨	西北与汝仇湖分界，图内照旧志用点线分出	准确区分湖域，以便一湖一策
制图总体目标："庶几全湖源流可以按图而考"		

良多矣。[1]

此处序言向我们传达了一个关键信息：《牟山湖志》内精确图像资料源自三项优势：首先，主绘者"精测量、算学"，具备良好的新型测绘职业素养；其次，"其地多亲历而周度之"，也就是测绘数据不似传统方志舆图一般惯于传抄，不加考辨，而是亲自实践，客观性大幅度提升；最后，关键的数据整理、图像绘制"不一一假手于人"，而由精于专业的内行人士亲力亲为。并且在《牟山湖志》的《志略》中，编者说明了这种精密工作不独"用人专精"，同时也是一项耗费较长工时的"辛苦活"："自丁酉至今，周历勘视。本之试验，付之直笔"[2]，从光绪丁酉年（1897）夏天开始调研一直到光绪戊戌年（1898）《牟山湖水利图》石印出版，长达一年的精工慢活使得图像质量较之早前有了极大的飞跃。通过爬梳《牟山湖水利图》中留存的调查细节，我们整合出表1，以咨读者更为细致入微地了解《牟山湖志》图像清绘经过。

至此，《牟山湖志》的测绘经过已大体清晰。但细心者不免要问：当时的受众（使用人）是如何看待《牟山湖水利图》等图像的？在他们眼中，克服诸多困难方才面世的《牟山湖水利图》在图像学评价中处于怎样的位阶？遍检《牟山湖志》及周边史料，时人似乎并未留下直接答案。不过《牟山湖志》的一则"凡例"对此有所涉及："湖址辽阔，水道迂回，界堰栉比，非图不明。"[3]据此，《牟山湖志》诸图在时人心目中当有较高评价。其图像之于阅览者详细了解牟山湖水情，并在此基础上为分辨占湖是非提供了良好参照。

除却我们方才多着笔墨的《牟山湖水

1　《牟山湖志》，第1480页。

2　《牟山湖志》，第1494页。

3　《牟山湖志》，第1473页。

图 11 《铲复私垦田图》 图 12 《未铲复私垦田图》
（《牟山湖志》，第 1480 页） （《牟山湖志》，第 1482 页）

利图》（湖域总图），《牟山湖志》内的其他新型水利图对湖区矛盾调和也有重要意义。其中价值最为突出的便是由总图分权、细化出的各幅"垦田占湖图"。牟山湖中的私自围垦地大都是山洪携泥沙入湖后沉积而成的淤涨地。这些淤涨地总体呈不规则几何形态，传统舆图很难予以确切标识，因而早先统计登录不免粗疏。不过《牟山湖志》借助晚清新型测绘顺利应对了这一困局。请看截自《牟山湖志》的《铲复私垦田图》（图11）及《未铲复私垦田图》（图 12）。

在图 11、12 中我们清楚可见：《牟山湖志》对勘察所见湖中私自围垦地做了细致的描摹。田图几何平面不再似传统方志舆图一番拘泥于"圆润"、线条化，而是实事求是地表现了宽狭、曲度，乃至更为烦琐的汊湾形态。尤其是之于退田还湖颇为重要的湖—田空间关系，两幅图均在边界刻画、湖—田间隙（"湖漕"）表现等细节上用力颇深。众所周知，越是微观尺度的写实图像越强调细节拿捏。图 11、12 对铲

复、未铲复私垦田的细致勾勒既反映了制图者高超的调查、绘制水平，又为以后核对湖域，保护湖水提供了相对客观之依据。

在《牟山湖志》对湖区窑户、泥场的测绘里，我们同样可以观察到似"私垦田图"一般的细致刻画。这里恕行文篇幅局限，就不再兼顾阐释了。综合以上所述，新型测绘影响下的《牟山湖志》诸图产生于专业勤谨的测绘活动，其内容有条件较好地服务于"护水"初衷。那么，《江阴沙洲圩田图》的图像生产又经历了怎样之过程？它的资料又是如何实现所谓之"以图定税"的呢？下面我们就由浙东山地挪移至长江沿岸，继续探索"新图"介入水利积弊调处的往事。

（二）《江阴沙洲圩田图》的"以图定税"

在本文初始我们业已大概介绍了清代江阴的沙洲圩田矛盾。在《江阴沙洲圩田图》的序言中，吴恒径直将当时沙洲圩田的难缠纠结评价作"沙洲之讼无时休息，

为苏省第一繁琐难理之政"。[1] 这一定性基本是公允、真实的。

明清中国田税的基本执行方式是"按亩征缴"。这一举措往往会因农用地面积数据与实际生产效能（有效耕作面积）的不对称而引发税户的强烈不满。在明隆庆年间，海州就因当地田亩统计不符合实际农事状况而出现了百姓苦不堪言的惨剧：

> 一户之田常有四五顷，一人之身常有数十亩。耕者不能尽其力。故田偏污菜，官府不能稽其弊，故赋加偏累。[2]

清代江阴沙洲圩田的宿命恰如引文中海州圩田面临的尴尬处境。其争议之驳杂，千端万绪最终都指向一个矛盾核心——圩田私产量（亩数）无从公允确认。那么，清代江阴沙洲圩田的亩数确认究竟存在哪些困难，这些不足又导致了何种社会冲突？我们在引入图像功能讨论前先行对此略做背景深化描摹。

按照清代官方税收构想，正常情况下的圩田承买确权流程并不烦琐，即如图 13 所示。从图 13 的流程中我们不难发现：清代理想化的圩田确认模式甚至较少倚赖政府介入，从税额预估到测量、造图均属民间自行组织。官府承担的仅是对民间上报材料的"肯定"工作（"报官"）。此类游移于政权与民间的任意确权模式着实面临很大的被破坏风险——尤其是当可能获利天平明显倾斜向民间一方时，"自发"往往会转化为"瞒上"。

图 14 便是在《江阴沙洲圩田图》序言里就"瞒上"现象生成的解释。官府原本信赖的"自发"在此巧妙利用"图形弓口"（面积丈量）标准的官、民不同而偷钻空子。同时，官府职能的有限性使得常态化监察圩田丈量绝非易事——而我们需要特别强调，正如我们在前文中多次论证的：清代江阴沙洲坍涨无常，动态速度远快于征税格局调适。

"约计税亩数"→"略备价银"→"绘图报官"→承买成功

图 13　正常情况下的圩田承买确权流程

"图开弓口毫无凭准"
官亦无从往勘　} → 成滩后而纵横广狭丈尺与原报无一相符

图 14　征税用江阴圩田数据出现巨大漏洞的原因

1　《江阴沙洲新承买各圩弓口图》，第 1 页。

2　（明）张峰纂修（隆庆）《海州志》卷三。见天一阁博物馆编《天一阁藏历代方志集刊》第 146 册，国家图书馆出版社，2017，第 438~439 页。

民间上报数据与实际结果"无一相符"本只是个数据差，但因为关涉赋税，涉及国家、田主双方利益，因而不容小觑。官府的想法自然是希望借圩田多征赋税，充实仓廪。而圩田主的意向势必与之相悖：他们期待通过种种数字游戏尽可能缩小官府造册的田亩数，由此降低圩田农事之税收成本，提高自身收益。何以在利益相冲突的官府与民间形塑一番相对公认的圩田统计方案？这注定需要调动更可靠的测绘技术。以下我们就将注意力转向《江阴沙洲圩田图》内的图像，观察何以新型测绘提高了江阴沙洲圩田统计的证据水平。

关于各圩田舆图的制备经过，《江阴沙洲圩田图》披露了部分细节：

> 详细逐层清理其丈量之法，用步弓随罗经向度所指，仿裴氏地图六体，用割圆消息之法，随田之高下盘曲经纬，以人迹屈曲

丈尺所到为据。[1]

此处包含了各圩田图精度保证的两个要素：第一，在传统的距离测算工具"步弓"使用时配合了指引方向的"罗经"（罗盘），以此将长度信息与方位信息即时叠加，继而输出更为精准的圩田轮廓[2]；第二，结合地形走势科学运用"割圆消息"的算法，并借助传统中国舆图的"制图六体"予以表现。[3] 此处所谓"割圆消息"，当视作各类测绘用几何的代称。科技史界通过文献爬梳，已基本就《几何原本》等西方几何前沿论著影响下的清代初等几何学发展达成学术共识。[4] 并且也有学者借助研读清代入华科技文献《测量法义》，指出在新型几何知识的帮助下，中国的地图测绘水准在理论上已然具备现代特征。[5] 由此推断，《江阴沙洲圩田图》的测绘当亦有几何知识更新做背书，因而具备了更为精确之技术可能。接下来我们就进入"读图"步骤，在

1　《江阴沙洲新承买各圩弓口图》，第3页。

2　"步弓"的基本工作原理是以两竿固定间距以类似圆规形态不间断计值，最终获得累加值。参见张玉虎《步弓和丈竿》，《当代农机》2019年第1期，第64页。

3　韩昭庆对"制图六体"说法有献疑，她认为制图六体后三者仅是前三者（方率、准望、道里）的"脚注"。参见韩昭庆《制图六体实为制图"三体"论》，《中国科技史杂志》2015年第4期，第465~472页。这里限于讨论主题，我们暂从史料原文之说，以"制图六体"概念之。不过，《江阴沙洲圩田图》内所谓的"制图六体"已并非单纯对裴秀"制图六体"观点的应用。从某种意义上看，它已然是传统舆图经验与西方近代测绘启蒙的复合体。丁超曾对中国地图学史上"过誉"制图六体的现象做出考辨，认为"制图六体"在后世有一定的指代而非实用色彩，本处情况当如是。参见丁超《晋图开秘：中国地图学史上的"制图六体"与裴秀地图事业》，《中国历史地理论丛》2015年第1期，第5~18页。

4　宋芝业、纪志刚：《〈几何原本〉与中国现代初等几何学科的兴起》，《自然辩证法通讯》2017年第2期，第17~21页；学者们也发现：《几何原本》及其数理体系引入中国时存在"重应用，轻学理"的基调。这之于其在测绘实践里的推广意义重大。参见王宏晨、纪志刚《"几何之理"与"几何之用"：利玛窦"数学观"的历史探源》，《上海交通大学学报》（哲学社会科学版）2015年第6期，第40~49页。

5　白欣、袁敏：《〈测量法义〉与〈规矩元法〉比较研究——西方测量技术在中日两国间的传播》，《西北大学学报》（自然科学版）2007年第3期，第501~505页。

图像语言中重现《江阴沙洲圩田图》容受新测绘的细节。

图 15 是一张截取图，读取图中信息可知：该图所示范围是介于"石家圩"与"水潭"之间的零碎、几何平面不规则土地。这块土地从图像判断几何形态类似等边三角形，若依现代公式（$S = \sqrt{3/4a^2}$）计算，则必须知晓沿潭曲面边等不易丈量的数据（唯此方可计算出关键的 a——三角形边长）。为了简化测绘难度并不失精准，该图测绘者选择灵活地将该地块分割为 5 个三角形区块及一个类矩形区块，分别计算面积后相加得总值。如此一来，小微不规则地块圩田的面积统计也得以顺利展开。

我们在开篇时即已提到《江阴沙洲圩田图》的核心使命是清丈出"新承买"圩田，以填补税收证据空白。在《江阴沙洲圩田图》之序言中，作者称在汇总所有沙洲图像数据的总图执行了"分别咸丰、同治、光绪三届承买颜色，使览者一目了然"的周到安排。[1] 可惜此图或已失传，笔者未能寓目。不过在《江阴沙洲圩田图》内也可见对不同年代所承买圩田空间的清晰界隔：图 16 中便注有"老承买"字样，以此区分开光绪年间测绘统计前后的承买圩田量（旧承买圩田不重复计税）。

同样是空间关系的演绎，较大尺度的"江—草滩—圩田—套河"空间层次在《江阴沙洲圩田图》中也得到了充分而真实的体现。仔细观察图 17，我们不难发现：最

图 15 不规则土地面积精准丈量
（《江阴沙洲新承买各圩弓口图》，第 7 页）

图 16 "老承买"圩田的注明
（《江阴沙洲新承买各圩弓口图》，第 20 页）

"内侧"（定义长江所在之反方向为"内"）的套河以肉色填充。套河以外的圩田则不施色彩，以原纸色表示。再向外的江边草滩则参考实际色彩遴选嫩绿色上色。最外层以轻淡铁锈红色突出"江—陆"相隔，再往外即是长江。如此清晰的空间识别、层次固定将新查出圩田的范畴（当然也由此推及面积）更为充实地加以呈现。同时，"草滩"的准确摹画也为下一次测绘统计夯实了比较基

---

1 《江阴沙洲新承买各圩弓口图》，第 4 页。

础：未来新垦辟的圩田将首选占用草滩。因而在下次测绘时可对照《江阴沙洲圩田图》图像抽取草滩被占面积，有效规避新、旧圩田直接相连带来的区隔麻烦。[1]

在长江口附近圩田体系内，"套基"是一个不可或缺但之于农业税征收颇显"鸡肋"之存在。"套基"中的"套"指的是河套，河套对圩田疏通水网，排涝供水贡献极大。然而支撑河套存在的套基却不可避免地与圩田"争地"。出于保护套基的考虑，清代长江口圩田区多将套基划拨公有，不似民田内毛细沟渠一般计入赋税范畴：

> 凡两状交界，例规横竖河基
> 如千步。惟民沟照田取赋外，其
> 河基照内地水道，概不起科，故
> 名官河。[2]

然而这点似乎并未在江阴沙洲圩田中得到贯彻。当地方志有证据表明：清代江阴曾将部分套基列为庙产，"租息作经费"。[3] 如同这则材料反映的状况，《江阴沙洲圩田图》也对公益事业占用圩田套基的情形做出了规范管理。图18是状如长龙的"宝善堂鳗鲤"套基。沿河两岸的套基被分别编订序号，各自从"元号""一号"开始往

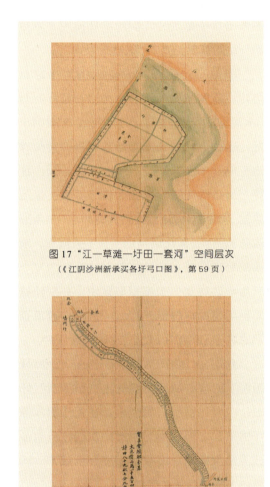

图 17 "江—草滩—圩田—套河"空间层次
（《江阴沙洲新承买各圩弓口图》，第59页）

图 18 "宝善堂鳗鲤"套基的区块化
（《江阴沙洲新承买各圩弓口图》，第19页）

1　关于长江口一带的草滩淤涨，现代河口海岸学科有较为全面研究。有关研究充分表明：长江口草滩的淤积受人类围垦活动的影响亦较为明显。因此，清代江阴沙洲圩田的垦殖本身就会对草滩的成长起到正向激励作用，草滩成为新圩田属大概率事件。参见张云峰等《近百年来长江口启东嘴潮滩沉积物质来源及定量估算》，《地理学报》2018年第11期，第2105~2116页；邓智瑞等《长江口北槽柱状沉积物粒度分布特征及沉积环境指示意义》，《海洋科学》2016年第1期，第112~122页；张振克《近期长江北支口门圆陀角附近潮滩地貌动态变化》，《地理研究》2010年第5期，第909~916页。

2　（民国）曹炳麟纂修《崇明县志》卷五，民国十三年（1924）本。

3　（民国）陈思修《江阴县续志》卷六，民国九年（1920）本。

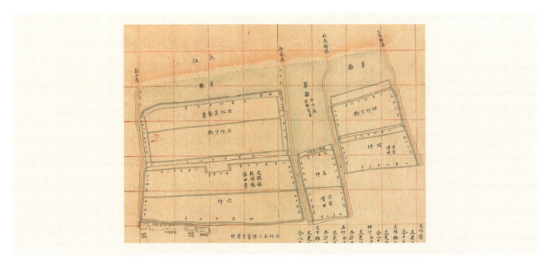

图 19　含有"史锡福报补缴溢田案""内有漕田"等图注的圩田图
〔（清）《江阴沙洲新承买各圩弓口图》，台北图书馆光绪六年（1880）本，第67页〕

后递推。由于在套基上耕种极易损伤河道，且假使所有者居心不善，不免会利用地缘便利"近水楼台先得月"，淤占河道作肥美良田。将之收归乡邻公益，并划出精密区块细化管制，无疑有助于提升套基的综合利用水平。而这一切网格化的前提，恰是新型测绘对河道、套基走势、面积的确切测量。

"宿怨"是数百年间江阴沙洲圩田争执的时代画像。所谓宿怨，关键还在于"宿"字所指征的矛盾积累、叠加性。面对历史上"重合"而成的局面，《江阴沙洲圩田图》必不可"厚今薄古"，只顾当时状况而忽略圩田在历史时期的产权变更。再加之明清中国乡村土地具有相对稳定的内部传承特征，立契买卖往往也是立足于"熟人

社会"。[1] 因此，过去的圩田所属定论颇有必要在圩田图中加以注明，以杜争讼、保护矛盾调解者的公信力。[2]

基于这样的考虑，《江阴沙洲圩田图》自然导向了"历史地图"与"现实地图"相重合的样态。在图 19 中，我们看到了"史锡福报补缴溢田案"的字样，这便是对早先圩田确权工作的一个继承性认可。同时，《江阴沙洲圩田图》还以类似方法处理公共事务用地遗存与私人地重叠的现象。图 19 内可见一处"内有漕田"，这显然是原本的漕田被口渐扩增的私有圩田包围后形成的窘境。对之予以准确说明，既有利于保护漕田避免再遭侵占，也可以更公允地划定该块田主的税负义务。

1　〔美〕黄宗智：《长江三角洲的小农家庭与乡村发展》，法律出版社，2014，第 106~109 页。

2　这种"累加"成账的做法并不罕见，笔者在早前一篇浙南山区水利纠纷的拙作中业已谈及。参见邹赜韬《民国浙南山区水利纠纷的地方司法处置——对"吴鼎宗水碓"案的解读》，收入《"纪念谷霁光先生诞辰 110 周年暨传统中国军事、经济与社会"学术研讨会论文集》，商务印书馆，2019（待出）。

简单小结一番：通过本节的考述，我们基本厘清了新型测绘应用支持下的《牟山湖志》"护水"与《江阴沙洲圩田图》"定税"始末。将两个案例并置检视可知：新型测绘之所以能为公、私有别，地域遥隔的两者同时接受并均产生了一定效益，关键还在于新型测绘能够供给令传统舆图手足无措的形象证据。尤其是微观尺度上水利图的细节描摹、信息储存致使新型测绘在水利积弊调处的候选证据中成为"后起之秀"，快速取得裁判信任。然而，在此我们又不禁要对此一理想化论断加以新的审慎考虑：新型测绘图真的自带如此魔力？它对传统水利矛盾的调和难道是"毕其功于一役"的？它的作用是否仰赖其他外力的扶持，甚至唯有得到其他要素提携，它才可以生效？在下一节中，我们将放宽两个案例的叙述时间，在"往后看"的历史连贯性中重观近代测绘革新影响水利纠纷的局限性。

四 遗憾：近代测绘革新影响水利纠纷的局限性

宋史学者王瑞来在述评宋代"皇权"与"相权"关系时借用"公文与公章缺一不可"的妙喻道破了皇、相权在实际政治运作中的一体（互补）性。[1]其实本文所垂注的近代测绘与水利纠纷治理之传统营力间也悄然维系着"公文与公章"的平衡——近代测绘变革只是在一定程度上刷新了传统水利纠纷调处的证据生产。至于如何使用这些证据，启用新型图像证据可否优化矛盾调解，都并非测绘技术本身可以作答的。[2]很大程度上证据的升级必须要有对等的执行力提振方才能兑现其效力。近代江阴圩田定税、牟山湖护水虽在新型测绘支持下获取了优化图像证据，但"善用"这些证据的权力主体却始终不见踪影。这直接导致近代测绘带来的优质水利图像失去了用武之地，传统水利矛盾依旧深陷于你争我夺的无序泥淖。

1916年，专办江阴清丈局的职员赵某受命在中正乡测绘沙田，以获取一手税收凭据。不料这次"奉公行事"的调查活动险些让赵某丧命殉职：不满赵某清丈结果的圩田主（乡民）们群起而围攻之"拖至猛将庙内，剥其衣、焚其轿，并欲食其肉"。后据政府纠察，乡民泄愤于赵某的根源是1915年当地圩田遭遇了重大风灾，颗粒无收。圩田耕种者方才倚赖慈善救济勉强求得生机，谁知政府突然遵照财政部《清理章程》，开始重新丈量圩田亩数，意图改变赋税格局。"雪上加霜"的是，此次丈量活动所择取的丈弓由逊清适用之"五

1　王瑞来：《君臣：士大夫政治下的权力场》，四川人民出版社，2019，第77页。

2　在"近代化语境"中行文，我们需要审慎地对待执拗的"技术决定论"（technological determinism）。伦理探讨见 Allan Dafoe, *On Technological Determinism: A Typology, Scope Conditions, and a Mechanism*, Science, Technology, & Human Values, Vol. 40, No. 6 (November 2015), pp. 1047-1076。

尺二寸"缩小至"四尺五寸"。这样一来，新版测绘所得的圩田数据势必较早先为大，百姓赋税因此增多。[1] 公务人员秉公行事尚有为百姓群殴殒命之风险，足可见民国初年江阴沙洲圩田争议中官方话语权的低微。此后江阴沙洲圩田的"国家——地方"关系一直处在灰色地带。圩田主虽名义上仍向国家输税以换取确权，然而政府却不再有深究举动，无奈地放弃了沙洲圩田潜在的税收增量。[2] 直至1934年，为了向江阴圩田的面积确认提供更少争议之证据，江苏省地政部门居然调动了在当时堪称尖端的航拍设备，摄制并公开刊登了《江阴备案圩田航测照片》。[3] 这张比例尺五千分之一的俯瞰实拍将圩田/荒地的区隔表现得一清二楚。[4] 此次航拍行动既是新一轮测绘技术变革介入江阴沙洲圩田事务之尝试，也标志着政府（官方）权威在案情内的影响力飞升——地政部门以专管"面积"的新角色取代了传统时期税收部门兼管丈量的旧样态。由此，悬而未决的江阴沙洲圩田矛盾迎来了深度解决的机会窗口。

牟山湖的近代命运不似江阴沙洲圩田一般跌宕起伏、危机与光明并存。从一份1948年的材料看，民国时期牟山湖被农业私垦、畜牧侵占的历史问题绵延不绝，甚至出现了恶化趋势。到了民国末年，牟山湖已然殆尽，无力负担原本应尽的水利功能：

> 一部分淤地已经私垦，一部分则供放牧之用。目前全湖水面仅及有关水利的农田面积二十分之一，山地径流面积只五（平）方公里，湖内积水反靠外河倒灌。加以堰坝圮毁，早已失去调剂作用。所以到了旱年，已不能蓄水灌溉了。[5]

更为糟糕的是，不如江阴沙洲圩田治理中引入航拍，民国时期牟山湖占湖问题整饬的实质内涵一直僵滞不前。1929年《绍兴七县旅沪同乡会第十八届报告》誊录有《筹备牟山湖水利研究会征启》一文。文中提到当时与保留、扩展牟山湖水域相对立的"填湖派"之立说根据有二：其一是"湖既淤填，无关水利，正不妨施垦以成良沃"；另一种声音则称"湖虽开垦，若能将湖内各港放宽浚深，仍可保其水利"。然而，正如《征启》执笔者所直接揭穿的：

1 匿名:《时事要闻：沙洲清丈滋事（江阴）》,《善导报》第43期, 1916, 第661页。

2 税收变动既是近代"国家——地方"能动性的结果, 也是国家治理能力的综合标尺。参见朱英《近代税收史研究中的"税"与"政"》,《华中师范大学学报》(人文社会科学版) 2018年第2期, 第128~129页。

3 匿名:《江阴备案圩田航测照片》,《地政月刊》第25期, 1934年8月, 第7页。

4 江阴此次圩田航拍与南昌等地实验同属中国历史上首波利用航空摄影进行土地丈量的活动。测绘者执行为参谋本部陆地测量总局。见汗血月刊社编《田赋问题》(下册), 汗血书店, 1936, 第18页。

5 施中一:《介绍牟山湖机械农垦区》,《世界农村月刊》第2期, 1948, 第35~36页。

两说在措辞上与以往有所不同，但实则"历来主张垦湖者皆是"。[1] 因此，虽然权力介入的改良机遇近在咫尺，牟山湖占湖矛盾的解决终归还是败在了思路僵化的弱点上。我们从中也可总结出一条定律：在历史遗留水利矛盾权力场的形势扭转过程中，"谁"介入并不比"强影响力者"介入更占权重。[2] 只不过在近代中国语境中，这一所谓的"强影响力者"往往由政府（权威机构）出演[3]，故我们时常会将本是权力综合效应的水利矛盾解决单一、笼统地归结于政府功劳。[4]

总体来看，本文所立足的两个个案——《江阴沙洲圩田图》《牟山湖志》均因权力后盾的有限性而并未达到预期效果。夭折的两次尝试亦如同再早的诸多解决实验一般，成为中国地方水利治理史上又一败于"外"的时代无奈。

伴随着民国司法体系、地方政治组织架构的日臻完备，公权针对地方传统水利积弊的处理能力也有所提升。1916年江苏武进市（今属常州市）公益事务所推出《限制侵占河道办法》。这部兼具公益与官方双重面向的规定为保障清退河道违建，特地写明了对未报告、未申领执照的河道建筑由"警区强制执行"。[5] 如此，即便"证据"不能彻底熄灭利益矛盾的火苗，警察也可以动用强制力快速终结争议，完成治理任务。不独警察（行政部门）对水利积弊处置的能力日臻优化，司法单元的顶层设计也在摸索中渐趋科学：1930年国民政府司法院在回函江西高等法院的一则司法解释中就将水利诉讼案中的赔偿金额确定为"原告一年内因水利可望增加之收益"，而非传统的作价20倍额度[6]，从而避免了借机"敲竹杠"的水利司法隐性不公。1934年，云南省将涉及水利问题的司法案件单独抽出，并为之独立设置了《云南省水利诉讼章程》[7]，以专门法规服务水利案件"专事专办"。

1　绍兴七县旅沪同乡会：《绍兴七县旅沪同乡会第十八届报告》，1929，第9~10页。

2　Huss Banai，Reviewed Work: Boundaries and Belonging: States and Societies in the Struggle to Shape Identities and Local Practices by JOEL S. MIGDAL，*Middle East Studies Association Bulletin* Vol. 40, No. 2 (December 2006), pp. 245-247.

3　见胡其伟《行政权力在水利纠纷调处中的角色——以民国以来沂沭泗流域为例》，《中国矿业大学学报》（社会科学版）2017年第3期，第29~36页。这里将民国水利议题中的士绅群体与政府统一论之。原因是民国士绅群体介入水利矛盾调和往往倚赖政府做权力背书。参见张根福、黄芳芳《合作与冲突：民国时期地方水利建设中的国家与社会——以浙江省黄岩县为例》，《浙江师范大学学报》（社会科学版）2018年第3期，第7~14页；陈岭《民国前期江南水利纷争与地方政治运作——以苏浙太湖水利工程局为中心》，《中国农史》2017年第6期，第87~100页。

4　这点在不同省份间存在鲜明的区别。譬如在民国（1936年），安徽省奎河流域宿、萧二县水事纠纷调解中，政府"特派水利指导员"就在测勘过程中被萧县抗议群众捆绑殴打。当地围观人群中还有心术不正者向省来员开枪示威。事见匿名《宿萧水利纠纷扩大》，《人生周报》（南京）第4期，1936年，第5~6页。关于当时江南地区的具体情形，参见陈岭《清末至民国江南水利转型与政治因应——以常熟白茆河为中心》，《江苏社会科学》2017年第4期，第252~263页。

5　武进市公益事务所编《第一届武进市董事会报告书》，1916，第164页。

6　国民政府司法院参事处编纂《国民政府司法例规》，1930，第893页。

7　云南省政府：《云南省现行法规汇编》（下编，二），1934，第315~316页。

不过历史地看，无论是牟山湖还是江阴沙洲圩田，水利积弊出现的最根本缘由还是优质水利资源的短缺。扩大优质水利资源供给、改善水利配给体制才是彻底消除水利纷争隐患的"治本之道"。1939年，学者孙维梅在《浙江农业》发表了《消弭农田水利纠纷刍议》。该文言简意赅地指出：帮助中国地方社会摆脱水利纠纷长期困扰的"妙招"有"厘定用水法规""发展水利事业""整理地方原有水利机构"等三者。[1] 在当时的认知水平下，孙维梅能化繁为简，抽剥出这三个关键要素足谓明智。可惜随后时代大局趋向动荡，知识分子的呼声似新型测绘技术一般，终究不能抵挡欠成熟社会的诸种本源矛盾。这一真知灼见也只得停留于纸面，难成更大气候了。

结　语

近代以来科学技术日新月异的"加速度"以势不可当的巨大冲力深刻推翻并重塑了许多人类社会存在、社会关系。[2] 科学技术为近现代人类社会转型指路、赋能，也在无形间又一次并更直观地暴露出人类社会冲突的本质——但这不是"近代""现代"时间之专利，而是漫长岁月大浪淘沙后存留下的"不变"。[3] 本文主要依凭《牟山湖志》《江阴沙洲圩田图》等两份光绪朝地方水利史料，重建了"变"的测绘技术如何改写水利纠纷的证据供给。又反观了"不变"的历史大势、人情世故销蚀新型测绘水利图效用的起因结果。在"变"与"不变"的逻辑主线下，本文既尊重近代地方水利治理"复调"的实相，又在一定程度上提炼出了各类水利纠纷的矛盾内核——证据，以及运作证据的权力较量。

客观地看，本文在既定框架内也有某些可以进一步完善的工作。举例而言，为校校《牟山湖志》《江阴沙洲圩田图》图像质量，可以尝试利用现代地理信息软件处理有关舆图，得出数据并与同材料包含的统计结果相对照；又如在《牟山湖志》所涉复湖事宜中曾有声音埋怨：劳动力不足致使已查明私垦田地不能及时铲除。倘若获取当时大致的体力劳动报酬、湖区亩均农业产值数据，我们就可以推断出《牟山湖志》后续运用带来的模糊效益。然而囿于技术条件限制及篇幅控制，本文未能展开相关讨论，只得留待以后再择机说明。

民国史学者李玉先生曾在总结近代中国法治蜕变时敏锐地捕捉到一条作用律：

> 一个国家的近代化，一方面是法制的近代化，另一方面也是法治的近代化。二者相辅相成，均与

1　孙维梅：《消弭农田水利纠纷刍议》，《浙江农业》第10~11期，1939，第5~6页。

2　张一兵：《斯蒂格勒〈技术与时间〉构境论解读》，上海人民出版社，2018，第6~18页。

3　毕道村：《现代化本质：对中世纪以来人类社会变化的新认识》，人民出版社，2005，第9页。

国家治理与社会建设密不可分，但其具体进程则又不一定同步。[1]

其实"制"与"治"的不协同，以及"制""治"间的现实沟壑方才是近代水利纠纷处置长期处在杂乱无端、不得要领状态的首要诱因。[2] 近代中国地方水利纠纷调解的适用典范由"习惯法"拐向更多参照成文法规。[3] 水利纠纷处置工具的这一"乾坤挪移"在"制"（规章文本、组织机构）上易于彻底实现，但在"治"（结合案例之法规诠释、实践问题解决）的建构上往往流于表浅，未能深入。本文所探讨的《牟山湖志》《江阴沙洲圩田》均服务于水利纠纷调处的"治"，正是不成熟的"治"浪费了两份"先进"图像难能可贵的证据进展。这启迪我们在未来的近代地方水利纠纷史书写中不仅要把更多的影响因子"拉进来"，更要审慎且全程地观察不同要素在水利纠纷场域内的适应（流变）情况。笔者以为，该思维同样适用于今天的水（生态）文明治理工程：当环境保护法律的厚度、精度"长势喜人"，当无人机、潜水器、AI（人工智能）等现代环境信息采集手段愈加壮大，当公众水环境科普越来越善于引领环保生活风尚，我们更需冷静地、批评地评估这些要素在水文明大局内的确切融合水平。[4] "摄食"容易"消化"难，近代牟山湖、江阴圩田治理中新技术应用的"前车之鉴"或可为当下生态文明建设倾注历史智慧。

1　李玉：《试论晚清政府的"失信"：从上海股市到"保路运动"》，《四川大学学报》（哲学社会科学版）2011年第6期，第11页。

2　胡其伟：《行政权力在水利纠纷调处中的角色——以民国以来沂沭泗流域为例》，《中国矿业大学学报》（社会科学版）2017年第3期，第29~36页。

3　田东奎：《论中国古代水权纠纷的民事审理》，《西北大学学报》（哲学社会科学版）2006年第6期，第77页。

4　郑晓云：《国际水历史科学的进展及其在中国的发展探讨》，《清华大学学报》（哲学社会科学版）2017年第6期，第77~86页。

《形象史学》征稿启事

　　《形象史学》是由中国社会科学院古代史研究所文化史研究室主办、面向海内外征稿的中文集刊，每年出版两辑。凡属中国古代文化史研究范畴的专题文章，只要内容充实，文字洗炼，并有一定的深度和广度，均在收辑之列。尤其欢迎利用历史上流传下来的各类形象材料进行专题研究的考据文章，以及围绕中国古代文化史学科建构与方法探讨的理论文章。此外，与古代丝路文化和碑刻文献研究相关的文章，亦在欢迎之列。具体说明如下。

　　一、本刊常设栏目有理论探讨、名家笔谈、器物与图像、考古与文献等，主要登载专题研究文章，字数以 2 万字以内为宜。对于反映文化史研究前沿动态与热点问题的综述、书评、随笔，以及相关领域国外学者的最新研究成果（须提供中文译本），亦适量选用。

　　二、来稿文责自负。请提供 word 电子版，使用简化字（请参照国家语言文字工作委员会 1986 年重新发布的《简化字总表》）。如为打印稿，须同时提供电子版。文中附图须提供清晰的照片、底片或翻转片（图片大小应在 3M 以上），并确保无版权争议。

　　三、来稿章节层次应清晰明了，序号一致，不建议采用英文、拉丁文等字母（包括大小写）标列序号，建议采用汉字数字、阿拉伯数字。举例如下。
　　第一级：一 二 三；
　　第二级：（一）（二）（三）；
　　第三级：1. 2. 3.；
　　第四级：（1）（2）（3）。

　　四、中国历代纪年（1912 年以前）在文中首次出现时，须标出公元纪年。涉及其他国家的非公元纪年，亦须标出公元纪年。如清朝康熙六年（1667），越南阮朝明命元年（1820）。

　　五、来稿请采用脚注，如确实必要，可少量采用夹注。引用文献资料，古籍须注明朝代、作者、书名、卷数、篇名、版本；现当代出版的论著、图录等，须注明作者（或译者、整理者）、书名、出版地点和出版者、出版年、页码等；期刊论文则须注明作者、论文名、刊物名称、卷期等。同一种文献被再次或多次征引时，只须注出书名（或论文名）、卷数、篇名、页码即可。外文文献标注方法以目前通行的外文书籍及刊物的引用规范为准。具体格式举例如下。

（1）（清）张金吾编《金文最》卷一一，光绪十七年江苏书局刻本，第 18 页 b。

（2）（元）苏天爵辑《元朝名臣事略》卷一三《廉访使杨文宪公》，姚景安点校，中华书局，1996，第 257～258 页。

（3）（清）杨钟羲：《雪桥诗话续集》卷五上册，辽沈书社，1991 年影印本，第 461 页下栏。

（4）金冲及：《二十世纪中国史纲（简本）》上册，社会科学文献出版社，2012，第 295 页。

（5）苗体君、窦春芳：《秦始皇、朱元璋的长相知多少——谈中学〈中国历史〉教科书中的图片选用》，《文史天地》2006 年第 4 期，第 46 页。

（6）林甘泉：《论中国古代民本思想及其历史价值》，《光明日报》2003 年 10 月 28 日。

（7）Marc Aurel Stein, *Serindia* (London: Oxford Press, 1911), p.5.

（8）Cahill, Suzanne, "Taoism at the Song Court: The Heavenly Text Affair of 1008." *Bulletin of Sung–Yuan Studies* 16 (1980): 23–44.

六、来稿一律采用匿名评审，自收稿之日起三个月内，将通过电话或电子邮件告知审稿结果。稿件正式刊印后，将赠送样刊两本。

七、本刊地址：北京市建国门内大街 5 号中国社会科学院古代史研究所，邮编：100732。联系电话：010-85196443。电子邮箱：xxshx2011@yeah.net。

图书在版编目（CIP）数据

形象史学. 2019. 上半年：总第十三辑 / 刘中玉主
编. -- 北京：社会科学文献出版社, 2019.9
ISBN 978-7-5201-5290-7

Ⅰ.①形…　Ⅱ.①刘…　Ⅲ.①文化史 - 中国 - 文集
Ⅳ.①K203-53

中国版本图书馆CIP数据核字（2019）第159231号

形象史学　2019上半年（总第十三辑）

主　　编 / 刘中玉

出 版 人 / 谢寿光
责任编辑 / 郑庆寰
文稿编辑 / 张金木

出　　版 / 社会科学文献出版社·历史学分社（010）59367256
　　　　　　地址：北京市北三环中路甲29号院华龙大厦　邮编：100029
　　　　　　网址：www.ssap.com.cn
发　　行 / 市场营销中心（010）59367081　59367083
印　　装 / 北京盛通印刷股份有限公司

规　　格 / 开　本：787mm×1092mm 1/16
　　　　　　印　张：14.25　字　数：280千字
版　　次 / 2019年9月第1版　2019年9月第1次印刷
书　　号 / ISBN 978-7-5201-5290-7
定　　价 / 88.00元